HEYNE <

Thimon von Berlepsch
mit Lisa Bitzer

UPDATE für dein UNTERBEWUSSTSEIN

Neu denken.
Neu handeln.
Neu fühlen.

WILHELM HEYNE VERLAG
MÜNCHEN

Bibliografische Information der Deutschen Bibliothek

Die Deutsche Bibliothek verzeichnet diese Publikation in der
Deutschen Nationalbibliografie; detaillierte bibliografische Daten sind im
Internet unter www.dnb.de abrufbar.

FSC www.fsc.org
MIX
Papier aus verantwortungsvollen Quellen
FSC® C014496

Penguin Random House Verlagsgruppe FSC®-N001967

Taschenbucherstausgabe 09/2022

Redaktion: Evelyn Boos-Körner
Umschlaggestaltung: Hauptmann & Kompanie Werbeagentur, Zürich,
unter Verwendung eines Fotos von Carsten Sander und
eines Motivs von shutterstock / Rushvol
Abbildungen/Grafiken: Stephanie Raba nach einer Vorlage von
Thimon von Berlepsch
Satz: Satzwerk Huber, Germering
Druck und Bindung: GGP Media GmbH, Pößneck
Printed in Germany
ISBN: 978-3-453-60617-3

www.heyne.de

Für meinen Sohn Yaro.
Du bist Neugierde,
du bist Mut,
du bist Schöpfer,
du bist Weisheit,
du bist Liebe.
Du bist unser größtes Abenteuer.

Inhalt

»Etwas Unmögliches kann man nicht glauben«, sagte Alice.
»Mein Kind, du scheinst darin keine Übung zu haben«,
antwortete die Weiße Königin. »Man muss es trainieren,
unmögliche Dinge zu glauben. Als ich in deinem Alter war,
habe ich fleißig trainiert, und manchmal habe ich es geschafft,
noch vor dem Frühstück sechs unmögliche Dinge zu glauben.«

aus *Alice hinter den Spiegeln* von Lewis Carroll

Prolog

DIE SCHWEISSPERLEN auf Sarahs Stirn glänzen im hellen Scheinwerferlicht der Bühne. Panisch starrt sie die vor ihr aufgestellte Leiter an. Ihr Atem ist flach, ihre Stimme brüchig. Achthundert Zuschauer blicken gebannt auf das Szenario: Wird Sarah ihre Angst bezwingen und ihr altes Reaktionsmuster infrage stellen? Wird sie sich selbst beweisen, dass sie auch ein anderer Mensch sein kann und damit ihr Leben verändern? Wird sie also ihr Unterbewusstsein updaten?

Ich befinde mich auf der Neujahrsveranstaltung meiner Freundin Laura Malina Seiler, Deutschlands erfolgreichster Podcasterin. Achthundert Menschen befinden sich im Saal, siebentausend schauen online zu. Laura hatte mich gebeten, ihren Teilnehmern spielerisch zu demonstrieren, wie wir alle unsere persönliche Realität jeden Tag erschaffen. Und wie wir in diesen Prozess eingreifen können. Als Magier und Hypnotiseur gehört die Neuinterpretation von Realität natürlich zu meinem Tagesgeschäft, und so habe ich gerne zugesagt.

Gerade habe ich dem Publikum erklärt: »Unser Gehirn verändert sich kontinuierlich und passt sich jeder neuen Erfahrung an – und das ein Leben lang. Wenn wir das verstehen, können wir mit bestimmten Methoden die unbewussten, automatischen Reaktionsmuster unseres Gehirns beeinflussen. Eine Angst ist dann keine Angst mehr, ein Trauma nicht mehr so schmerzhaft, eine Partnerschaft verständnisvoller und ein sehr schwer erreichbares Ziel mit einem Mal greifbar.«

Ich schaue bei dieser Erklärung in teils zustimmende, teils ungläubige Gesichter. Nicht jeder kann sich vorstellen, dass auch er sich neu erfinden kann. Und ich weiß auch, warum: Es fehlt für diese Hoffnung eine unmittelbare Erfahrung. Ohne diese Erfahrung hören sich meine Worte wie nette Kalendersprüche an. Man findet sie schön, aber setzt sie nicht um.

Um also alle Beteiligten im Publikum eine unmittelbare Erfahrung machen zu lassen und sie von der Macht ihres Geistes zu überzeugen, frage ich ins Publikum:

»Ich möchte euch gerne zeigen, dass wir alle in unserer persönlichen Hypnosetrance leben, die wir Realität nennen. Und dass wir diese Realität beeinflussen und frei nach unserem Gusto modellieren können. Das kann manchmal schneller gehen, als man denkt, und hat dann trotzdem eine lebenslange Auswirkung. Wer von euch hat Höhenangst?«

Mehrere Hände gehen nach oben.

»Ich meine, eine besonders ausgeprägte Höhenangst. Nicht nur ein mulmiges Gefühl beim Besteigen des Eiffelturms.«

Einige Hände bleiben oben. Ich wähle eine sympathische junge Frau aus und bitte sie zu mir auf die Bühne.

»Wie heißt du?«

»Sarah.«

»Sarah, wie schlimm ist deine Höhenangst? Kannst du auf eine Leiter klettern?«

Sie schüttelt entschieden den Kopf. »Ich kann noch nicht einmal auf einen Stuhl steigen!«

»Interessant … Warte hier bitte kurz auf mich.« Ich verschwinde hinter dem Bühnenvorhang und komme mit einer Malerleiter wieder zurück, die ich drei Meter vor Sarah aufstelle. Als Sarah die Leiter sieht, scheint ihr Körper plötzlich von einer fremden Macht ergriffen zu werden. Sie wird blass, und aus der eben noch entspannt wirkenden Frau wird schlagartig ein Nervenbündel.

»Wie geht es dir, wenn du die Leiter siehst?«, will ich wissen.

Mit brüchiger Stimme antwortet sie: »Mein Herz rast, ich zittere, und ich kann kaum atmen …«

»Auf einer Skala von null bis zehn. Wie stark spürst du die Angst?«

»Fünfzehn!« (Später wird sie mir erzählen, dass sie kurz davor war, die Bühne zu verlassen.)

Ich beruhige sie. »Ich habe nie gesagt, dass du diese Leiter hochsteigen sollst. Ich wollte nur mal sehen, in welche Angsttrance du gehst, wenn ich dir eine Leiter zeige.«

Sarah wirkt sichtlich erleichtert. Im Publikum ist es mucksmäuschenstill. Alle sind gespannt, was gleich passiert.

»Wenn dich jetzt hier alle anfeuern würden, die Leiter hochzusteigen, mit Gejubel und Applaus, würdest du das bestimmt schaffen. Du würdest dich überwinden und danach stolz auf dich sein. Aber es würde wehtun. Du müsstest durch die Angst gehen, durch all die körperlichen Qualen, die du gerade spürst, richtig?«

Sarah nickt abwesend.

»Zu Hause motivieren dich aber keine achthundert Menschen. Da bist du allein. Und ich weiß nicht, ob du dann diese Erfahrung noch einmal wiederholen möchtest.

Ich möchte deswegen jetzt mit dir erst einmal eine sehr effektive Coaching-Arbeit beginnen, bei der wir deinem Unterbewusstsein vorab schon einmal beibringen, wie sich das Hochklettern auf die Leiter anfühlen soll. Wir updaten also dein Angstprogramm, damit du einen alternativen Umgang mit dem Besteigen von Leitern kennenlernst. Und erst wenn du in deiner Vorstellung diese Leiter hochgehen kannst, ohne Angst oder körperliche Reaktionen, wirst du deine Vorstellung in die Realität umsetzen. Nicht vorher! Das verspreche ich dir!«

Nur wenige Phobiker unternehmen etwas gegen die eigene Angst, weil die meisten unter keinen Umständen mit ihr konfrontiert werden möchten und auch nicht durch ihre Qual durchgehen wollen. Die Angst davor ist so groß, dass sie lieber weiter mit ihrem Defizit leben. Denn die Menschen glauben, dass sie durch das Feuer dieser Qual gehen müssen, um danach wie Phönix aus der Asche daraus aufsteigen zu können. Dabei ist die Veränderung auch ohne Konfrontation mit der Angst möglich.

Ich kann das vollkommen nachvollziehen und deshalb ist mein Ansatz der, dass erst *nach* einem mentalen Update, also nachdem eine mentale Intervention stattgefunden hat und der Klient seine Angst nicht mehr spüren kann, die Konfrontation stattfinden darf. Dann wird sie auch ein wichtiger Bestandteil zur Auflösung der Angst und wirkt so nachhaltig.

»Wollen wir loslegen?«

Sarah nickt, und ich beginne mit dem Update. Ich entscheide mich für eine Methode, die ich in meinen Hypno-Coachings oft anwende und die ich in dieser Situation für am effektivsten halte. Denn auf der Bühne vor so vielen Menschen bleibt mir wenig Zeit, Sarah beim Umprogrammieren ihres Unterbewusstseins zu unterstützen.

Fünf Minuten später haben sich Sarahs Blick und Körpersprache sichtlich verändert – sie grinst und schielt immer wieder zur Leiter. Ich möchte sichergehen, dass sich ihre Stressreaktion vollständig aufgelöst hat, und frage: »Wie hoch auf der Skala ist deine Angst vor der Leiter jetzt?«

Sie sieht mich an und lächelt. »Null!«

»Willst du auf die Leiter?«

Sarah nickt und macht sich daran, die Stufen emporzuklettern. Ihre Angst ist wie weggeblasen, es scheint sogar, als empfände sie

Freude dabei, das obere Ende der Leiter zu erklimmen. Dort angekommen, stellt sie sich gerade hin und breitet die Arme aus.

Das Publikum, das die letzten Minuten in banger Anspannung verbracht hat, ist außer sich. Standing Ovations, frenetischer Applaus und motivierende Zurufe begleiten Sarah. Gänsehaut!

»Oh mein Gott!«, höre ich sie drei Meter über den Boden rufen. Jeder im Saal fühlt, dass sie sich mit dieser Aktion gerade die Kontrolle wieder zurückgeholt hat. Sie hat für alle eindrücklich demonstriert, wie mächtig unser Geist wirklich ist und wie schnell wir uns doch von alten Mustern befreien können.

Ich habe Sarah nicht geheilt, sondern ihr lediglich einen alternativen Weg aufgezeigt, wie sie mit der Leiter umgehen kann. Und weil sie diesen Weg akzeptiert hat, konnte sie eine Veränderung in ihrem Unterbewusstsein bewirken. Eben ein Update.

Folgende E-Mail bekam ich zwei Wochen später von Sarah: »Ach Thimon, wenn du wüsstest, was du bei mir alles losgetreten hast. Ich danke dir von Herzen, dass du mir gezeigt hast, wozu ich imstande bin. Ich bin nach diesem wundervollen Erlebnis noch ein paarmal völlig angstfrei auf eine Leiter geklettert, weil ich es einfach nicht glauben konnte … DANKE!!«

Wenn es möglich ist, eine Akrophobie, also die Angst vor Höhe, in fünf Minuten zu verändern, warum hat Sarah dann so lange an ihrer Angst festgehalten? Wieso war sie zwanzig Jahre lang davon überzeugt, sie könne auf keine Leiter, nicht einmal auf Stühle steigen? Weil ihr niemand vorher verraten hat, dass sie auch anders kann. Dass sie auch ein Mensch sein kann, der frei von Höhenangst leben kann. Für sie war die Angst normal, sie war zu einem Teil ihres Lebens geworden.

So oder ähnlich geht es vielen Menschen. Sie sagen: »So bin ich eben« – auch dann, wenn sie unter ihren Eigenschaften leiden. Sie akzeptieren Ängste, Süchte, schlechte Gewohnheiten, Charakterzüge und mehr, weil sie es nicht besser wissen. Oder sie halten viele ihrer Wünsche nach Veränderung für unmöglich: »Ich kann gar nicht finanziell erfolgreich in meinem Job sein.« Oder: »Meine Eifersucht ist zu stark, als dass ich sie in den Griff bekommen könnte.«

Sie sind überzeugt, dass bestimmte Dinge in ihrem Leben immer so bleiben werden. Dabei wissen sie einfach nicht, dass es einen alternativen Weg für sie geben kann. Ein Leben ohne Angst, ein Alltag ohne Eifersucht, Pessimismus, Perfektionismus oder allem anderen, was sie davon abhält, ein selbstbestimmtes und zufriedenes Leben zu führen.

Am Anfang des Buches steht das Zitat aus *Alice hinter den Spiegeln*. Darin sagt die Königin: »Man muss es trainieren, unmögliche Dinge zu glauben.« Und genau so ist es. Solange du es nicht für möglich hältst, ein anderer zu sein als der, der du jetzt bist – mit anderen Gefühlen, Überzeugungen, Gewohnheiten, Verhaltensweisen und so weiter –, so lange wird sich nichts bei dir ändern. So lange wirst du immer gleich leben und die gleichen Erfahrungen machen. Erst wenn du das Unmögliche für möglich hältst, wirst du dich daranmachen herauszufinden, wie du es möglich machen kannst. Die Frage nach dem »Ob« stellt sich dann für dich gar nicht mehr.

In diesem Buch möchte ich dir aufzeigen, dass sich im Grunde genommen jeder Mensch ändern kann. Unser Gehirn ist dafür verantwortlich, wer wir sind und wie wir uns verhalten. Und weil wir unser Gehirn im wahrsten Sinne des Wortes modellieren können, allein mit der Kraft unserer Vorstellung, können wir schlussendlich auch ändern, wer wir sind.

Auf den kommenden Seiten erfährst du, dass genau das möglich ist. Du wirst verstehen, dass du nicht verkehrt bist, egal, welche Gewohnheiten oder Denkmuster dich aktuell einschränken. Verantwortlich für dein Denken, Verhalten und auch Fühlen sind alte Programme auf der »Festplatte« in deinem Kopf. Diese sind früher einmal installiert worden, aber heute eben nicht mehr »up to date«. Demnach sind sie auch nicht mehr kompatibel mit deinem Leben. Aktualisierst du diese Programme, wird das Leben einfacher und schöner für dich.

Ich werde dir außerdem von weiteren Angstklienten erzählen, denen ich im Hypno-Coaching helfen konnte. Denn an Ängsten erkennt man auch als Laie sehr gut, wie das Gehirn funktioniert. Im Prinzip handelt es sich bei einer Angst um eine extreme Form eines unterbewussten, nicht willentlich herbeigeführten Prozesses. Dieser Prozess findet jedoch nicht nur bei Phobien, sondern in ähnlicher Form bei jeder selbsteinschränkenden Verhaltensweise statt.

Dieses Buch handelt also davon, wie du mithilfe deines Geistes und etwas Übung deine persönliche Realität verändern kannst. Wenn du weißt, wie dein Gehirn funktioniert und welche Mechanismen du dir zunutze machen kannst, wirst du zukünftig mit diesen arbeiten und folglich in der Lage sein, dich so zu verhalten und zu fühlen, wie du es dir wünschst.

Vielleicht hast du von dem einen oder anderen Modell, das ich dir vorstelle, schon einmal gehört oder gelesen. Wenn das der Fall sein sollte, nutze diese Abschnitte einfach als Wiederholung und Erinnerung, dieses Wissen wirklich in deinem Alltag umzusetzen. Denn Wissen wird nur zur Weisheit, wenn du es anwendest. Und zwar so oft, bis es zu deiner Gewohnheit geworden ist und du dir darüber keine Gedanken mehr machst.

Solange du nicht für den Rest deines Lebens in einem tibetanischen Kloster meditierst, wirst du immer mit herausfordernden Situationen in deinem Leben konfrontiert werden. Ich hege nicht den Anspruch, dass du am Ende dieses Buches ein völlig neuer Mensch bist, der erleuchtet dreißig Zentimeter über dem Boden durch das Leben schwebt und der keine Herausforderungen mehr kennt. Das ist unwahrscheinlich, auch wenn du noch einhundert weitere Bücher über Persönlichkeitsentwicklung liest.

Ich möchte dich vielmehr dazu bringen, dass du deine Einstellung zu bestimmten Bereichen in deinem Leben, die noch nicht so rundlaufen, reflektierst und updatest. Damit du dich dort zukünftig zufriedener und souveräner verhältst und natürlich auch fühlst. Es kann auch sein, dass du Eigenschaften hast, die dir das Leben schwer machen, und du über die Arbeit mit deinem Unterbewusstsein diese Eigenschaften ablegen möchtest. Mit diesem Buch werde ich dir Möglichkeiten aufzeigen, wie du diese Ziele erreichen kannst.

Update für dein Unterbewusstsein möchte jedoch nicht nur gedanklicher Türöffner sein und verdeutlichen, dass die Art und Weise, wie wir das Leben wahrnehmen, aus uns selbst entspringt. Es will auch ganz praktische Tipps geben, wie du dein Leben in jedem Bereich verändern kannst. Mit *FasterEFT*, das ich in Kapitel 4 vorstelle, kannst du negative Erinnerungen bearbeiten und emotionale Reaktionen in den Griff bekommen. Möchtest du in einem bestimmten Bereich deines Lebens besser oder effektiver werden? Dann werden für dich die Kapitel 7 und 8, die sich mit Selbsthypnose beschäftigen, sehr interessant sein. Auch wenn du am Ende des Buches »nur« eine Sitzung bei einem Hypnosetherapeuten oder Coach buchst, ist mein Ziel erreicht. Viele haben nämlich zu großen Respekt vor dieser großartigen Therapieform, und ich möchte dich davon überzeugen, dass das nicht sein muss.

Du bist der Gestalter deines Lebens. Du trägst alle Möglichkeiten in dir, um Veränderungen und Gelassenheit zu erfahren. Dein Unterbewusstsein hat die Macht, Probleme zu lösen und dich an dein Ziel zu bringen. Du brauchst es nur anzuleiten und upzudaten. Verbünde dich mit deinem Unterbewusstsein, und du wirst Lebensfreude verspüren – in der Liebe, im Beruf und in der Beziehung zu dir selbst.

Ich wünsche dir viel Spaß beim Lesen – und bei deinem persönlichen Update.

Dein Thimon von Berlepsch

EINLEITUNG

Neu denken. Neu handeln. Neu fühlen.

BEI MEINEN SHOWS, Seminaren und Einzelsitzungen werden mir immer wieder dieselben Fragen gestellt: Was braucht es alles, um wirkliche Veränderung erfahren zu können? Kann sich jeder Mensch verändern, und wie kommt man dahin?

Nach meiner Erfahrung beginnt alles mit einer Erkenntnis. Der Erkenntnis, dass es einen bestimmten Umstand in deinem Leben gibt, den du gerne ändern möchtest. Dieses Bewusstsein ist zwingend erforderlich.

Das mag jetzt selbstverständlich klingen, aber die meisten Menschen sind sich eben nicht bewusst, dass Veränderung ihrem Leben guttun würde. Dass sie dadurch zufriedener sein könnten. Sie finden sich damit ab, dass sie eben unter ein paar Umständen leiden oder limitierende Eigenschaften haben, die »aber halt so und nicht zu ändern sind«.

Vielleicht machen sie auch äußere Umstände oder andere Personen für das eigene Leid verantwortlich. Denken also, dass es nicht in ihrer Macht stünde, das eigene Lebensglück zu beeinflussen, und bewegen sich deshalb auch nicht.

Solange du dir nicht klar darüber bist, was es zu verändern gibt und dass du für das Einleiten des Veränderungsprozesses selbst verantwortlich bist, wird in deinem Leben alles beim Alten bleiben. Du hältst den Schlüssel für das eigene Glück in den Händen und trägst alle Möglichkeiten in dir, genau das Leben zu führen, das du führen willst.

Ich möchte dir erst einmal dabei helfen herauszufinden, *was* du ändern könntest. Dafür werde ich dir unter anderem spannende Modelle vermitteln und von Coaching-Klienten wie Sarah aus dem Prolog erzählen. Geschichten wie diese machen nämlich Hoffnung. Auch Sarah konnte sich nie vorstellen, dass sie ein Mensch ohne Höhenangst sein kann. Meine Hypnose-Demonstration auf der Bühne und Erläuterungen zu weiteren Anwendungsmöglichkeiten haben sie erst auf die Idee gebracht, wie sie zu mehr Lebensqualität kommen könnte. Ich wünsche mir, dass auch du solche Erkenntnisse erlangst.

Vielleicht möchtest du wieder unbeschwert fliegen können? Eine lästige Gewohnheit wie das Rauchen ablegen? Nervige Verhaltensweisen oder blockierende Glaubenssätze auflösen? Deine Kommunikationsfähigkeiten verbessern?

Ich werde dir erklären, warum und wie du diese Ziele erreichen kannst. Sobald du das verstehst und die Entscheidung triffst, zum Gestalter deines Lebens zu werden, beginnt die aufregende Reise der Weiterentwicklung. Damit bringst du das Rad ins Rollen, um dein Leben in die richtige Richtung zu schieben.

Der Untertitel dieses Buches lautet: *Neu denken. Neu handeln. Neu fühlen.* Diese Begriffe folgen unmittelbar auf die gerade beschriebene Erkenntnis und sind für mich Teil des Veränderungsprozesses, der dich an dein Ziel bringt. Erst wenn du deine Überzeugungen und Denkprozesse änderst, wirst du dein zukünftiges Verhalten neu gestalten können. Wenn du dich anders verhältst, wirst du neue Resultate erzielen – und dich demnach anders fühlen.

Schau dir mal den Kreislauf der Veränderung[1] an, mit dem ich gern arbeite:

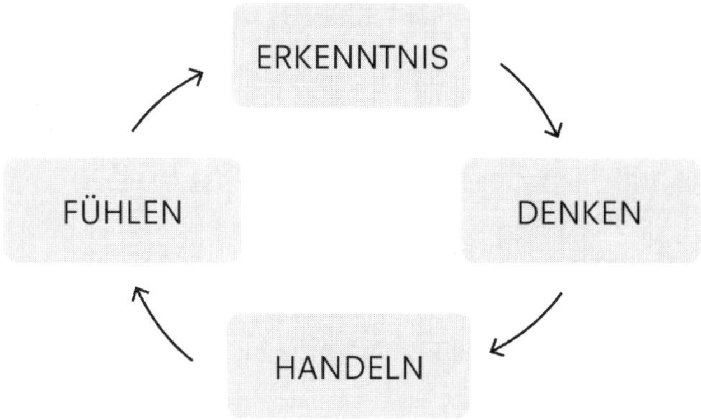

Neu denken steht für neues Wissen, das du dir aneignen darfst. Selbstreflexion, Eingeständnisse, neue Einsichten und Aha-Momente führen zu Neu-Orientierung. Deswegen möchte ich dir in diesem Buch beispielsweise erklären, wie dein Gehirn funktioniert, welche Prozesse in seinem Inneren ablaufen und welche zum Teil sehr alten Programme bis heute dein Handeln bestimmen. Du wirst dann verstehen, dass du auch anders kannst, selbst wenn das für dich bisher in bestimmten Bereichen unmöglich erschien.

Wenn du dann am Ende einige deiner Glaubenssätze infrage stellst und dich von der einen oder anderen nervigen Eigenschaft lösen möchtest, werde ich dir Möglichkeiten aufzeigen, *wie* du diese Veränderung bewirken kannst.

Ich möchte dir also Hoffnung machen, dass jeder Mensch ein Update machen kann. Wenn dein persönliches Thema sehr speziell ist und du hier keine passende Methode zur Lösung findest, bleib bitte trotzdem am Ball. In diesem Fall darfst du dich weiterbilden oder individuell mit einem Spezialisten daran arbeiten. Wie ich bereits erklärt habe, ist diese Erkenntnis allein schon Gold wert.

Mit deinem neuen Wissen gehst du im Kreislauf der Veränderung den nächsten Schritt: *neu handeln.*

Neu zu denken allein reicht nämlich nicht aus. Kennst du den Spruch »Wir sind alle Wissensriesen und Umsetzungszwerge?« Die besten Theorien und schönsten Modelle bringen dir nichts, wenn sie in deinem Gedächtnis einmotten und verstauben.

Neu handeln steht für die konkrete Umsetzung. Das Wissen, das du erworben hast, darf angewandt werden. Nutze deine Erkenntnisse aus diesem Buch und übertrage sie in die tägliche Praxis. Wenn deine Erkenntnis dazu führt, dass die gemeinsame Arbeit mit einem Therapeuten oder Coach sinnvoll wäre, gehört die anschließende Terminvereinbarung auch zum Bereich »neu handeln«. Genauso, wie dir weiteres Wissen über Seminare anzueignen oder dich mit anderen in Gruppen zusammenzufinden, die dich bei deiner Zielerreichung unterstützen. Werde zum Handelnden, tritt in Aktion! Das Lesen dieses Buches allein wird dich nicht zu einem zufriedeneren Menschen machen und von all deinen Marotten heilen. Es kann dich inspirieren, deine alten Denkmuster und Programme aufzuspüren. Sie upzudaten, wird allerdings deine Aufgabe sein. Wende die Methoden hier an, und du wirst erstaunt sein, wie sich dein Verhalten verändert.

Wer immer dasselbe tut, wird auch immer dasselbe bekommen. Nur wer wirklich bereit ist, neue Gewohnheiten durch Wiederholung zu trainieren und damit alte Verhaltensweisen zu unterbrechen, kann eine Veränderung bewirken. Seien wir mal ehrlich: Veränderung bedeutet Einsatz, und jeder, der dir was anderes erzählt, ist auf dem Holzweg. Dennoch: Manchmal lässt sich ein Update leichter und schneller durchführen, als du bislang angenommen hast. Wie sonst konnte Sarah in fünf Minuten ihre Höhenangst überwinden, die sie ihr Leben lang beherrschte?

Unter *neu fühlen* verstehe ich nämlich genau das: das Resultat. Das Feedback, das du für deinen Einsatz bekommst. Denn deine Arbeit wird Früchte tragen: Du wirst dich anders fühlen und dein Umfeld wird anders auf dich reagieren. Nimm das dann wahr und freue dich darüber. Das ist wichtig! Denn nur so wirst du motiviert bleiben, den Kreislauf weiter zu durchlaufen. Also weiterhin achtsam zu sein, die neuen Gedanken zu denken, die alten Muster zu unterbrechen, das neue Verhalten zu trainieren und so weiter …

Meine Einzelsitzungen im Hypno-Coaching dauern etwa ein bis zwei Stunden. Manche Klienten erzählen mir im Feedbackgespräch: »Ich kann jetzt zwar eine Spinne von Weitem anschauen, aber ich ekel mich irgendwie immer noch und möchte nicht mit ihr in einem Raum sein.« Sie vergessen dabei, dass sie früher beim Anblick einer Spinne geschrien und geheult haben und ihnen vor Angst übel wurde. Nur weil sie nach einer Sitzung nicht völlig angstfrei sind, fokussieren sie weiterhin das Negative. Sie übersehen, welchen Erfolg sie in so kurzer Zeit erzielt haben. Wer sich ausschließlich darauf konzentriert, eine bestimmte Kleidergröße zu erreichen, aber den Triumph nicht feiert, die ersten zwei Kilo verloren zu haben, dem geht schnell die Puste aus. Und der wird schneller ins alte Muster zurückfallen.

Es ist also von großer Bedeutung, die Fortschritte, und mögen sie noch so klein erscheinen, wahrzunehmen und zu dokumentieren, um dem Gehirn beizubringen: Das ist der neue Weg, den ich zukünftig gehen möchte. Unterstütze mich dabei! Ich erkläre dir später noch genauer, wie du dabei vorgehst.

Dein neues Gefühl, also die Resonanz auf dein neues Handeln, wirkt sich dann wieder auf deine anfängliche Erkenntnis aus. Du wolltest dich ändern, und du bist auf dem richtigen Weg. Das motiviert dich, dein neues Denken und neues Handeln fortzuführen.

Indem du dieses Buch gekauft hast, hast du offensichtlich den ersten Schritt »Erkenntnis« schon erreicht. Da wir uns beide jetzt hier treffen, gehe ich davon aus, dass es die eine oder andere Sache in deinem Leben gibt, die du gerne optimieren möchtest.

Wenn du das Buch geschenkt bekommen hast und noch nicht weißt, welche Veränderung dein Leben bereichern könnte, lass mich dich inspirieren. Ich werde dir Methoden aufzeigen, wie du genau das herausfinden kannst. Sei dir gewiss, es gibt immer etwas, das du updaten kannst.

Lass uns also anfangen!

KAPITEL 1

Update oder warum dein Gehirn keine Steintafel ist

Der alte Rechner und die neue Software

ALS ICH MEINEM UMFELD den Buchtitel verraten habe, habe ich oft die Rückmeldung bekommen: »Wieso denn Update? Das klingt doch so technisch?« – Ja natürlich! Soll es ja auch.

Ich möchte meine Leser davon überzeugen, dass ein beachtlicher Teil unseres Gehirns wie ein Computer funktioniert: Programme, Informationen, Daten und so weiter werden auf die Festplatte gespielt und arbeiten nach einer gewissen Zeit im Hintergrund. Wenn ein Programm auf unserem Heim-PC nicht richtig funktioniert, aktualisieren wir die Software. Hängt mal das Betriebssystem, machen wir ganz selbstverständlich einen Neustart.

Wenn wir verstehen, dass unser Gehirn ähnlich funktioniert und wir schlechte Gewohnheiten oder Verhaltensweisen updaten können, ist auch persönliche Veränderung möglich. Wir sind der aktuellen Version unseres Gehirns nicht machtlos ausgeliefert, sondern können es eben updaten.

Wenn du auf die Welt kommst, wirst du mit einer mehr oder weniger leeren Festplatte mit leistungsstarkem Prozessor geliefert. Das ist dein Gehirn. Funktionen, die dem Überleben dienen (wie Atmung, Verdauung, Reflexe und so weiter), gehören zum voreingestellten Betriebssystem, das im Hintergrund läuft. Es ist Teil des Organismus »Mensch« und bei jedem gleich. Deswegen wird es auch vor deiner

Geburt installiert. An überlebenswichtigen Funktionen kannst du nichts verändern, denn sie werden von sehr alten Hirnarealen gesteuert. Trotzdem beeinflussen sie auch heute noch dein Verhalten.

Im Laufe der ersten Jahre lernst du wichtige Dinge, die du später mal brauchen wirst: krabbeln, laufen, sprechen, Schuhe binden, schreiben, rechnen … Du kannst diese Entwicklungen mit Programmen vergleichen, die nach und nach auf deine Festplatte gespielt werden. Schlussfolgerungen aus Erfahrungen, die du machst, werden ebenfalls als Daten übertragen. Zum Beispiel: »Wenn ich weine, kommt Mama und tröstet mich.« Hast du zweimal gemacht, hat funktioniert, also machst du damit weiter.

Oder: Hand auf heißer Herdplatte hat wehgetan, nicht wieder machen! Die Herdplatte ist dein Feind.

Das im Hintergrund laufende Betriebssystem, die verschiedenen Programme und die Daten, die jeden Tag auf deiner Festpatte gespeichert werden, sind nicht immer kompatibel miteinander. Zum Teil handelt es sich ja um sehr alte Programme und neue Daten – und die passen manchmal nicht zusammen. Dir wird im Alter von vier oder fünf Jahren beispielsweise beigebracht, dass du dich nicht mehr auf den Boden werfen und wie von Sinnen schreien sollst, wenn du etwas haben willst. Als Kleinkind hat das noch geklappt, jetzt sollst du um alles bitten, was du haben möchtest. Deine Software – also die Praktiken, die du bisher erlernt und angewandt hast – und die neuen Lebensumstände stehen in einem Konflikt zueinander. Es wird demnach eine Weile dauern, bis du höflich fragst, wenn du etwas haben möchtest, und dich nicht auf den Boden legst und brüllst. Leute, die diesen Übergang nicht oder nur teilweise hinbekommen, sind zum Beispiel Choleriker, die ihre Wutausbrüche nicht unter Kontrolle haben, weil sie keine Alternativen als Reaktionsmuster gelernt haben.

Nicht jeder ist ein Choleriker, aber *nobody is perfect.* Heißt: Du leidest eventuell unter Minderwertigkeitskomplexen oder unter Ängsten, hast Schwierigkeiten, Vertrauen zu fassen oder zwischenmenschliche Beziehungen einzugehen, oder traust dir viel zu wenig zu. Für all diese Eigenschaften gibt es einen Grund, und der liegt fast immer in deiner Vergangenheit. Es handelt sich dabei um Verhaltensmuster und Programmierungen deines Gehirns, die mit großer Wahrscheinlichkeit in deiner Kindheit entstanden sind. Meist sind das Erfahrungen, die du gemacht hast, oder Programme, die deine Eltern durch ihre Erziehung beziehungsweise dein Umfeld bei dir »installiert« haben. Diese Programme sind zum Teil sehr alt und mit deinen aktuellen Lebensumständen oft nicht mehr kompatibel.

In einer früheren Zeit haben die Programme einen Zweck erfüllt, nämlich dich, deinen Geist und deinen Körper zu beschützen, als du noch ein Kind warst. Manchmal sind sie eine Reaktion auf ein Trauma, also eine seelische Verletzung, ausgelöst durch ein einschneidendes Ereignis. Das muss aus heutiger Sicht nicht der Rede wert sein, kann in deinem kindlichen Geist aber eine Prägung ausgelöst haben, die dich bis heute beeinflusst. Auch Fehlinterpretationen, also Falschannahmen, die du als Kind gemacht hast, haben ihren Fußabdruck in deinem Verhalten hinterlassen. Wenn deine Mutter dich zum Beispiel mal viel zu spät vom Kindergarten abgeholt hat, weil das Auto kaputt war, könnte deine Annahme gewesen sein: »Meine Mutter kommt mich nicht abholen. Da ich ohne meine Mutter nicht überleben kann, muss ich höchstwahrscheinlich sterben.« Aus heutiger Sicht eine irrationale Schlussfolgerung – das Gehirn eines Kindes kann aber genau so funktionieren. Der bleibende Fußabdruck könnte Verlustangst sein: »Ich muss aufpassen, dass meine Mutter oder Menschen, die mir nahestehen, mich nicht mehr allein lassen.«

Jetzt lebst du aber in einer anderen Zeit – du musst dich nicht mehr wie ein Fünfjähriger verhalten, wenn du dich vergessen fühlst, und die Lösung für einen Konflikt, die du als Zehnjähriger gefunden hast, ist mit großer Wahrscheinlichkeit für dich als erwachsener Mensch nicht mehr sinnvoll. Dein Rechner hat mittlerweile Internetanschluss, Clouds, unendliche Speichermöglichkeiten und vieles, vieles mehr. Heißt: Verglichen mit dem Supercomputer von heute sind deine Programme was für den Commodore 64. Die Anforderungen der modernen Zeit sind vollkommen anderer Natur als vor zweihunderttausend Jahren – ja selbst vor zwanzig Jahren. Das ist in etwa so, als würdest du versuchen, mit einer Steintafel einen Tweet abzusetzen. Ist doch eigentlich klar, dass es da zu massiven Kompatibilitätsproblemen kommt, oder? Deiner Software fehlen ja einige entscheidende Features, wenn sie reibungslos laufen soll.

Bei deinem Rechner machst du von Zeit zu Zeit ein Update, um die Software und die Anwendungen auf den neusten Stand zu bringen – vor allem dann, wenn dein Computer zickt oder Probleme macht. Manchmal geht es gar nicht anders und du musst sogar einen Fachmann beauftragen, der dir dabei hilft, das Problem zu lösen. Du würdest dich doch niemals mit der Fehlfunktion zufriedengeben und einfach hinnehmen, dass dein Rechner »spinnt« und du nicht richtig arbeiten kannst, oder?

Manchmal handelt es sich auch nur um eine Aktualisierung, die du noch nicht gemacht hast. Du drückst die Benachrichtigung für ein bevorstehendes Update so lange weg, bis das Betriebssystem dich zwingt, die Aktualisierung durchzuführen. Die Aktualisierung ist wie das Auseinandersetzen mit deinem Verhalten und den Gefühlen aus deiner Vergangenheit.

Irgendwann geht es dann aber nicht mehr. Das Betriebssystem warnt: *Jetzt aktualisieren.* Und gibt dir auch keine Möglichkeit mehr, einen alternativen Zeitpunkt zu wählen – das ist der Moment, in dem dein Leidensdruck zu hoch wird. Du musst handeln, und zwar sofort, ansonsten bricht das ganze System zusammen und nichts funktioniert mehr. Die Folge ist beispielsweise ein Burn-out.

Du aktualisierst also die Software. Ich weiß, das kann herausfordernd sein, denn erst mal musst du alle Programme und Anwendungen schließen, das Update herunterladen, es ausführen, und dann heißt es warten. Der Balken wandert in kaum zu ertragender Langsamkeit nach oben, dreizehn Prozent, vierundzwanzig Prozent, siebenunddreißig Prozent … Aber auch diese Zeit geht vorbei und siehe da: Danach läuft dein Rechner besser. Du fragst dich: »Warum habe ich das nicht schon vor Wochen gemacht? Anstatt mich immer wieder vom Betriebssystem nerven zu lassen, hätte ich doch einfach diese paar Minuten Zeit investieren können und fortan meine Ruhe gehabt.« Nein, stattdessen laufen viele unserer Programme auf einer Uralt-Version seit unserer Kindheit, und wir weigern uns, endlich auf den Aktualisieren-Button zu drücken und anzufangen, uns mit uns auseinanderzusetzen.

Zugegeben, das Updaten der mentalen Software im übertragenen Sinn, also die Auseinandersetzung mit den eigenen Bewertungen, Glaubenssätzen, Denkmustern und so weiter, dauert meistens länger als ein paar Minuten. Doch die Wirkung ist enorm! Schon nach der ersten Aktualisierungsrunde verspüren die meisten eine Verbesserung. So wünsche ich mir, dass du nach dem Lesen dieses Buches gelassener in manchen Situationen reagieren wirst, weil du weißt, wann sich der Steinzeitmensch in deinem Inneren zu Wort meldet, wann dein Neocortex offline geht oder welche Erlebnisse aus dem Kindergarten dein Handeln noch heute beeinflussen.

Für dich heißt das, dass du all das loswerden darfst, was für dich nicht mehr von Bedeutung ist. Dazu können merkwürdige Verhaltensweisen gehören, eine nicht vorhandene oder ausufernde Streitkultur, Probleme mit Mitmenschen, aber auch Ängste, Sorgen und Phobien. Die brauchst du nicht mehr. Das weißt du eigentlich selbst, aber manchmal ist es eben schön, wenn dich noch mal jemand daran erinnert. Also wiederhole ich es noch einmal:

DU KANNST FREI DAVON SEIN!

Du kannst dich ändern und die beste Version von dir selbst werden, wenn du mentale Grenzen aus der Vergangenheit abbaust, die dich ausbremsen oder aufhalten.

Mit Veränderung meine ich übrigens nicht, dass du deine Persönlichkeit und alles, was dich ausmacht, austauschen sollst. Es geht vielmehr um die automatischen, unbewussten Reaktionen und Verhaltensmuster, die dich daran hindern, die beste Version deiner selbst zu sein. Du gibst dein Wesen nicht auf, wenn du weniger cholerisch, unsicher oder eifersüchtig bist, sondern bringst deinem Unterbewusstsein bei, wie es dich in Zukunft besser unterstützen kann.

Die Glaubenssätze deiner Identität

Sicher bist du schon einmal auf den Begriff »Glaubenssatz« gestoßen. Glaubenssätze – auch Überzeugungen, Einstellungen, Meinungen – sind unterbewusste Lebensregeln, an die du glaubst und die du für wahr hältst. Sie entstehen aus der Verarbeitung und Bewertung früherer Erlebnisse und bestimmen dein tägliches Verhalten. Sie können lauten: »Ich bin nur liebenswert, wenn ich mich im Hintergrund halte.« Oder: »Ich verdiene keinen Erfolg.« Aber auch: »Ich kann alles im Leben erreichen.«

Glaubenssätze entstehen auf verschiedene Arten. Einmal werden sie von Menschen an uns weitergegeben, die uns prägen, erziehen und nahestehen. Das sind anfangs vor allem unsere Eltern beziehungsweise Personen, die Teil unseres kleinen Universums sind. Sie wollen uns auf das Leben vorbereiten und sagen deswegen allerlei Dinge, die sie für wahr und richtig halten. Zum Beispiel: »Du musst dich immer anpassen.« Oder: »Man muss hart arbeiten für sein Geld.« Oder positiv: »Wir sind Macher!«

Du hörst diese Sätze sehr häufig, weshalb du sie dir merkst. Sie wirken besonders intensiv, wenn du sie in deiner Kindheit hörst und mit der Zeit für wahr hältst. In jungen Jahren haben wir nämlich noch kein Bewusstsein dafür entwickelt, Aussagen auf ihren Wahrheitsgehalt zu überprüfen. Wir glauben uneingeschränkt, was uns gesagt wird. So passiert es, dass Überzeugungen von anderen in dein Denken eindringen.

Eine Klientin von mir besitzt zusammen mit ihrem Mann ein florierendes Unternehmen und Geld ist mehr als ausreichend vorhanden. Dennoch hat sie immer panisch darauf reagiert, sobald ihr Umsatz leicht nach unten gegangen ist. Außerdem hat sie fast alles für überteuert gehalten und sich oft über unnötige Ausgaben aufgeregt – kurzum, sie hat sich unnötig oft und emotional mit Geld beschäftigt. Ihre ständige Existenzangst hat ihr Verhalten und ihre Lebensqualität eingeschränkt. Sie ist deswegen zu mir ins Hypno-Coaching gekommen.

Während der Sitzung fand ich heraus, dass diese Klientin aus einer Gastarbeiterfamilie kommt. Geld war immer knapp, zumindest suggerierte das der Vater. Niemand musste hungern, und den Kindern mangelte es an nichts, trotzdem war das Thema immer: »Wir müssen sparen und uns um unsere Existenz sorgen. Arbeitet gut und viel, strengt euch an, damit ihr genug Geld verdient.« Der Vater hatte seine eigenen Überzeugungen und Ängste, die viel mit seiner Flucht aus seinem Heimatland zu tun hatten, mit seiner Erziehung an die Kinder weitergegeben.

Die Glaubenssätze seiner Tochter waren jetzt: »Es ist nie genug Geld da. Mein Kontostand bestimmt meine Lebensqualität. Halte dein Geld zusammen!« Sie wiederholte also unbewusst die Muster ihres Vaters und konnte deswegen ihr eigenes Leben in diesem Bereich selten unbeschwert genießen. Schade – denn eigentlich war ja alles in bester Ordnung.

Nach ein paar Sitzungen, in denen wir die Vergangenheit aufgearbeitet haben und ihre Emotionen von ihren Erinnerungen entkoppeln konnten, veränderte sich auch ihr Verhältnis zu Geld. Sie sorgt sich heute weniger darum, richtet automatisch ihren Fokus mehr auf Dinge, die ihr wichtiger sind (wie ihre Familie), und genießt auf gesunde Art und Weise die Freuden, die sie sich mit Geld leisten kann.

Eine weitere Möglichkeit, wie sich Glaubenssätze entwickeln, ist, wenn dein Gehirn sie infolge von Erfahrungen etabliert. Das macht es natürlich für dich völlig unbewusst – ansonsten würdest du vielleicht ein Wörtchen mitreden.

In deinem Leben widerfahren dir zwangsläufig alle Arten von Ereignissen. Dein Gehirn erstellt dabei Regeln, wie es in Zukunft mit gleichen oder ähnlichen Ereignissen umgehen soll. Nur leider passieren dem Gehirn dabei auch Fehler, die dann zu irrationalen Regeln führen.

Du gehst aus dem Haus, es ist kalt, und du frierst. Eine gute Regel ist: »Ich bin nicht warm genug angezogen. Nächstes Mal wärmer anziehen!« Eine schlechte Regel wäre: »Nicht wieder rausgehen, wenn es kalt ist!« Das ist eine Regel, die dein Leben einschränkt, sofern du nicht irgendwo in der Nähe des Äquators lebst. Außerdem steht die Regel nicht in Relation zum Ereignis – denn selbst wenn du ohne Jacke draußen frierst, stirbst du deswegen nicht gleich (kleine Einschränkung: Du lebst in einer Forschungsstation in der Antarktis …).

Drei Stunden zu spät aus dem Kindergarten abgeholt zu werden, könnte zu folgender Regel führen: »Ich darf meine Mutter nicht aus den Augen lassen, sonst kommt sie vielleicht nie wieder« (was früher in der Steinzeit zum Tod geführt hätte). Jedes Mal, wenn mich heute jemand vergisst (Geburtstag, Verabredungen und so weiter), fühle ich mich wieder wie damals: alleingelassen und bedroht. Der Prozess läuft unterbewusst ab – ich bemerke das Gefühl, das in mir entsteht, kann es aber nicht einordnen und mache deshalb äußere Umstände für mein Gefühl verantwortlich – nicht meinen Glaubenssatz.

Negative Glaubenssätze schränken dein Leben ein. Diese Art der limitierenden Mantras und Gedanken verändern im Übrigen auch deine Wahrnehmung der Welt.

Christian sagt: »Ich hab nie Glück!« Selbst wenn er es nicht beabsichtigt, sieht er das Leben durch genau diese »Pechvogel-Brille«. Alles, was gut läuft, übersieht Christian. Schuld daran ist die selektive Wahrnehmung. Christians Wahrnehmung ist getrübt, denn die Brille hat die falsche Dioptrienzahl. Er sieht nicht mehr klar, sondern verzerrt, und scannt sein Leben nach negativen Erlebnissen ab. Überraschenderweise wird er sie finden – denn Gustav Gans gibt es nur im Comic, und an einem durchschnittlichen Tag läuft nun mal nicht immer alles rund. Für optimistische Menschen kein Problem. Die setzen sich in einen Kaugummi, verdrehen genervt die Augen – und weiter geht's. Gibt es Menschen, die mehr Glück haben im Leben als andere? Nein – aber es gibt Menschen, die mehr Glück im Leben *wahrnehmen* als andere. Deine innere Einstellung gestaltet dein Erleben.

Selektive Wahrnehmung

Es handelt sich dabei um ein psychologisches Phänomen, bei dem nur bestimmte Aspekte der Umwelt wahrgenommen, andere jedoch ausgeblendet werden. Um die unendliche Fülle der auf dich einprasselnden Informationen überhaupt bewältigen zu können, ist das Gehirn immer wieder auf der Suche nach Mustern. Es möchte bekannte Informationen an den richtigen Stellen mit ähnlichen Daten im Gehirn zusammenführen. Die selektive Wahrnehmung entspricht einer solchen unbewussten Suche nach einem Muster. Argumente, die die eigenen Überzeugungen stützen, werden stärker wahrgenommen als jene, die unsere Glaubenssätze infrage stellen. Beschäftigen sich Frauen zum Beispiel mit der Frage, ob sie schwanger werden wollen, werden sie meist von einem Tag auf den anderen mehr werdende Mütter in ihrer Umgebung wahrnehmen als vorher – auch wenn nicht anzunehmen ist, dass diese Schwangeren erst heute auf der Bildfläche erschienen sind. Vielmehr ist es so, dass sich die Aufmerksamkeit der Frau durch ihre Überlegungen verschoben hat. Sie prüft nun unbewusst immer wieder ihr Umfeld auf mögliche Argumente, die ihr bei der Meinungsbildung helfen. Ein Mann, der mit dem Gedanken spielt, sich ein neues Auto zu kaufen, erlebt dasselbe: In seiner Wahrnehmung sind die Straßen mit einem Mal mit genau dem Modell überfüllt, das er sich ausgesucht hat. Laufen die Frau mit dem Kinderwunsch und der Mann mit der Idee, sich ein neues Auto zu kaufen, nebeneinander durch ein und dieselbe Straße, werden sie vollkommen andere Wahrnehmungen haben. Ihre Gehirne suchen Muster – außerdem Argumente, um die eigene Position zu bestätigen. Ergo den Wunsch, ein eigenes Baby beziehungsweise ein neues Auto zu haben.

Übrigens funktioniert die selektive Wahrnehmung auch sehr gut bei negativem Denken. Angenommen, du startest in den Tag und hast den Gedanken: »Heute geht bestimmt alles schief! Es wird regnen, ich werde die Bahn verpassen, ich trete in einen Hundehaufen, komme zu spät und stelle im Büro dann fest, dass ich den Laptop zu Hause vergessen habe!«, muss nur eine einzige negative Vermutung eintreffen, damit du denkst: »Na siehste! Ein Tag für die Tonne.« Auch hier ist die selektive Wahrnehmung schuld. Du erwartest, dass alles Schlimme passiert, was du dir nur vorstellen kannst. Selbst wenn dann wider Erwarten die Sonne scheint, die Bahn auf dich wartet, der Hundebesitzer den Haufen mit einer Plastiktüte beseitigt hat, du pünktlich im Büro erscheinst und sogar an den Laptop gedacht hast, kann dich ein einziger Kaffeefleck auf der Bluse davon überzeugen, dass du mit deiner Einschätzung, heute einen ganz besonders blöden Tag erwischt zu haben, richtiglagst. Und es geht noch weiter: Jemand, der glaubt, die Arbeitskollegen seien gegen ihn und wollten ihn aus dem Business kicken, wird nur Verhaltensweisen seiner Kollegen wahrnehmen, die diesen Glauben bestätigen. Wohlwollen und Komplimente werden übersehen oder sogar als »falsches Spiel« gedeutet.

Ist dir schon einmal aufgefallen, dass du dir negative Aussagen eher merkst als positive? Auch das hat mit der selektiven Wahrnehmung zu tun. Negative Aussagen sind für dein Gehirn relevanter, denn sie weisen auf eine potenzielle Bedrohung hin. Kritik an deiner Person »bedroht« deine soziale Zugehörigkeit. Eine schlechte Wettervorhersage weist auf eine potenzielle Gefahrenlage hin. Und wenn du hörst, dass jemand beim Italiener um die Ecke von den Miesmuscheln eine Lebensmittelvergiftung bekam, ist diese Information für

deinen Organismus überlebenswichtiger als die Empfehlung, beim Vietnamesen mal die leckere Pho-Suppe zu probieren.
Dein Hirn stellt sich immer auf das Worst-Case-Szenario ein. Warum? Der Steinzeitmensch in dir weiß: Wenn du den Säbelzahntiger einmal übersiehst, war es das mit dir. Also führt die Frage »Was glaubst du, was passieren wird?« zwangsläufig zu allen möglichen schlimmen Szenarien. Mögliche Bedrohungen werden von dir deshalb schneller erkannt als alles andere. Dass die Sonne scheint, deine Haare gut liegen oder du den Bus erwischt hast, ist für dein Überleben nicht relevant. Wenn ein Unwetter aufzieht, du dich mit deiner Frisur zum Gespött der Leute machst (in deiner Wahrnehmung!) oder du zu spät zur Arbeit kommst, registriert dein Gehirn das als mögliche Bedrohung. So, wie dich die Angst vor dem Tod beschützt, versucht deine überkritische Wahrnehmung, dich vor Bedrohungen zu bewahren.

Für Pechvögel wie Christian ist der Kaugummi-Vorfall der Beweis, den er gebraucht hat, um sich schlecht zu fühlen. Das »Unglück« verfolgt ihn nämlich geradezu. Er erlebt es, wenn es nicht nur anfängt zu regnen, sondern beim Regenschirmaufspannen auch noch der Schirm kaputtgeht. Nun fühlt sich Christian schlecht. Er hat es ja immer gewusst: Er ist ein Unglücksrabe. Diese Empfindung gießt Öl ins Feuer seines Glaubenssatzes »Ich hab nie Glück!«.

Was hältst du von diesen Sätzen?

- »Ich kann nicht kochen.«
- »Ich bin unsportlich.«
- »Ich habe zwei linke Hände.«

Vielleicht denkst du gerade, dass ich mir solche 08/15-Aussagen nur ausdenke? Dann möchte ich dir Lena vorstellen, eine Freundin von mir. Vor Kurzem unterhielten wir uns über Renovierungsarbeiten in ihrer Wohnung.

Sie sagte: »Ich habe aber noch keinen Maler gefunden, der mir den Flur streicht.«

»Hast du keine Lust, ihn selbst zu streichen?«, fragte ich.

Lena sah mich an. »Das kann ich nicht.«

»Weißt du nicht, wie es geht? Ich kann's dir erklären.«

Sie schüttelte den Kopf. »Nein, ich kann es nicht.«

»Ach, du willst es nicht. Das ist aber nicht dasselbe.«

Lena wurde laut. »Nein, verdammt noch mal! Ich *kann* es eben nicht.«

Ich erklärte Lena den Hintergrund zu Glaubenssätzen und dass ihr Mantra, so trivial es auch klang, auf eine noch tiefer liegende Überzeugung zurückzuführen war, die sich im Laufe ihres Lebens gebildet hatte – durch eine Erfahrung mit falscher Regel oder durch Erziehung: »Ich habe zwei linke Hände.«

Wir glauben, was wir denken, sei eine unveränderliche Tatsache, die wir nicht steuern können. Das stimmt nicht! Wie du denkst, handelst, fühlst oder was du glaubst, ist modellierbar. Wenn es dich also stört oder dein Leben einschränkt, dass du (vermeintlich) nicht in der Lage bist, einen Raum zu streichen, deine Steuererklärung selbst zu machen oder eine gesunde Beziehung zu führen, darfst du anfangen, deine Glaubenssätze infrage zu stellen. Das hat Lena dann auch getan. Sie hat sich informiert, YouTube-Videos angeschaut und sich ans Werk gemacht. Das Ergebnis: Es hat zwar lange gedauert und nicht jede Kante ist wie vom Profi gemacht, aber Lena freut sich jedes Mal, wenn sie ihren Flur betritt. Jetzt weiß sie: Sie kann es doch, auch wenn sie niemals den Malerberuf ergreifen wird.

Der Kreislauf der Veränderung wurde für Lena wahr:

- *Erkenntnis:* Nach meinen Erläuterungen, was Glaubenssätze sind, hat sie verstanden, dass sie an etwas glaubt, was sie einschränkt – und was möglicherweise gar nicht wahr ist.
- *Denken:* Sie hat sich neues Wissen angeeignet, wie man eine Wand streicht.
- *Handeln:* Sie hat zu Pinsel und Farbe gegriffen und das Gelernte umgesetzt.
- *Fühlen:* Dank dieses Erfolgserlebnisses hat sie gemerkt, dass sie es doch kann, ist stolz auf sich und hält nun auch andere Dinge für möglich.

Lena hat sich verändert, im wahrsten Sinne des Wortes. Denn sie hat ihr Programm aktualisiert. Warum das möglich ist, erfährst du im folgenden Abschnitt.

Dein magisches Gehirn

Als ich noch ein kleiner Junge war, war ich verrückt nach dem Zirkus. Ich liebte den Geruch der Manege, die grellen Lichter, die bunten Kostüme der Artisten, aber am allermeisten liebte ich den Zauberer mit seinen Tricks. Flatternde Tauben, die er aus seinem Ärmel zog. Goldmünzen, die er aus dem Ohr einer staunenden Zuschauerin zauberte. Oder wenn er sich mit einem lauten Knall am Ende seiner Show in Luft auflöste.

Meine Eltern wussten um meine Begeisterung und brachten mir immer wieder von ihren Geschäftsreisen aus dem Londoner Kaufhaus Harrods die Utensilien für kleine Zauberkunststücke mit. Tagelang beschäftigte ich mich mit nichts anderem als dem magischen

Spielzeug, und als ich ein paar Jahre später auf dem Dachboden des Schlosses, auf dem ich aufgewachsen bin, ein altes Zauberbuch in einem großen Reisekoffer fand, war es um mich geschehen. Ich fing an, in dem Buch zu stöbern und meine Fähigkeiten als Magier zu trainieren.

Die Requisiten für meine Auftritte verwahrte ich natürlich in meinem Zauberkasten. Dort sammelten sich im Laufe der Jahre diverse Kartenspiele, Silbermünzen, Lederbällchen, Kupferbecher und vieles mehr an. Immer wenn ich den Deckel des Zauberkastens öffnete, ergriff mich ein vorfreudiges Frösteln. Beim Anblick des Inhalts spürte ich ein gutes Gefühl in mir aufsteigen, denn all die Dinge, die mir am Anfang nichts gesagt hatten, die ich vielleicht sogar mit Skepsis betrachtet hatte oder die mir Rätsel aufgegeben hatten, waren für mich mittlerweile zur Selbstverständlichkeit geworden. Ich wusste, wie ich sie benutzen musste, wenn ich mit ihnen zaubern wollte. Sie waren Teil meiner kleinen Zaubershow, die ich zu allerlei Gelegenheiten meinem Umfeld vorführte.

Vielleicht hast du dir früher auch einen Zauberkasten gewünscht. Du hast deine Mutter oder deinen Vater angebettelt, dir einen solchen Kasten zu schenken, der aus dir binnen weniger Wochen einen der größten Magier der Welt machen sollte. Möglicherweise hast du so einen Zauberkasten sogar bekommen – und warst, genau wie ich am Anfang, überwältigt von den vielen Möglichkeiten, die er dir bot. Es kann sein, dass aus dir ein großer Magier geworden ist. Wahrscheinlicher ist aber, dass du die Zauberei irgendwann an den Nagel gehängt und dich anderen Dingen in deinem Leben zugewandt hast, die dir wichtiger erschienen.

Ich hoffe, es tröstet dich, wenn ich dir sage, dass du immer noch im Besitz eines unglaublichen Zauberkastens bist. Jeder Mensch verfügt nämlich über einen: sein Gehirn. In diesem etwa anderthalb

Kilo schweren Organ finden Prozesse statt, die so umfangreich und beeindruckend sind, dass wir sie bis heute noch nicht einmal annähernd erfasst haben. Wir schicken Sonden zum Mars und entsenden U-Boote in den Marianengraben – aber wir verstehen derzeit maximal fünf Prozent von dem, was in diesem schwammartigen Ding in unserem Kopf wirklich vor sich geht. Hier sitzen unser Verstand, unsere Persönlichkeit und vielleicht auch unsere Seele.

Ich möchte dir ein paar Grundkenntnisse über deinen persönlichen Zauberkasten vermitteln, auf die wir später immer wieder zurückgreifen werden. Sie werden dir helfen, besser zu verstehen, warum du in bestimmten Situationen fühlst, wie du fühlst, und reagierst, wie du reagierst. Und auch, welche Bereiche deines Gehirns du ansprechen musst, wenn du etwas an diesem Verhalten ändern möchtest.

Das Gehirn ist ein merkwürdiges Organ. Obwohl es nur zwei bis drei Prozent des menschlichen Körpergewichts ausmacht, verbraucht es beinahe fünfundzwanzig Prozent des täglichen Kalorienbedarfs. Anhand dieser Zahlen bekommst du eine Vorstellung davon, wie viele Prozesse in jeder Sekunde in deinem Gehirn ablaufen. Du kriegst davon aber nur einen winzigen Bruchteil mit, denn die meisten Dinge passieren hinter den Kulissen. Zum Glück. Wenn du jeden Befehl von deinem Gehirn an Darm, Lunge, Nieren, Leber, Blutkreislauf und Immunsystem, ja an jede einzelne Zelle in deinem Körper registrieren würdest, wärst du ganz sicher nicht in der Lage, nur einen einzigen sinnvollen Gedanken am Tag zu produzieren.

Die meisten Prozesse in deinem Gehirn finden also unterbewusst statt. Das gilt aber nicht nur für Prozesse, die deinen Organismus am Leben halten, sondern auch für Entscheidungen, Gefühle, Gedanken, Wahrnehmung, Informationsverarbeitung, Gedächtnis und vieles mehr.

Bewusst bist du in der Lage, etwa fünf bis neun Informationen in der Sekunde zu verarbeiten. Hört sich viel an? In deinem Unterbewusstsein verarbeitest du sage und schreibe 2,3 Millionen Informationen – pro Sekunde. Das ist eine Menge. Die Verarbeitung findet so rasend schnell statt, dass sie dir nicht auffällt – maximal einen winzigen Teil der Resultate bekommst du mit, nicht jedoch den Prozess selbst. Kein Wunder, dass nur fünf Prozent deiner Entscheidungen bewusst und fünfundneunzig Prozent unbewusst gefällt werden. Würden die grauen Zellen in deinem Schädel bei jeder anstehenden Entscheidung beim Bewusstsein anklopfen und um eine Expertise bitten, hättest du am Ende eines Tages vermutlich noch nicht mal eine Socke angezogen. Erst recht wärst du nicht in der Lage, kluge Ideen zu entwickeln. Übrigens gilt die Verteilung von bewusstem und unbewusstem Denken für alle Menschen – auch für Genies. Auch Albert Einstein oder Stephen Hawkings hatten nicht am laufenden Band brillante Einfälle. Selbst ihr Organismus war zu fünfundneunzig Prozent mit unterbewussten Prozessen beschäftigt. Also Socken anziehen, Zähne putzen, husten, kratzen und so weiter. Zugegeben: Die fünf Prozent Bewusstsein nutzten sie vermutlich etwas effizienter als ein Großteil ihrer Gattung … Und Albert Einstein trug angeblich nie Socken. Vielleicht wollte er einfach Ressourcen im Hirn schonen?

Wie bei jedem guten Zauberkasten brauchst du eine Anleitung, wenn du ihn benutzen willst. Ansonsten bist du erst mal relativ ratlos, was du mit den ganzen Spielkarten, Würfeln, Kugeln und Seilen so anstellen sollst. Leider wurde dir die Anleitung, wie du das Ding in deinem Kopf sinnvoll nutzen kannst, nicht mitgeliefert. Und so verbringst du ein halbes Leben damit, manchmal sogar mehr, um zu begreifen, warum du so reagierst, wie du reagierst, warum du fühlst, wie du fühlst, und warum sich deine Gedanken wieder einmal im Kreis drehen.

Du bist jedoch in der Lage, mit dem Organ in deinem Schädel zu arbeiten. Es benötigt nur etwas guten Willen, ein klein wenig Geschick und viel Geduld. Aber wenn du erst einmal gelernt hast, wie du dein Gehirn nutzen kannst, wirst du feststellen, dass es viel Freude bereitet, sich mit deinen kleinen grauen Zellen auseinanderzusetzen.

Hast du dir schon einmal darüber Gedanken gemacht, was Gedanken eigentlich sind? Neurobiologisch betrachtet handelt es sich bei Gedanken um Produkte deines Gehirns. Sie stehen in unmittelbarer Wechselwirkung zu deiner Umgebung und entstehen vor allem dann, wenn du über deine Sinnesorgane Reize aufnimmst, also siehst, hörst, riechst, schmeckst oder fühlst. Gedanken entstehen aber auch aus dir selbst heraus – zum Beispiel dann, wenn keine Einflüsse von außen auf dich einprasseln, sondern du allein mit dir bist.

Auf zellbiologischer Ebene versteht man unter Gedanken bestimmte Interaktionen zwischen deinen Nervenzellen, auch Neuronen genannt. Von diesen Neuronen befinden sich in deinem Gehirn sage und schreibe einhundert Milliarden. Das ist eine Eins mit elf Nullen dahinter. Zwischen den einzelnen Nervenzellen bestehen Verknüpfungen, die du dir wie Kabel vorstellen kannst. Über diese Kabel tauschen die Nervenzellen Informationen aus. Da der Hirn-Computer mit all seinen Bestandteilen nicht geplant und anschließend gebaut wurde, sondern natürlich gewachsen ist, ist die Verkabelung zum Teil sehr alt und ziemlich chaotisch. Es gibt Überbrückungen, Fehlschaltungen und Umwege.

Wenn du denkst, nutzt dein Gehirn erst einmal die Kabel, die vorhanden sind, denn es ist ein bisschen faul. Für jeden Gedanken gleich ein neues Kabel zu legen, wäre viel zu umständlich. Also nutzt das Gehirn alle Verkabelungen, die im Laufe deines Lebens in deinem Kopf gewachsen sind – es nutzt den Weg, den es für den besten und schnellsten hält, und vor allem: kennt. Das Gehirn ist nämlich auf Effizienz ausgelegt. Deshalb übersieht es manchmal, dass es auch andere Verkabelungen geben könnte, die ebenfalls zum Ziel führen.

Wenn dein Gehirn etwas Neues lernt, bilden sich neue Verknüpfungen zwischen den Neuronen. Je häufiger oder seltener diese gedanklichen Verknüpfungen genutzt werden, desto stärker oder schwächer werden die dazugehörigen Informationen, die ausgetauscht werden. Du kannst dir das Gehirn ein wenig wie einen Muskel vorstellen: Je mehr du denkst, desto mehr Verknüpfungen zwischen den Nervenzellen gibt es.

Da andauernd neue Informationen gedanklich verarbeitet werden, hat dein Hirn eine Menge zu tun. Die Neuronen kommunizieren untereinander mithilfe von elektrischen Impulsen. Nun sind in deinem Gehirn nicht nur zwei Nervenzellen pro Sekunde dabei, einen elektrischen Impuls nach dem anderen weiterzugeben – nein, es sind Millionen gleichzeitig. Kannst du dir vorstellen, wie viele Informationen das in einer Sekunde, in einer Minute, einer Stunde oder gar an einem Tag sind?

Aber wohin mit den ganzen Daten, Eindrücken und Informationen? Wenn jeden Tag so viele Eindrücke auf dich einprasseln, wie kann die überdimensionale Walnuss da oben nach ein paar Jahren überhaupt noch funktionieren? Das Geheimnis lautet: Defragmentierung. Dein Hirn strukturiert regelmäßig um, verschiebt wenig Benutztes in einen Bereich, der seltener betreten wird (deshalb vergisst man zum Beispiel auch Sprachen, wenn man sie über einen längeren Zeitraum nicht spricht), baut nicht genutzte Kabel ab und schafft so Platz für neue Verbindungen. Der Prozess wird auch als neuronaler Darwinismus bezeichnet – Survival of the Fittest. Also: Nur die stärksten Synapsen überleben!

Wie jede kleinste Zelle in deinem Körper hat sich auch dein Gehirn über Jahrmillionen entwickelt. Im Gegensatz zu anderen Säugetieren hat der Homo sapiens allerdings ein ziemlich überdimensioniertes Gehirn im Vergleich zu seinem Körper, das noch dazu eigentlich gar nicht dafür geeignet ist, auf einem verhältnismäßig schmalen und instabilen Teil der Wirbelsäule herumgetragen zu werden. Evolutionsbiologen streiten sich bis heute darüber, warum das menschliche Gehirn im Laufe der Entwicklung an einem bestimmten Zeitpunkt anfing, zu wachsen und damit größer zu werden als das unserer Verwandten, der Affen. Fakt ist: Das größere Gehirn verbrauchte mehr Kalorien, wenn man es ordentlich nutzen wollte. Es wird vermutet, dass Jäger und Sammler deswegen aufhörten, Mammuts nachzustellen und Nüsse von Bäumen zu schütteln, damit sie durch die Kultivierung des Landes mehr Kalorien zu sich nehmen konnten. Das Hirn bedankte sich mit noch mehr Wachstum und wurde noch hungriger.

Es gibt viele unterschiedliche Bereiche im Gehirn. Die drei für unser Thema relevanten sind: Reptiliengehirn (auch Hirnstamm genannt), limbisches System und Neocortex.

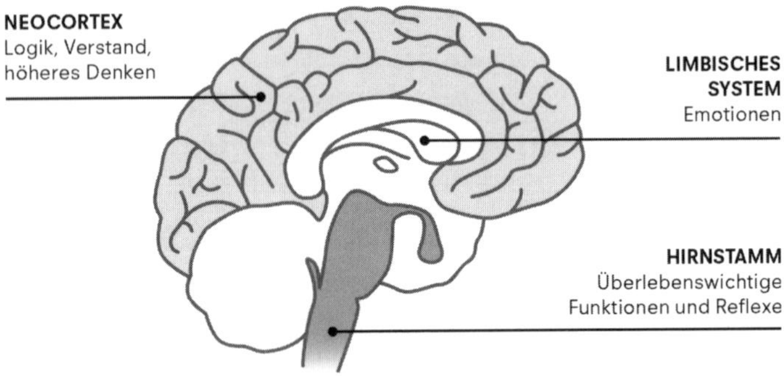

Der älteste und am tiefsten liegende Teil des Gehirns ist der Hirnstamm, welcher auch Reptiliengehirn genannt wird. Der Hirnteil hat diesen hübschen Namen bekommen, weil es dem Gehirn heutiger Reptilien stark ähnelt. Das Reptiliengehirn hat vor etwa fünfhundert Millionen Jahren angefangen, sich zu entwickeln. Es ist für die lebenswichtigen Bereiche wie Herzschlag, Atmung, Blutkreislauf, Nahrungsaufnahme und Verdauung, aber auch alle Reflexe verantwortlich. Es reagiert und analysiert innerhalb von Millisekunden außergewöhnliche Ereignisse und stuft sie als gefährlich oder sicher für uns ein. Wir werden uns in diesem Buch noch häufiger mit dem Reptiliengehirn beschäftigen, da es mit seiner Software von anno dazumal bis heute dein Verhalten, deine Gedanken und deine Gefühle beeinflusst.

Letztere entstehen übrigens im limbischen System. Es wird auch Säugergehirn genannt, da es nur bei Säugetieren vorkommt, wie der Name schon sagt. Im Gegensatz zu Wirbeltieren oder Insekten verfügen Säugetiere über eine soziale Natur. Sie sind in der Lage, Furcht, Liebe, Lust oder Sorge um den Nachwuchs zu empfinden – was einer durchschnittlichen Kreuzotter zum Beispiel vollkommen abgeht. Auch der Spieltrieb und das Lernen durch Nachahmung sind den Säugetieren vorbehalten.

Im Gegensatz zum Reptiliengehirn, das sich anatomisch klar abgrenzen lässt, stellt das limbische System eine funktionale Einheit dar. Zu dieser Einheit gehören viele kleinteilige Bereiche des Gehirns, deren Aufzählung ich dir allerdings erspare. Wichtig für das Verständnis deines Verhaltens ist: Das limbische System beeinflusst deine Hormone und dein vegetatives Nervensystem. Durch Reize von außen entstehen hier Reaktionen, die du als Emotionen wahrnimmst.

Neben einigen anderen Hirnarealen werden Reptiliengehirn und limbisches System von einer äußeren Struktur umgeben. Man nennt diese Struktur aufgrund ihrer Position und Größe auch »Rinde« –

oder lateinisch *cortex*. Für uns von Bedeutung ist vor allem der Neocortex (ein Teil der Großhirnrinde). Dort befindet sich die höchste Ebene der Steuerungszentrale deines Gehirns – der Chef vom Dienst, der Vorstandsvorsitzende deines biologischen Unternehmens. Der Neocortex wird auch »kognitives Gehirn«, also »denkendes Gehirn«, genannt. Dieser Teil ist dafür da, dass der Mensch logisch denken, planen, entscheiden, Vor- und Nachteile abwägen oder die richtigen Worte finden kann. In ihm sind auch Geschichts- und Zukunftsbewusstsein beheimatet. Es dauert im Schnitt zwanzig bis fünfundzwanzig Jahre, bis die Ausbildung dieses Hirnbereichs bei einem Menschen entwicklungstechnisch abgeschlossen ist.

Ich denke, also fühle ich

Jeder kennt sie, jeder hat sie: Gefühle. Aber worum handelt es sich dabei? Wo finden deine Gefühle statt? Was spürst du genau? Und was passiert in deinem Gehirn, während du fühlst?

Alles beginnt mit einem Reiz. Dabei handelt es sich um eine Information, die in deinem Gehirn eine Reaktion auslöst. Der Reiz, den du entweder über deine Sinnesorgane wahrnimmst oder über einen eigenen Gedanken auslöst, gelangt in Form eines Impulses in dein Gehirn, genauer gesagt ins limbische System. Dort wird ein bestimmter auf diesen Impuls angepasster biochemischer Cocktail ausgeschüttet. Diese Cocktails nennt der portugiesische Neurowissenschaftler António Damásio Emotionen. Emotionen sind also biochemische Reaktionen, die infolge einer Sinneswahrnehmung oder eines Gedankens im limbischen System entstehen.

Die Emotion wird in deine Blutbahn ausgeschüttet und gelangt auch in deinen Neocortex. Wie du weißt, ist das der Gehirnbereich, in dem dein Verstand und deine Logik sitzen, in dem aber auch die

Erinnerung und das Gedächtnis vermutet werden. Der Neocortex verarbeitet die Information, die von der Emotion geliefert wird – und zwar, indem er sie durch individuelle Erinnerungen, Überzeugungen und Bewertungen von dir ergänzt. Was nun entsteht, nennt Damásio ein Gefühl: eine biochemische Reaktion, die vom Neocortex analysiert und verarbeitet wurde und von dir bewusst wahrgenommen wird.

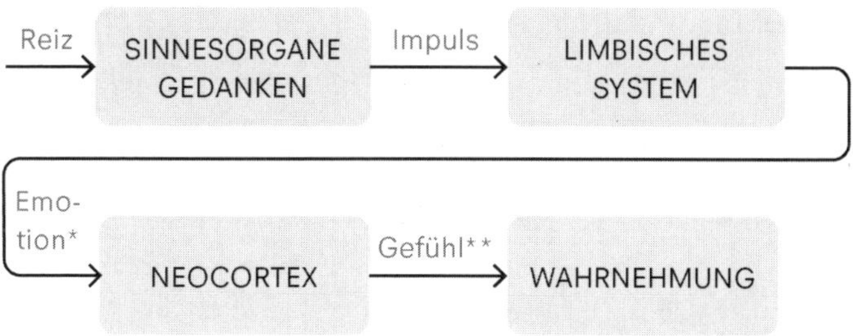

*Emotion = biochemische Reaktion, die auf einen Reiz folgt und im limbischen System entsteht

**Gefühl = biochemische Reaktion, die vom Neocortex analysiert und verarbeitet wurde

Ich erkläre den Vorgang noch mal an einem Beispiel: Du nimmst etwas wahr, sagen wir: den Geruch von frischem Brot. Über deine Nase gelangt der Reiz in die Nervenbahnen und wird in einen elektrischen Impuls übersetzt, der an dein Gehirn weitergeleitet wird. Im limbischen System wird nun ein bestimmter chemischer Cocktail zusammengestellt, der sich in Form einer Emotion äußert. Diese wird im Neocortex verarbeitet und mit persönlichen Erinnerungen, Eindrücken und so weiter ergänzt – zum Beispiel denkst du an deine Großmutter, die mit dir immer Brot gebacken hat. In diesem Moment wird aus der Emotion ein Gefühl: Wohlbefinden.

Wie du dir vorstellen kannst, ist dein Gehirn den ganzen Tag und sogar im Traum damit beschäftigt, Reize zu empfangen und Emotionen zu produzieren. Was du am Ende eines langen, komplexen Vorgangs wahrnimmst, sind Gefühle. Die registrierst du allerdings nicht im Neocortex, denn mit dem Hirn »fühlst« du nicht, sondern in einzelnen Körperteilen, in denen die Hormone oder chemischen Botenstoffe auf die Organe treffen. Bestimmt hast du schon einmal Wut im Bauch gehabt. Oder Herzschmerz gefühlt. Oder bei Trauer einen Kloß im Hals verspürt. Mittlerweile haben Forscher eine Art Landkarte der menschlichen Gefühle im Körper erstellt,[2] die beweist, dass das Phänomen sogar interkulturell ist – also egal, ob jemand in Litauen oder Papua-Neuguinea Ekel verspürt, er fühlt diese Empfindung im Mund oder im Magen. Wir lernen daraus, dass Emotionen und Gefühle nicht nur mentale, sondern auch körperliche Auswirkungen haben. Das weiß jeder, der schon einmal vor anderen bloßgestellt wurde, auch ohne diese Studie – denn normalerweise läuft bei jedem, der sich peinlich berührt fühlt, der Kopf rot an.

Emotionen haben einen evolutionären Sinn: Sie sichern als ein körpereigenes Mittel unser Überleben, indem sie Reize von außen oder innen (Gedanken) beurteilen und Reaktionen darauf einleiten. Zum Beispiel: Es ist Nacht, du läufst eine dunkle Straße entlang und hörst ein unheimliches Geräusch. Sofort wird die Wahrnehmung in eine Emotion verarbeitet, die deinen Körper reagieren lässt, mit verbesserter Hörfähigkeit, schnellerem Puls und gesteigerter Aufmerksamkeit. Das ist eine reflexhafte Reaktion, die wir nicht beeinflussen können. Im Laufe unseres Lebens lernen wir aber, dieser Reaktion einen Namen zu geben: Angst. Aus dem unbewussten Reagieren wird ein bewusstes Gefühl. Das passiert, wenn unser Neocortex eine Bewertung der Situation vornimmt – und das tut er über die bereits gesammelten Erfahrungen. Siehst du dann allerdings, dass das Geräusch von einer Katze kam, bewertet dein Neocortex neu und gibt ans restliche System eine Entwarnung raus. Es herrscht keine Gefahr, der Körper darf sich wieder entspannen.

Emotionen kannst du nicht ändern – sie sind einfach da, ein altes Programm, das schon vor deiner Geburt installiert wurde. Sogar unsere Urahnen, die noch in Höhlen lebten, hatten diese Programme. Gefühle aber entstehen dank eines sehr viel moderneren Gehirnteils, des Neocortex. Das heißt auch, dass Gefühle durch dich gebildet werden. Du kannst dich in Gefühle regelrecht reinsteigern. Damit gießt du den biochemischen Cocktail in deinem Blut stetig nach und hältst ihn somit am Leben. Nicht, weil der Impuls von außen immer noch da ist, sondern weil dein Neocortex aktiviert wird. Unsere Gefühle halten wir für unveränderlich – aber sie sind beeinflussbar! Dein Verstand entscheidet also maßgeblich mit, wie du fühlst, und wenn du dein Denken änderst, kann sich auch dein Fühlen ändern.

Wer verinnerlicht hat, dass Emotionen und Gefühle nicht dasselbe sind, der versteht auch, dass nicht die Reize, die wir über unsere Sinne wahrnehmen, unsere Gefühle bestimmen, sondern die Bedeutung, die wir diesem Reiz geben. Es sind unsere Bewertungen, die dafür sorgen, dass wir so fühlen, wie wir fühlen – nicht das Ereignis. Denk daran, wenn dir das nächste Mal jemand die Vorfahrt nimmt und du wie ein HB-Männchen hochgehst.

Deswegen sind deine Gefühle auch Hinweisschilder. Sie helfen dir herauszufinden, welche Denkmuster und Erinnerungen dich beeinflussen. Wenn du beim nächsten Mal eine Auseinandersetzung hast und du dich dabei nicht gut fühlst, würde ich mir für dich wünschen, dass du dieses Gefühl als Wegweiser verstehst. Frag dich: Was passiert da gerade mit mir? Was denke ich über das gerade Erlebte? Woran erinnert es mich? Möchte ich dieses Gefühl in diesem Moment weiterhin fühlen, oder bin ich bereit, etwas für die Veränderung zu tun, um mich in eine angenehmere Stimmung zu versetzen? Wie kann ich die bestehende Erinnerung an ein traumatisches Erlebnis heilen, damit ich in Zukunft nicht mehr so fühle beziehungsweise reagiere? Übernehme ich Verantwortung für meine Reaktion oder gebe ich weiterhin äußeren Umständen die Verantwortung und suhle mich in der Opferrolle?

Jeder Mensch reagiert mithilfe seiner Emotionen sehr ähnlich auf bestimmte Situationen, welche Gefühle daraus jedoch resultieren, ist eine Frage der individuellen Prägung. Deshalb kommt es auch immer wieder zu Konflikten zwischen Menschen. Ich kann nicht erwarten, dass der Mensch, mit dem ich interagiere, meine Glaubenssätze und Bewertungen vorausahnt. Der Umstand, dass zwei Menschen zwar vielleicht dieselbe Sprache sprechen, aber vollkommen anders senden und empfangen, ist der Grund, warum selbst einfache Handlungen oder Aussagen das Potenzial haben, einen emotionalen Großbrand auszulösen.

Möglicherweise hast du schon einmal ein Gefühl in jemandem ausgelöst, ohne dass du es wolltest. Du wusstest nämlich nicht, welche Erfahrungen, Erlebnisse und Erinnerungen im Unterbewusstsein der Person schlummerten, mit der du in soziale Interaktion getreten bist – ja sie weiß es mit großer Wahrscheinlichkeit selbst nicht!

Das Beispiel zeigt, dass Gefühle subjektiv sind und nicht vorhergesehen werden können, weder bei anderen noch bei dir selbst. Häufig weißt du überhaupt nicht, warum du dich plötzlich schlecht, wütend, traurig oder enttäuscht fühlst. Deswegen bringst du ja auch so oft das auslösende Ereignis mit deinen unangemessenen Gefühlen in Verbindung – und nicht mit deinen Glaubenssätzen, die dazwischengeschaltet sind. Erst wenn du dir bewusst machst, was in deinem Gehirn gerade passiert und dass du dich anders fühlst, als du dich fühlen willst, bist du in der Lage, deine Bewertungen zu erkennen, zu verstehen und gegebenenfalls auch zu bearbeiten.

Auch ich tappe von Zeit zu Zeit in die Glaubenssatz-Falle, obwohl ich es eigentlich besser wissen müsste. Ich bin auch nur ein Mensch, und auch, wenn ich mich oft in Selbstreflexion übe, gehen die Gefühle manchmal mit mir durch. Und so kommt es, dass ich Dinge missverstehe, fehlinterpretiere oder größer mache, als sie sind, weil ich wieder mal meinen Glaubenssätzen erlaube, im Bewertungssystem mitzumischen. Nun ist es herausfordernd, aus einer akuten Situation heraus einen hemmenden oder limitierenden Glaubenssatz herauszufiltern, ihn mit kritischer Distanz zu betrachten und hoffentlich aufzulösen. Und trotzdem habe ich den Anspruch, das Unmögliche möglich zu machen.

Um mich selbst aus dem Dilemma zu befreien, habe ich mir angewöhnt, nach einem Beweis für diese Selbsthypnose zu fragen. Das heißt, wenn ich mir nicht sicher bin, wie mein Gegenüber etwas gemeint hat, ich aber merke, dass mein Gehirn alle möglichen und meist unangenehmen Gefühlsvorschläge macht, hebe ich bewusst das Stoppschild hoch und frage mein Gegenüber: »Wie hast du das eben gemeint? Ich habe es folgendermaßen verstanden und bei mir ist deshalb dieses oder jenes Gefühl entstanden. Fühle ich da richtig?«

In den meisten Fällen sagt mein Gesprächspartner daraufhin: »What?! Äh … nein. Das hast du missverstanden.« Ich habe also keinen Beweis für mein Gefühl erhalten – sondern einen Beweis dafür, dass ich es missverstanden habe. Das Gefühl, das ich durch meine Selbsthypnose entwickelt habe, ist dann vielleicht immer noch spürbar. Das ist auch nicht weiter verwunderlich, denn die Chemikalien sind noch im Blut – und Gefühle sind nichts anderes als spezielle Cocktails, die der Barmann in meinem limbischen System für mich gemixt hat. Da ich mithilfe meines Beweises aber mittlerweile klarstellen konnte, dass mein Kopfkino sich verselbstständigt hat, gehe ich jetzt in die Verantwortung und sehe zu, dass nicht noch weitere

Cocktails bestellt werden, sondern der Chemiemix in meinem Blut langsam abgebaut wird. Ich halte also nicht länger an meiner ersten Interpretation fest, die beim Barmann eine Runde nach der anderen ordern und vermutlich mit der Zeit auch nach zusätzlichen Shots fragen würde, um den Pegel zu erhöhen.

Die Verantwortung liegt bei mir – und damit auch bei dir. Wenn dir also jemand sagt: »Ich habe es nicht so gemeint!«, darfst du dein Gefühl loslassen. Es wird sich nach einer Weile auflösen, und du kannst danach wieder so fühlen, wie du es lieber hast.

Übrigens: Wenn du in dieser Situation ein paar Liegestütze machst, bauen sich die Chemikalien schneller ab und du bist schneller wieder gut drauf.

Ein weiterer hilfreicher Trick ist, die Situation für ein paar Minuten abkühlen zu lassen. Heißt: raus aus dem Raum, aus dem Auto, dem Moment, für wenigstens fünf Minuten. Tief durchatmen. Die Gefühle wieder in den Griff bekommen, dem Körper Zeit geben, den Cocktail im Blut loszuwerden.

Sich aus der Situation zu entziehen, geht immer, selbst wenn man im Flugzeug sitzt. Man kann aufstehen, auf die Toilette gehen oder ein paar Kniebeugen machen und dann mit klarem Kopf und enthormonisiert wieder zurückkommen. Die Wahrscheinlichkeit, dass du ein solches Missverständnis mit deinem Partner hast, während ihr beide gerade auf dem Weg zur Internationalen Raumstation ISS seid, halte ich für eher gering und vernachlässige diesen Fall deswegen.

Für alle anderen Situationen gilt:

1. Befreie dich oder deinen Partner aus dem Film, der dich oder ihn beziehungsweise sie gerade zum emotionsgesteuerten Wesen werden lässt, und sage deinem Partner mit ruhiger

Stimme, dass du später noch einmal auf den Konflikt zu sprechen kommen möchtest.

2. Gestatte dir oder deinem Partner: »Deine oder meine Reaktion hat gerade nichts mit mir oder dir zu tun. Ich kann dich oder mich gerade aber nicht erreichen, daher gönne ich uns beiden eine kurze Pause.«

Wenn du in der Lage bist, konstruktiv Konflikte zu lösen, bist du in deinem Leben einen entscheidenden Schritt weitergekommen. Du weißt, dass Probleme und Missverständnisse nicht immer in der Sekunde, in der sie entstehen, gelöst werden müssen – manchmal ist das sogar grundverkehrt. Gerade wenn Gefühle hochkochen oder Eitelkeiten verletzt werden, hilft es, Ruhe und Sachlichkeit in den Konflikt hineinzubringen.

Jede Auseinandersetzung, die du positiv gelöst hast, wird dir mehr Sicherheit geben und dich gelassener für die nächsten zwischenmenschlichen Begegnungen machen.

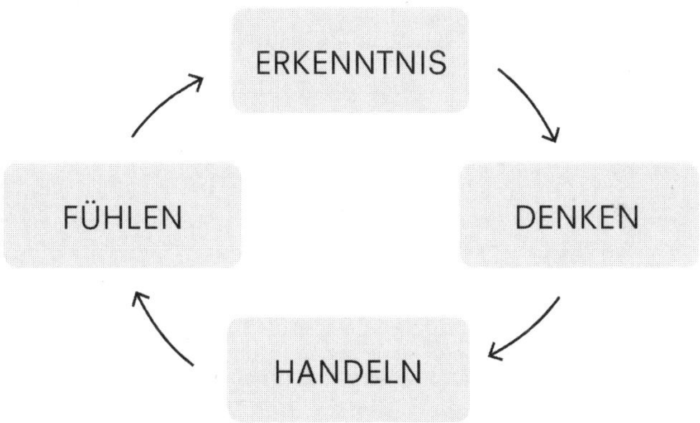

Mit diesen neuen Informationen, die ich dir gerade vermittelt habe, bist du in der Lage, den Kreislauf der Veränderung in Gang zu setzen.

1. Erkenntnis: Meine Gefühle sind ein Resultat von unbewussten Glaubenssätzen. Ich muss mich nicht immer verhalten, wie es meine Gefühle vorschlagen. Ich kann mich auch entscheiden, beim nächsten Mal bewusster zu bleiben und weniger stark zu reagieren.
2. Denken: Ich entscheide mich dazu, beim nächsten Mal etwas anderes auszuprobieren als das, was mir meine Gefühle vorschlagen.
3. Handeln: Ich bin gerade sehr emotional, bleibe aber jetzt bewusst und handle entgegen meinem Gefühl. Ich möchte eigentlich das machen, was ich immer gemacht habe. Doch dieses Mal gehe ich erst in die Kommunikation mit meinem Partner.
4. Fühlen: Toll, wir haben uns schneller wieder zusammengefunden als bisher. Ich habe jetzt mehr das Gefühl, selbstbestimmt zu sein.

Dir werden immer wieder Menschen begegnen, die dich provozieren oder verletzen. Nur die wenigsten sind sich ihrer selbst so bewusst, dass sie wissen, wie sie fühlen, was sie sich wünschen und wie sie mit ihrem Umfeld umgehen wollen. Ich erwarte nicht von dir, Wasser in Wein zu verwandeln oder immer die rechte Wange hinzuhalten – aber du weißt jetzt, wie du anders handeln kannst, um anders zu fühlen.

Du weißt jetzt, wie Gefühle entstehen – sie werden beeinflusst durch deine Denkprozesse und Glaubenssätze. Das macht sie zu einem wichtigen Wegweiser in der Frage, was du an dir eigentlich verändern kannst. Denn diese Frage wird mir oft gestellt: »Woher weiß ich, was ich verändern kann? Und wie spüre ich das auf?« Eine berechtigte Frage, wenn du das Buch geschenkt bekommen hast und nie auf die Idee gekommen wärst, es dir selbst zu kaufen: »Warum schenkst du mir dieses Buch? Mit mir ist doch alles in Ordnung!«

Natürlich ist es das! Vielleicht möchtest du dich aber in noch mehr Situationen gelassener verhalten? Nicht nur in der Beziehung mit Menschen. Gefühle sind dafür ein guter Wegweiser. Sie helfen dir zu erkennen, welche Programme du updaten darfst, um dich noch wohler zu fühlen. Sie sagen dir: Hier gibt es etwas zu tun!

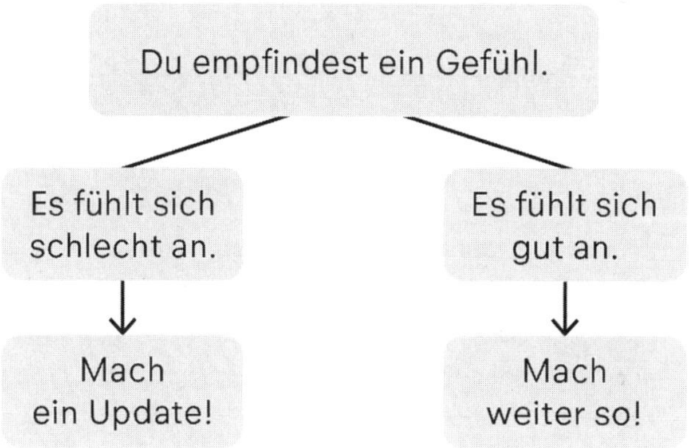

Willst du ein Gefühl nicht mehr empfinden, dann geh ihm auf den Grund. Sei neugierig und entwickle den Forschergeist, der sich weiterentwickeln will. Der die Ursache für dieses Gefühl herausfinden und ihre Referenz aktualisieren möchte. Ich werde dir später noch erklären, welche Methoden dafür geeignet sind.

Jetzt ist erst einmal wichtig zu verstehen: Du bist der Gestalter deines Lebens – und deiner Gefühle. Auch wenn sich deine Gefühle als ein Teil von dir anfühlen, würde ich sie nie als Beweis für die universelle Wahrheit nehmen oder mich mit ihnen abfinden. Ich höre Menschen immer wieder Sätze sagen wie: »Ich höre einfach auf mein Bauchgefühl.« Oder: »Diese Person nimmt mich nicht ernst, das spüre ich.« Wenn du jetzt aber weißt, dass deine Gefühle von deiner Vergangenheit beeinflusst werden, kannst du diese Gefühle auch infrage stellen. Vielleicht sind es nur deine subjektiven Interpretationen, die von früheren Erfahrungen getrübt werden. Alles entsteht in deinem Kopf – auch die Dinge, die du fühlst und die »wahrer« und »echter« wirken als alles andere. Nehmen wir an, du wärst ein besonders eifersüchtiger Mensch. Kein anderer Mensch ist verantwortlich dafür, sondern löst diese Eifersucht nur aus. Du allein kannst entscheiden, wie du weiter mit diesem Gefühl umgehst. Lässt du es zu und machst dein Problem zum Problem deines Partners? Unterdrückst du es und leidest darunter? Oder erkennst du es an und entscheidest dich dazu, es in einer Therapie oder mit Selbsthilfe-Tools aufzuarbeiten? Denn wenn du in Zukunft beispielsweise nicht mehr eifersüchtig sein willst, kannst du das ändern – nur du und niemand sonst. Du darfst dich entscheiden.

Neuroplastizität und Liebeskummer

»Was Hänschen nicht lernt, lernt Hans nimmermehr.« Dieses Sprichwort ist bekannt und ein Glaubenssatz von Menschen, die sich nicht ändern wollen oder es nicht besser wissen. Bei den meisten ist Letzteres der Fall. Sie wissen nicht, dass sie enorme Veränderungen zur Verbesserung ihres Lebens erfahren können. Wieso sonst treffe ich laufend auf Menschen, die Phobien vor Spinnen, Fahrstühlen, dem Zahnarzt oder dem Fliegen haben? Warum tun sie nichts dagegen? Warum finden sie nicht heraus, wie sie diese Ängste loswerden können oder wer ihnen dabei helfen kann? Im besten Fall kann eine einzige Sitzung Hypnosetherapie diese Angst auflösen!

Die Antwort lautet: Weil ihnen nie jemand erklärt hat, dass diese Ängste (oder auch andere einschränkende Verhaltensweisen) nur Programme, ja Fehlverschaltungen in ihrem Kopf sind und dass sie diese Programme umprogrammieren können. Ihnen fehlt also die Erkenntnis, dass sie einen Einfluss darauf haben können. Sie finden sich damit ab, »eben so zu sein«, und passen ihr Leben entsprechend an. Logischerweise macht das keinen Spaß und schränkt die Freiheit enorm ein. Wenn du, liebe Leserin, lieber Leser, diese oder ähnliche Ängste kennst, weißt du bestimmt sehr genau, wovon ich spreche. Hier nun die gute Nachricht:

DU KANNST FREI DAVON SEIN!

Dein Gehirn ist anpassungsfähig! Wir wissen mittlerweile, dass neuronale Verbindungen nicht in Stein gemeißelt sind. Sie werden nur über lange Zeit festgetrampelt. Je häufiger du sie verwendest, desto mehr verfestigen sie sich. Und dann denkst du, dass du schon immer so gewesen bist: cholerisch, ängstlich, eifersüchtig, unsportlich, undiszipliniert, träge. Das stimmt aber nicht. Dein Gehirn hat diese neuronalen Verbindungen angelegt, und du bist gewohnt, sie entlangzulaufen. Deshalb fühlen sich die Verhaltensweisen so vertraut an, dass du sie für Eigenschaften von dir hältst. Du hältst sie für einen Teil deiner Persönlichkeit. Aber nur, weil es sich so »anfühlt«, heißt es noch lange nicht, dass es auch so bleiben muss. Oder noch schlimmer, dass du wider deine Natur handelst, wenn du dich von diesen Eigenschaften lösen willst.

Denk mal ans Fahrrad- oder Autofahren. Ans Schreiben oder Zubinden der Schuhe. Du verschwendest heute keinen Gedanken mehr daran, wie du das machst, trotzdem weißt du, dass du nicht mit diesen Fähigkeiten auf die Welt gekommen bist. Bei einer Eigenschaft oder einem Glaubenssatz von dir verhält es sich genauso. Sie fühlen sich an, als wären sie schon immer da gewesen und ein Teil von dir. Deswegen ist es auch schwerer, jahrelange Gewohnheiten aufzugeben, als Neues zu lernen.

Wenn du eine neue Information erhältst, entsteht in deinem Gehirn eine neue neuronale Verknüpfung. Nutzt du die Verknüpfung nicht, wird sie irgendwann wieder abgebaut. Straßen, die keiner befährt, braucht man nämlich nicht. Das Gute ist: Auch Straßen, die zwanzig Jahre lang genutzt wurden, dann jedoch nicht mehr befahren werden, baut das Hirn nach einer gewissen Zeit ab. Denn es versucht, so effizient wie möglich zu arbeiten, also verschiebt es Dinge, die es allem Anschein nach nicht braucht, ganz hinten ins Archiv oder löscht die Daten komplett. Dazu gehören alte Gewohnheiten, Lateinvokabeln, aber auch der Platz, wo du zuletzt deine Lesebrille oder den Haustürschlüssel abgelegt hast.

Hast du schon einmal Liebeskummer gehabt? Und kannst du dich noch daran erinnern, wie schmerzlich das damals für dich war? Wenn du jetzt an diese Person denkst, spürst du dann noch immer den Schmerz? Nein?

Warum tut es nicht mehr weh? Weshalb spürst du den Liebeskummer heute nicht mehr? Grund dafür ist die Neuroplastizität – die Anpassungsfähigkeit deines Gehirns. Es ist im ständigen Wandel begriffen, auch noch im Erwachsenenalter, ja ein Leben lang – zum Glück. Denn das erklärt, warum auch der schlimmste Liebeskummer irgendwann wieder vorbeigeht, egal, wie grauenhaft er sich angefühlt hat.

Und da kann es richtig zur Sache gehen. Wissenschaftler vergleichen den Herzschmerz auf biochemischer Ebene mit dem kalten Entzug eines Heroinabhängigen. Tatsächlich ist es so, dass Verliebtsein sich auf dich ähnlich auswirkt wie Drogenkonsum. Du fühlst dich »high«, also auf Wolke sieben, dein Körper ist im Ausnahmezustand und schüttet wie verrückt Endorphine und Dopamin aus. Sorgst du nicht regelmäßig für neue Impulse (indem du in der Liebe deiner Sehnsucht oder bei den Drogen deiner Abhängigkeit nachgehst), kommt es zu Entzugserscheinungen. Dein Organismus sehnt sich nach dem nächsten Trip, deine Gedanken kreisen nur noch um die Bezugsquelle deiner Glückseligkeit. Dein Belohnungszentrum im Gehirn bekommt nicht mehr die Impulse, die es braucht, und schüttet deshalb kein Dopamin mehr aus. Die Folge: Du leidest und hast Schmerzen, körperlich wie seelisch.

Du bist auf Entzug, kannst an nichts anderes denken als an das, was du verloren hast, dazu gesellen sich psychische sowie körperliche Schmerzen, die von Depressionen, Angstzuständen, Schlafstörungen bis hin zu echten Schmerzen in der Herzregion führen können. Liebeskummer kann sogar zu einer Krankheit werden. Die Medizin kennt das Broken-Heart-Syndrom, auch Stress-Kardiomyopathie genannt, eine seltene, aber schwerwiegende Funktionsstörung des Herzmuskels, oft ausgelöst durch hohe emotionale oder körperliche Belastung.

Zum Glück erleben die meisten von uns Liebeskummer zwar als furcht-, aber auch überlebbar. Die hormonellen und biochemischen Prozesse im Körper flachen nach einer Weile ab, bis sie irgendwann gar nicht mehr zu spüren sind. Der körperliche Entzug ist überstanden – doch das Gehirn ist nicht ganz so schnell. Denn es gibt noch einen anderen Faktor, der das Entlieben von einer Person so schwierig macht: die neuronalen Verknüpfungen, die du in der Beziehung gebildet hast.

Eine zwischenmenschliche Beziehung kannst du dir auf neuronaler Ebene wie einen Hochseilgarten vorstellen. Je mehr man miteinander erlebt und verbindet, desto mehr Seile und Hängebrücken werden im Gehirn gespannt. Oft heißt es, Paare seien »zusammengewachsen« – auf neuronaler Ebene geschieht genau das. Ereignisse werden zu Erinnerungen, Erinnerungen zu neuronalen Bahnen, und das Aktivieren dieser Bahnen ist der Kitt, der in schweren Zeiten hilft, nicht gleich das Handtuch zu werfen.

Ich weiß, es klingt unfassbar unromantisch, aber im Grunde ist die Liebe nichts anderes als ein Zusammenspiel aus neuronalen Verknüpfungen, Hormonen und Gewohnheiten. Ja, genau: Gewohnheiten. Wir gewöhnen uns aneinander – auch wenn das im echten Leben manchmal unmöglich erscheint. Eine Gewohnheit ist, wie du weißt, nichts anderes als ein Trampelpfad in deinem Gehirn, den du schon sehr, sehr häufig genommen hast. Genauso verhält es sich auch in einer Beziehung: Je länger sie dauert, desto mehr Verknüpfungen im Hochseilgarten gibt es und desto festgetrampelter sind die Pfade, die in deinem Kopf entstanden sind.

Menschen, die sich nach und nach entlieben, bauen diese neuronalen Vernetzungen mit der Zeit ab, bis sie irgendwann kein Gefühl der Nähe oder Liebe mehr verspüren. Wer hingegen überraschend getrennt wird oder sich trennt, spürt den Liebeskummer oft intensiver. Du denkst an den anderen, an die verlorene Liebe, aktivierst ein ums andere Mal die neuronalen Verbindungen – doch die Gewissheit, dass der Partner weg und die Beziehung zerbrochen ist, sorgt dafür, dass dein Belohnungszentrum nicht reagiert und auch keine Hormone ausschüttet, die dich glücklich machen. Stattdessen erfährst du ein ums andere Mal, was du nicht mehr hast. Die Verbindung ist also noch da, aber das gute Gefühl ist verschwunden. Das nimmst du als Schmerz beziehungsweise Liebeskummer wahr.

»Die Zeit heilt alle Wunden«, heißt es im Volksmund. Das trifft auch auf dein Hirn zu. Denn im Laufe der Zeit baut es die neuronalen Verbindungen ab, die du in der Beziehung gebildet hast. Es verändert sich. Du entliebst dich. Zunächst fühlt sich das vielleicht ungewohnt, wenn nicht sogar unangenehm an. Aus dem »Wir« wird wieder ein »Du«. Für Ausschüttungen des Belohnungszentrums bist du fortan wieder ganz allein zuständig. Das ist erst einmal nicht besonders angenehm, im Laufe der Zeit lernt dein Gehirn aber, sowohl mit dem fehlenden Glücksrausch als auch mit den nicht mehr vorhandenen neuronalen Verbindungen umzugehen. Der Liebeskummer vergeht, du kommst im Singleleben an – und schließlich schaltet sich auch wieder dein Neocortex ein, der in den vergangenen Monaten offenbar im Winterschlaf war, und sagt: »Es war ja auch nicht alles toll in der Beziehung. Dass er/sie nie die Zahnpastatube zumachen konnte und seine/ihre Haare immer überall herumflogen … Und seinen besten Freund/ihre beste Freundin konnte ich sowieso noch nie leiden!«

Liebeskummer ist vollkommen menschlich. Jeder hat ihn – na gut, jeder, der in der Lage ist, Liebe zu empfinden. Über Herzschmerz hinwegzukommen, ist jedoch eine individuelle Angelegenheit. Manchen gelingt es in wenigen Wochen, andere hängen Jahre in den Seilen. Wenn eine Beziehung sehr konfliktreich war, sind unter Umständen weniger neuronale Verbindungen entstanden, als wenn der

Himmel unentwegt voller Geigen war – genau das Gegenteil kann jedoch auch der Fall sein, denn Reibung erzeugt bekanntlich Wärme. Es liegt aber auf der Hand, dass eine Partnerschaft, die nach zwanzig Jahren endet, auf mehr gemeinsam Erlebtes zurückblickt als eine Liaison von drei Wochen Dauer. Es gibt keine Regel, wie viel Zeit man einrechnen muss, bis ein Herz wieder repariert ist. Oder, wie du jetzt weißt: wie lange es dauert, bis der biochemische Entzug in deinem Hirn überwunden und der partnerschaftliche Hochseilgarten abgebaut wurde. Und noch mehr Faktoren beeinflussen das Entlieben: Hat sich das Beziehungsende abgezeichnet? Konntest du dich »vorbereiten«? Oder erwischt es dich eiskalt? Gab es in der Beziehung nur das gemeinsame Leben – oder hast du immer auch dein eigenes gepflegt? Und nicht zuletzt: Wie lange hältst du an der Vorstellung fest, die einzig wahre Liebe verloren zu haben? Hängst du noch ewig der Vergangenheit hinterher? Oder wendest du dich der Zukunft zu?

Fakt ist: Je länger du deinen Expartner in deinem Bewusstsein und Gedächtnis am Leben hältst, desto länger brauchen die neuronalen Verbindungen, sich abzubauen. Denn viel befahrene Autobahnen werden vom Gehirn nicht abgerissen. Erst wenn du aufhörst, die plattgetrampelten Wege immer wieder zu gehen, kann das Gehirn anfangen, die Verbindungen aufzulösen.

BEI LIEBESKUMMER GIBT ES NUR EINE REGEL: LOSLASSEN!

Selbst wenn dir das Herz auf die schlimmstmögliche Art gebrochen wurde, wenn du am Boden zerstört bist und nicht weißt, wie du am Morgen überhaupt aufstehen sollst, liegt es in deiner Verantwortung, wie langsam oder schnell der Liebeskummer vergeht. Arbeitest du aktiv daran, das Vergangene hinter dir zu lassen? Dir deine Fehler und deinem Expartner seine Fehler zu verzeihen? Oder hegst und pflegst du deinen Groll, ohne die Verantwortung für die Trennung zu übernehmen? Romantisierst du die Beziehung – oder gestehst du dir ein, dass sie auch Schattenseiten hatte? Wie oft denkst du überhaupt noch an deine vergangene Liebe? Du allein entscheidest dich immer wieder dazu, die neuronalen Verbindungen zu aktivieren und den Liebeskummer so anzufeuern.

Warum habe ich dir jetzt so viel über den Liebeskummer erklärt? Weil der Liebeskummer und die Höhenangst von Sarah, die Frau aus dem Prolog, oder alle anderen unangenehmen Gefühle sehr viel mit der Festplatte im Kopf zu tun haben, die wir unser Gehirn nennen. Am Beispiel des Liebeskummers erkennst du: Unser Hirn kann sich verändern, lernen, sich anpassen, damit dir das Leben leichter fällt. Es kann schlimme Dinge vergessen und Schmerz verarbeiten, sogar Abhängigkeiten und Gewohnheiten loslassen. Und wenn das mit Liebeskummer funktioniert, meinst du nicht, dass es dann auch mit allen anderen Verhaltensweisen geht, die dich limitieren?

Dass dir im Leben zum Teil traumatische Dinge widerfahren, kannst du nicht verhindern. Auch wie dein Gehirn mit diesen Erlebnissen umgeht, liegt nur teilweise in deiner Macht. Doch selbst wenn du die Strategien deines Gehirns, Erfahrungen zu verarbeiten, nicht beeinflussen kannst, hast du doch zahlreiche Möglichkeiten, darauf zu reagieren.

Kurz gesagt: Liebeskummer oder ein Trauma, das eine Phobie auslöst, kannst du schwer verhindern. Wie lange das psychische Leid beziehungsweise die Phobie währt, schon. Dazu bedarf es deines Einsatzes: Zeig deinem Hirn alternative Strategien auf, wie es damit umgehen kann. Möglichkeiten, mit deinem Hirn zu arbeiten, gibt es genug. Du darfst dafür nur aktiv werden und dich nicht lethargisch deinem »Hirn-Schicksal« hingeben.

Was würdest du einem Menschen sagen, der dir verrät, dass er seit zehn Jahren seinem Expartner nachtrauert? Du würdest es vielleicht nicht begreifen können, warum dieser Mensch nicht endlich die Vergangenheit loslässt. Gleichzeitig hältst du vielleicht selbst an Dingen fest, von denen du glaubst, dass sie ein Teil von dir sind: Glaubenssätze, Gewohnheiten, Verhaltensmuster …

Ich lade dich deswegen ein, dir deiner selbst mehr bewusst zu werden. Begib dich neugierig auf Schatzsuche und finde heraus, welche limitierenden Eigenschaften oder Verhaltensweisen du gerne ändern oder löschen möchtest. Du kannst den Prozessor samt Festplatte in deinem Schädel nicht einfach austauschen – so weit ist die Medizin zum Glück noch nicht. Was du aber tun kannst: ein Update an der Software vornehmen und über dein Denken auch die Hardware verändern. Deine Hardware im Kopf ist keine Steintafel, in der alles Eingemeißelte für immer festgeschrieben steht, sondern eben wie eine Festplatte, auf der unbenutzte Programme gelöscht werden oder nicht richtig laufende Programme umprogrammiert werden können. Deswegen der technische Buchtitel *Update für dein Unterbewusstsein*. Sobald du erkannt hast, dass sich dein Gehirn aufgrund seiner Neuroplastizität zu deinem Wohl verändern kann, kannst du in diesen Prozess mit deinem Neocortex eingreifen. Unser Unterbewusstsein benötigt dafür »nur« unsere aktive Unterstützung.

KAPITEL 2

Hypnose oder wie Realität entsteht

Lies bitte das folgende Wort, schließe anschließend die Augen und schau mal, was das folgende Wort mit dir macht. Welche Bilder, Assoziationen und Überzeugungen kommen dir in den Sinn?

HYPNOSE

VIELLEICHT GEHT ES DIR WIE DEN MEISTEN. Wer Hypnose begegnet, davon liest, hört oder sich das Wort auch nur vorstellt, denkt automatisch an die Showhypnose auf der Bühne, in der Menschen merkwürdige oder lustige Dinge tun. Das macht ihnen Angst. Denn wer möchte schon fremdbestimmt vor vielen Augen die bewusste Kontrolle über sein Handeln verlieren? Ob das wirklich so ist, ob Hypnose uns wirklich willenlos macht, werden wir noch herausfinden.

Wenn du ein Kartenspiel siehst, denkst du dann nur daran, dass du damit Mau-Mau spielen kannst? Wie sieht es denn mit Rommé, Bridge, Doppelkopf oder Poker aus? Kann man mit Spielkarten nicht auch noch ein Kartenhaus bauen? Und was ist mit den großartigen Zauberkunststücken, die wir Magier damit vorführen? Wahrsager nutzen Spielkarten dazu, um dir etwas über dein Schicksal zu sagen, und Kartenjongleure können Karten wie Ninjasterne werfen und damit Wachskerzen einen Kopf kürzer machen.

Was ich damit sagen möchte: Hypnose bietet viel mehr als nur die Showeffekte auf der Bühne. Sie wird in der Medizin bei Operationen und in der Schmerztherapie eingesetzt. Der Heilungsprozess bei Krankheiten lässt sich positiv beeinflussen und in der Hypnosetherapie können innerhalb kürzester Zeit unglaubliche Resultate erzielt werden. Und trotzdem wollen die meisten damit nichts zu tun haben. Der Ruf von Hypnose ist eben nicht gut.

Hast du schon einmal Erfahrungen mit Hypnose gemacht? Wenn nicht, fürchtest du dich davor? Wenn ja, warum? Viele begrenzen sich oft durch Vermutungen oder sogar Überzeugungen bei Themen, mit denen sie sich nie beschäftigt haben. Wir denken oft, dass wir eine Meinung zu etwas haben, selbst wenn wir es noch nie erfahren haben. Doch diese Meinung ist gefärbt, durch die Einstellungen anderer, Sozialisation oder auch die Medien.

Ich möchte dir gerne ein neues Bild der Hypnose vermitteln. Eines, das dich neugierig macht. Das du auf dein Leben übertragen und anhand dessen du verstehen kannst, dass du dich den lieben langen Tag lang ohnehin bereits selbst hypnotisierst.

Bevor ich dir detailliert erkläre, was bei der Hypnose genau passiert, dass es sich hier um einen Prozess handelt, der so häufig wie das Atmen stattfindet und dem du dich kaum entziehen kannst, möchte ich noch einmal an die Verbindung zwischen Geist und Körper erinnern: Wie ich in Kapitel 1 im Abschnitt »Ich denke, also fühle ich« erklärt habe, lösen Gedanken und Bewertungen Gefühle in dir aus. Aber eben nicht nur Gefühle, sondern auch körperliche Reaktionen. Beides zusammengefasst nennen wir Empfindungen.

Ich gebe dir nochmals ein Beispiel dazu: Bestimmt hast du schon einmal im Kino einen traurigen Film gesehen und vor Rührung einen Kloß im Hals gehabt oder sogar geweint. Oder du hast an ein traumatisches Ereignis aus deiner Vergangenheit gedacht und dadurch ein mulmiges Gefühl im Bauch gefühlt, Herzrasen und feuchte Hände bekommen. Und wie aufregend schön fühlen sich die Schmetterlinge im Bauch vor einem ersten Date an! Daran erkennst du, dass wir echte körperliche Reaktionen aufgrund von etwas haben können, das nur in unserem Kopf stattfindet. Der Film im Kino ist nicht real. Das traumatische Ereignis längst vorbei. Und das Date hat noch gar nicht stattgefunden. Und trotzdem fühlt es sich absolut echt an. Warum ist das so?

Dein Gehirn macht keinen Unterschied zwischen Imagination und Realität. Ob du also etwas wirklich erlebst oder du dir dieses Erlebnis nur vorstellst, ist für dein Gehirn dasselbe: Es werden dabei dieselben Areale im Gehirn aktiviert, die zu denselben Empfindungen führen.

Was passiert dabei genau? Vielleicht weißt du, was Hormone sind: Es handelt sich dabei um die körpereigenen Botenstoffe, die für die Kommunikation zwischen deinen Organen sorgen. Auch wenn man es manchmal vergisst, aber die graue Masse in deinem Schädel ist ein Organ. Sie benutzt Hormone und Chemikalien, um mit dem Rest deines Körpers zu interagieren. Hormone werden den lieben langen Tag lang ausgeschüttet. Im positiven Fall zum Beispiel Dopamin, Serotonin und Endorphine, die sogenannten Glückshormone, aber auch Adrenalin und Cortisol, die für den Zustand sorgen, den wir als Stress bezeichnen. Sie sollen unseren Körper in einen Zustand versetzen, den unser Gehirn in bestimmten Situationen für angemessen hält: Flucht im Angesicht einer Bedrohung. Freude, wenn etwas Schönes passiert. Wut, wenn wir in einen Konflikt geraten. Unser Gehirn verfolgt dabei nur ein Ziel: das Überleben des eigenen Organismus zu sichern.

Hormone werden aber eben nicht nur ausgeschüttet, wenn du etwas wirklich erlebst, sondern auch dann, wenn du es dir vorstellst. Das ist der Grund, warum Kino so gut funktioniert: Dein Gehirn »denkt«, die Situation sei echt. Selbst wenn du dir bewusst vollkommen im Klaren darüber bist, dass Leonardo DiCaprio nicht wirklich im eiskalten Wasser des Atlantiks erfriert, bist du niedergeschlagen oder weinst sogar.

Der Regisseur im Kino lenkt mit Bild und Ton deine Vorstellungskraft und sorgt so dafür, dass du ein sinnliches Erlebnis hast: Du weinst, lachst, hältst den Atem an oder fürchtest dich. Dieser Prozess funktioniert natürlich nur, wenn du dich darauf einlässt, sprich die Kinokarte kaufst. Du entscheidest dich in diesem Moment dafür, einen hypnotischen Prozess zu erleben. Du erlaubst dem Regisseur, deine Wahrnehmung mithilfe der Filmhandlung zu führen, musikalische Effekte einzusetzen, um Empfindungen in dir entstehen zu lassen. Du tauchst vollkommen in der Handlung ab. Grundsätzlich ist also jeder, der manchmal ins Kino geht oder einen Film zu Hause schaut, empfänglich für Hypnose. Klar, derjenige, der sich selbst um das Erleben bringt, weil er die ganze Zeit denkt: »Ah, der Mann ist ja nur ein Schauspieler, der ertrinkt nicht wirklich, und die Musik ist nur da, um auf meine Tränendrüse zu drücken!«, der erlebt den Film nicht, der sieht nur die Bilder. Der empfindet keine Freude, keine Trauer und keine Angst. Der will sich nicht führen lassen, und das ist sein gutes Recht. Der Hypnotiseur in diesem Fall, also der Regisseur des Films, kann alles auffahren, was er hat, an diesem Menschen wird er sich die Zähne ausbeißen. Alle anderen im Filmsaal haben sich durch den Kauf ihrer Karte jedoch bereit erklärt, ihre Wahrnehmung und damit auch ihre Empfindung von ihm steuern zu lassen. Genauso wie die Leute auf der Bühne, die in der Showhypnose eine tolle Zeit haben wollen und sich deshalb freiwillig gemeldet haben. Bei allen anderen hätte es nicht funktioniert.

Wir halten also fest: Gedanken haben die Kraft, deine Körperfunktionen zu beeinflussen. Das ist kein spirituelles Konzept, sondern ein biochemischer Fakt. Und genau das weiß auch der Hypnotiseur. Wie ein Regisseur lenkt er die Vorstellungskraft des Hypnotees (die Person, die hypnotisiert wird), worauf dessen Körper reagiert und was zu einem bestimmten Erleben führt.

HYPNOSE IST:

DIE LENKUNG DER GEDANKEN UND FANTASIE MIT DEM ZIEL, DEN SEINSZUSTAND EINER PERSON ZU VERÄNDERN.

Schau dir dazu mal das folgende Modell des Realitätskreislaufes[3] an.

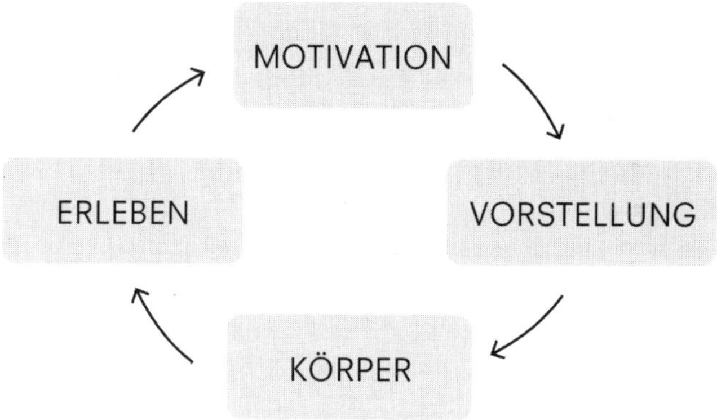

Erkennst du ihn wieder? Es ist der Kreislauf der Veränderung, nur mit anderen Begriffen.

Motivation: Zuerst brauchst du die nötige Motivation, um dich hypnotisieren zu lassen. Nur wenn du weißt, in welchem Kontext und mit welchem Ziel du dich hypnotisieren lässt, wirst du dich auf diesen Prozess einlassen können. Hypnose ist nämlich wie ein Tanz, einer von beiden führt, der andere folgt. Machst du nicht mit, gibt es keinen Tanz. Die Hypnose funktioniert also nicht.

Vorstellung: Als Nächstes regt der Hypnotiseur mit Sprache deine Fantasie an und lässt Bilder in deinem Kopf entstehen. Genau wie ein Regisseur mit seinem Film. Wenn du dir diese Bilder intensiv vorstellst, reagiert dein Körper darauf.

Körper: Sobald du diese Reaktion in deinem Körper fühlst, also bewusst erfährst, und du dieses Gefühl magst, wirst du den Kreislauf ein weiteres Mal durchlaufen. Gefällt dir das Gefühl nicht, ist der Kinofilm beispielsweise schlecht, steigst du aus und gehst.

Erleben: Je öfter der Hypnotiseur dich diesen Kreislauf durchlaufen lässt, desto intensiver wird dein Erleben. Irgendwann vergisst du, dass alles nur in deinem Kopf begonnen hat, also ausgedacht ist, und du bist mittendrin in deiner neuen Realität. Mit allem, was dazugehört: mit neuen Gedanken, neuen Handlungen, neuen Empfindungen. Was dabei im Gehirn passiert, erkläre ich dir im nächsten Abschnitt.

In der Showhypnose führt der Realitätskreislauf dazu, dass jedes mögliche Szenario erschaffen werden kann, wie in einem Film. Du kannst jedes beliebige Gefühl erfahren, jeden Duft riechen und jeden Gegenstand oder jede Person halluzinieren. All deine Sinneseindrücke sind modellierbar. Die Grenzen zwischen Realität und Imagination verschwimmen.

Vielen ist das unheimlich, was ich sehr bedaure. Denn durch diese Furcht und teilweise auch Ablehnung verwehren sie sich einer Erkenntnis: der Erkenntnis, wozu unser Geist imstande ist. Sie richten ihren Fokus darauf, *wer* diese Halluzinationen beeinflusst, und stellen sich alle möglichen Horrorszenarien vor, wie der Hypnotiseur das ausnutzen könnte. Doch wer die Halluzinationen ausführt und überhaupt erst möglich macht, wird völlig übersehen. Es ist nämlich der Hypnotee, der seinen Geist nutzt, um diese faszinierenden Welten entstehen zu lassen. Seine eigene Vorstellungskraft verändert seine persönliche Realität. Exakt darauf richte ich meinen Fokus. Das ist die Magie darin.

Wir können unsere persönliche Realität eigenmächtig beeinflussen. Wenn wir unsere aktuelle Realität nicht mögen, haben wir Möglichkeiten, sie zu verändern. Wir brauchen dafür nicht unbedingt einen Hypnotiseur. Er macht uns nur diese Möglichkeit bewusst. Er zeigt uns Wege auf, die wir vorher nicht gekannt haben. Nach dieser unmittelbaren Erfahrung fällt es uns leichter, selbstständig damit weiterzuarbeiten. Hier kommt dann die Selbsthypnose ins Spiel. Ich hoffe deswegen sehr, du wirst eines Tages die Neugierde entwickeln, dich von der Magie der Hypnose selbst zu überzeugen.

Ich kann dich übrigens beruhigen: Du kannst in diesem hypnotischen Zustand nicht »hängen bleiben«. Würde nämlich plötzlich ein Feueralarm ertönen und alle rufen: »Raus hier!«, würdest du sehr schnell aus deiner neu erschaffenen Realität von ganz allein aussteigen. Genauso, wie du das in einem Kinofilm tun würdest. Oder meinst du, dass Quentin Tarantino die Macht hätte, dich in solchen Situationen am Sessel gefesselt zu lassen, während alle anderen flüchten? Bestimmt nicht.

Ich hoffe, ich konnte dir mit meinen Ausführungen und Analogien verständlich erklären, dass Hypnose nicht nur auf Showeffekte im Unterhaltungsbereich reduziert werden darf. Hypnose steht vielmehr für einen Prozess, bei dem durch Einwirkung von außen unser Bewusstseinszustand und damit unsere Realität verändert wird.

Dabei sind nicht nur Hypnotiseur oder Regisseur in der Lage, diesen Prozess in Gang zu setzen. Alles, was wir über unsere Sinnesorgane wahrnehmen und was unsere Fantasie in eine bestimmte Richtung lenkt, vermag dasselbe. Ein gutes Buch, in dem wir versinken. Ein Vortrag, der uns in seinen Bann zieht. Musik, mit der wir ein bestimmtes Erlebnis verbinden. Wenn wir uns auf den Sog der

Geschichte und damit auf die Führung des Autors, des Redners oder des Komponisten einlassen, werden wir damit auch die entsprechenden Empfindungen erfahren.

Jetzt stellt sich natürlich folgende Frage: Jeden Tag geraten wir in Alltagssituationen, auf die wir uns nicht bewusst einlassen, sondern die einfach so passieren: Wir verpassen den Zug, die Computer-Festplatte geht kaputt, wir werden vom Partner verlassen. Oder auch positive Dinge: Wir bekommen eine Gehaltserhöhung, lernen unseren Traumpartner kennen, uns macht jemand unerwartet ein Kompliment. Wenn diese Ereignisse eine Wirkung auf uns haben, also bei uns seelische und körperliche Empfindungen auslösen, ist das dann eigentlich auch Hypnose?

Selbstverständlich!

Du nimmst ein Ereignis über deine Sinnesorgane wahr, und dein Unterbewusstsein bewertet, was dieses Erlebnis für dich bedeutet (Vorstellung). Dein Körper reagiert darauf mit körperlichen und seelischen Empfindungen (Körper). Sobald du diese Empfindungen bewusst wahrnimmst (Erleben), beeinflussen diese dann meist dein weiteres Denken und Handeln, womit du den Realitätskreislauf weiter durchläufst.

Und es geht sogar noch weiter: wenn von außen kein Reiz auf dich einwirkt. Wenn du dir beispielsweise die Augen verbindest und Ohrstöpsel in die Ohren steckst, stellst du immer noch etwas Eigenes in deinem Kopf her: deine Gedanken. Sie wirken ebenfalls hypnotisch und beeinflussen deine Realität. Wenn du immer wieder denkst: »Ich bin hässlich!« wird der Gedanke zu einem Gefühl. Genauso wie das Mantra »Ich bin genug!«. Achte also darauf, welche Gedanken und welche Selbsthypnose du zulässt.

Achte auf deine Gedanken, denn sie werden Worte.
Achte auf deine Worte, denn sie werden Handlungen.
Achte auf deine Handlungen, denn sie werden Gewohnheiten.
Achte auf deine Gewohnheiten, denn sie werden dein Charakter.
Achte auf deinen Charakter, denn er wird dein Schicksal.
Talmud

DU BIST DEIN EIGENER HYPNOTISEUR – 24/7.

Wenn wir nun also wissen, dass Menschen, Ereignisse und sogar unsere eigenen Gedanken unser Erleben modellieren, wird klar: Hypnose ist allgegenwärtig. Wir werden außerdem viel häufiger am Tag hypnotisiert, als wir glauben.

Mit diesem Buch möchte ich dich dafür sensibilisieren, zu erkennen, wann du dich von äußeren Umständen und Menschen hypnotisieren lässt. Und noch viel wichtiger: wann und wie du dich selbst negativ hypnotisierst. Wenn du das nämlich zum jeweiligen Zeitpunkt bemerkst, kannst du die Hypnose stoppen, in den Realitätskreislauf eingreifen und ihm eine andere Richtung geben. Wie du das machst, erfährst du natürlich ebenfalls.

Hypnotische Phänomene – Katalepsie

Unter hypnotischen Phänomenen versteht man außergewöhnliche Wahrnehmungen oder Empfindungen, die in der Showhypnose demonstriert werden. Hypnotische Phänomene sind sehr beeindruckend, doch für viele Menschen unheimlich. Wenn du verstehst, dass der Hypnotiseur nur einen Vorgang sichtbar macht, der so-

wieso unzählige Male am Tag in deinem Kopf stattfindet, kannst du mit diesem Wissen deine Realität bewusster gestalten. Anhand einiger Beispiele in diesem Buch möchte ich dir zeigen, was du von hypnotischen Phänomenen für dein Leben lernen kannst.

Eine sehr eindrucksvolle Möglichkeit, einen hypnotischen Zustand zu verdeutlichen, ist die Katalepsie, die Muskelstarre. Die Suggestion des Hypnotiseurs bewirkt, dass der Arm des Hypnotees steif wie eine Eisenstange wird, der Hypnotee am Stuhl festklebt oder ein Wasserglas nicht mehr anheben kann. Der Betrachter macht für dieses Phänomen den äußeren Reiz verantwortlich, also die Suggestion des Hypnotiseurs. In Wahrheit ist es jedoch der Hypnotee, der seine Muskeln anspannt und damit das entsprechende Körperteil bewegungsunfähig macht. Seine Überzeugung, dass der Hypnotiseur eine Zauberkraft auf ihn ausübt, hält den Hypnotee in dieser Realität gefangen. Tatsächlich müsste er nur seine Aufmerksamkeit von den Worten des Hypnotiseurs abziehen und auf sich selbst richten, seine Muskeln entspannen und: loslassen. Und alles wäre wie vorher.

Was kannst du dadurch für dein Leben lernen? Wenn du äußere Umstände für deine Lebenssituation oder Empfindungen verantwortlich machst, gibst du deine Selbstbestimmung und deine Verantwortung an andere ab. Du darfst erkennen, dass Ereignisse nur äußere Reize sind, auf die du sehr wohl selbstbestimmt reagieren kannst. Hältst du dich an entmutigenden Gedanken fest und vertiefst sie auch noch, reagiert dein Körper entsprechend. Wenn du diese Gedanken loslässt, entspannt sich dein Körper und du bist wieder handlungsfähig. Unter www.update.thimonvonberlepsch.de *kannst du dir einige hypnotische Phänomene in Aktion ansehen.*

Wer ist hier der Boss: Bewusstsein oder Unterbewusstsein?

In Kapitel 1 hast du erfahren, wie wenig wir wirklich bewusst mitbekommen. Der Großteil unserer Gehirnleistung, ganze fünfundneunzig Prozent, findet im Unterbewusstsein statt. Bei Bewusstsein und Unterbewusstsein handelt es sich nicht um zwei einzelne Teile deines Gehirns. Es handelt sich vielmehr um ein Modell, das mehrere Areale deines Gehirns in zwei Bereiche zusammenfasst.

Dein Bewusstsein steht für deine Logik, deine Ratio, deine Willenskraft, deine Kreativität. Mit deinem Bewusstsein prognostizierst du, planst du, wägst du ab. Es ist sozusagen dein Arbeitsspeicher. Alle bewussten Vorgänge werden hier verarbeitet und gerade mal fünf Prozent unserer Entscheidungen werden hier getroffen.

Der Großteil der Arbeit unseres Gehirns findet im Unterbewusstsein statt. Es speichert alles ab, was wir je erlebt haben und welche Emotionen wir damit verbinden. Das ist die Festplatte, auf der auch all unsere Gewohnheiten und Fähigkeiten abgespeichert sind. Wenn wir also eine Veränderung bewirken wollen, müssen wir das Unterbewusstsein ansprechen. Dort können wir neue Programme etablieren, alte umprogrammieren oder ganz löschen. Alles, was wir hier verändern, wird sich auf unsere Lebensweise auswirken. Es hat die Fähigkeit, unsere komplette Wahrnehmung augenblicklich zu verändern, was die Showhypnose sehr eindrücklich demonstriert: zum Beispiel wenn Hypnotees nicht vorhandene Einhörner halluzinieren, eine Zitrone wie einen reifen, süßen Apfel essen oder der Hypnotee an seinem Stuhlnachbarn wie an einem duftenden Blumenstrauß schnuppert.

Weil die Konsequenzen einer Veränderung im Unterbewusstsein so weitreichend sind, wird es vom kritischen Geist geschützt. Das ist eine Instanz unseres Gehirns, die du dir wie einen Türsteher vorstellen kannst. Er passt auf, dass nur Gäste in diesen Klub reinkommen, die auch wirklich zum Etablissement passen. Ein Hypnotiseur versetzt mithilfe der Hypnose den Hypnotee in Trance, womit der Türsteher den Weg zum Unterbewusstsein freigibt und dann Veränderungen zum Wohl des Hypnotees umgesetzt werden können. Was im Trancezustand im Gehirn passiert, kann man mit bildgebenden Verfahren, zum Beispiel MRT, oder mithilfe der Gehirnwellenmessung veranschaulichen.

Unser Gehirn schwingt in unterschiedlichen Frequenzen. Diese Schwingungen sind unsere messbaren Gehirnwellen. Je stärker das Gehirn arbeitet, also je intensiver die Neuronen miteinander kommunizieren, desto stärker sind auch die Gehirnwellen. Die meiste Zeit des Tages befinden wir uns im Bewusstseinszustand der Beta-Wellen, dem normalen Wachbewusstsein mit durchschnittlicher bis erhöhter Aufmerksamkeit und Intelligenzleistung. Erhöht sich der Stress oder fühlen wir uns lebensbedroht, geht das Gehirn in den hohen Beta-Bereich.

Bei leichter Entspannung und niedrigen Gehirnströmen spricht man vom Alpha-Zustand. In diesen gerätst du, wenn du einem Tagtraum nachhängst oder kurz davor bist, in den Schlaf abzudriften. Deine Aufmerksamkeit wendet sich nach innen. Alles ist in bester Ordnung. Aber auch wenn du in Gedanken bist, dem Flow folgst, wenn dein Blick sich an etwas festsaugt, dein Autopilot übernimmt oder während einfacher, ritualisierter Abläufe wie stricken, eine Wand streichen, joggen oder schwimmen, befindest du dich im Alpha-Zustand.

Bei Meditation, leichtem Schlaf oder eben unter Hypnose befindet sich das Hirn im Theta-Zustand. Diesen Zustand erlebst du auf ganz natürliche Art und Weise mindestens zwei Mal am Tag: beim Einschlafen, wenn du in eine tiefe Entspannung gleitest – kurz bevor du in die Delta-Phase, den Tiefschlaf, fällst. Und noch einmal morgens, kurz nach dem Aufwachen. Diese Phase kennst du vielleicht als Dämmerzustand. Der hypnotische Zustand ist also kein Zustand, der ausschließlich vom Hypnotiseur eingeleitet wird.

Hypnose schafft es, diese Phase der tiefen Entspannung in einer sehr kurzen Zeit zu erreichen. Deswegen finden viele Menschen Hypnose auch ein bisschen unheimlich. Dabei können sie sich im wahrsten Sinne des Wortes entspannen, und zwar schneller, als sie es manchmal von allein schaffen.

>38 Hz	**GAMMA** • Peak Performance • Mystische Erfahrungen
13–38 Hz	**BETA** • Angst • Unruhe • Stress • Aufmerksamkeit erhöht außen • Hellwach • Aufmerksamkeit entspannt außen • Denken klar, kreativ
	KRITISCHER GEIST / TÜRSTEHER
8–13 Hz	**ALPHA** • Leichte Entspannung • Tagträume • Aufmerksamkeit innen • Übergang Schlaf
4–8 Hz	**THETA** • Meditation • Hypnose • Träume • Leichter Schlaf / REM
<3 Hz	**DELTA** • Tiefschlaf

Manchmal treffe ich Menschen, die mich fragen: »Aber was passiert, wenn du mich nicht mehr aus der Trance holst? Bleibe ich dann für immer hypnotisiert?« Ich habe sogar von einer Frau gehört, die zu Hause am Laptop eine Aufzeichnung einer Talkshow gesehen hat, zu der ich eingeladen war. Ich forderte die Zuschauer vor den Bildschirmen auf, an einer kleinen Hypnoseübung teilzunehmen. Die Frau war neugierig und wollte mitmachen, dann jedoch kam ihr ein schrecklicher Gedanke: Was, wenn die Sendung abbrach? Oder das Internet stockte? Würde sie dann für immer vor dem Laptop sitzen bleiben, und niemand würde kommen, um sie aus der Trance zu befreien?

Ich kann dich und alle anderen beruhigen, die ähnliche Gedanken schon einmal gehabt haben. Selbst wenn der Hypnotiseur auf der Bühne oder im Fernsehen tot umfällt, kommst du von ganz allein wieder zurück aus der Trance. Wie eben beim Einschlafen oder Aufwachen. Du kannst das auch wieder mit dem Kinobesuch vergleichen: Wenn nach zwanzig Minuten, nachdem es gerade so richtig schön losging, der Film reißt. Wie lange bleibst du im Kinosessel sitzen? Fünf Minuten? Zehn? Oder dein Leben lang? Eben! Wenn der Hypnotiseur nicht mehr weiter zu dir spricht, schaltet sich dein Bewusstsein von ganz allein wieder ein und gibt dir die Anweisung, dein Geld an der Kinokasse zurückzufordern.

Das Wort »Hypnose« kommt vom altgriechischen *hypnos* und bedeutet übersetzt »Schlaf«. Du weißt jetzt aber, dass man unter Hypnose nicht schläft. Sonst wärst du ja im Delta-Zustand. Dein kritischer Geist, dein Türsteher, ist zwar ruhiggestellt und arbeitet weniger aktiv, ist aber nicht komplett ausgeschaltet. Er lehnt sich nur etwas zurück und schaut sich das Ganze aus der Ferne an. Wenn etwas passiert, was ihm nicht gefällt, zum Beispiel etwas gegen deine eigene Moral verstößt, ist er wieder sofort zur Stelle und hindert dich daran, entsprechende Suggestionen auszuführen.

Forscher haben herausgefunden, dass unter Hypnose die Verbindung zwischen dem Teil deines Gehirns, der deine Aktionen steuert, und dem Areal, das diese Handlungen bewertet, runtergefahren ist. Das erklärt, warum Hypnotisierte lustige und skurrile Dinge tun, ohne diese zu hinterfragen. Ähnlich wie in einem Traum: Da bewertest du die Handlung ja auch nicht, sondern akzeptierst einfach, dass du fliegen kannst.

Außerdem wird die Aktivität in den Hirn-Bereichen reduziert, die äußere Reize wahrnehmen und bewerten. Während der Hypnose ist man also so versunken, dass man sich um nichts kümmert, was von außen kommt. Deine innere Welt wird realer als die äußere.

Das bedeutet aber nicht, dass du Dinge tust, die gegen deinen Willen sind. Das ist eine Erfindung von Hollywoods Filmindustrie, die Hypnotiseure als skrupellose Manipulatoren und Hypnotees als willenlose Opfer darstellt. Hypnotiseure werden leider viel zu häufig mit der Schlange Kaa aus dem *Dschungelbuch* in Verbindung gebracht – wobei ich noch nie jemanden in Trance versetzt habe, um ihn zu fressen. Hypnotisiert bist du einfach in einem Zustand, der dem eines Kindes gleicht. Du bist verspielt, neugierig und experimentierfreudig – du bewertest nicht, was du tust, sondern vergisst dich im Spiel.

Kinder in Trance

Vom zweiten bis zum siebten Lebensjahr befindet sich das menschliche Gehirn fast ausschließlich im Theta-Zustand. Die Gehirnwellen sind extrem niedrig frequentiert, der Türsteher ist noch nicht ausgebildet. Deshalb vermischen Kinder die reale und die imaginäre Welt. Du hast bestimmt schon einmal einen unsichtbaren Kuchen gegessen, den ein Kind dir gebacken hat. Das Kind halluziniert diesen Kuchen wie Erwachsene unter Hypnose das Einhorn auf der Bühne. Beide befinden sich im Theta-Zustand.

Außerdem sind Kleinkinder besonders empfänglich dafür, aus Aussagen oder Handlungen ihrer Bezugspersonen tiefe Überzeugungen zu machen. Der kritische Geist fehlt. Das ist auch ein Grund, warum traumatische Erfahrungen oft in der Kindheit passieren. In jungen Jahren können wir uns schlicht und ergreifend noch nicht mental vor Einwirkungen von außen schützen. Informationen oder Sätze wie »Große Jungs weinen nicht!«, »Du hältst den Mund, wenn ich rede!« oder »Das kannst du nicht!« sickern direkt ins Unterbewusstsein ein und werden, oft genug wiederholt, zu Programmen, die uns bis ins Erwachsenenalter prägen.

Zwischen sechs und zwölf Jahren bewegen sich Kinder im Alpha-Zustand, dem imaginären Bereich. In dieser Phase leben Kinder ihre Fantasie, Vorstellungskraft und Kreativität voll aus, tun so »als ob«, träumen davon, Astronauten und Prinzessinnen zu sein. In dieser Zeit können Kinder immer noch leicht beeinflusst werden, weil sich der bereits erwähnte Türsteher erst gerade ausbildet. Bis Informationen nicht mehr ungefiltert in das Unterbewusstsein eindringen, sondern nach und nach sortiert und bewertet werden, vergehen im Durchschnitt fünf Jahre, also etwa bis zum zwölften Lebensjahr.

Hast du Kinder in diesem Alter? Dann weißt du jetzt, dass sie sich überwiegend in einem Trancezustand befinden und stark beeinflussbar sind. Alles, was du sagst und tust, dringt in das Unterbewusstsein ein. Es gibt keine Bewertungsinstanz, die über das Aufgenommene reflektieren kann. In dieser Phase des Lebens ist es demnach von besonderer Wichtigkeit, das Unterbewusstsein deines Kindes mit positiven Suggestionen zu programmieren und nicht förderliche Bewertungen von ihm fernzuhalten. Deine eigenen Bedenken, Ängste oder negativen Überzeugungen unterstützen dein Kind nicht – sie machen es eher zu einem kritischen, ängstlichen oder pessimistischen Menschen. Ich empfehle dir deswegen, besonders darauf zu achten, was du deinem Kind vorlebst. Denn es lernt ja – wie allgemein bekannt – auch durch Beobachten. Welche deiner Defizite willst du also weitergeben?

Neulich saß ich in einem Restaurant und hörte einer Mutter zu, wie sie mit ihrem etwa dreijährigen Sohn sprach. Sie sagte: »Marius!

Ich krieg die Krise! Komm unter dem Tisch raus, du stößt dir gleich den Kopf.«

Ich überlegte, was Marius' Gehirn aus diesen Aussagen wohl formen könnte: »Ich bin verantwortlich für das Wohlbefinden meiner Mutter, denn wenn ich mir den Kopf stoße, geht es ihr schlecht. Außerdem bin ich tollpatschig. Meine schlaue Mutter weiß nämlich, dass ich mir gleich den Kopf stoße.«

Kurz darauf kam ein kleines Mädchen und fragte: »Darf ich auch mal mit dem Bagger spielen?«

Bevor Marius reagieren konnte, sagte seine Mutter: »Da musst du Marius fragen. Aber ich glaube nicht, dass er dir den Bagger geben wird. Er hat ihn gerade erst geschenkt bekommen.«

Was glaubst du, wie sich Marius entschieden hat …?

Als Erwachsener bestimmt dein Verstand in den meisten Situationen, wie du dich verhalten sollst: nicht kindisch, albern, quirlig und so weiter, sondern rational und ernst. In der hypnotischen Trance ist das nicht so. Das kann ein sehr befreiendes Gefühl sein. Grenzen, die dein Verstand dir normalerweise auferlegt, können in diesem Zustand leichter überwunden werden. Dadurch kannst du Lösungsmöglichkeiten für Probleme generieren und Erfahrungen machen, die du dir im Wachbewusstsein nie hättest vorstellen können. Du bist sehr empfänglich für neue Ideen und Perspektiven, die dein Gehirn umstrukturieren und damit dein Leben verbessern. Genau das passiert in der Hypnosetherapie. Aber auch in der Showhypnose kann ein solcher Effekt eintreten. Eine Teilnehmerin eines meiner Hypnose-Seminare gab mir mal folgendes Feedback: »Ich bin ein sehr unsicherer Mensch und fühle mich vor Publikum unwohl. Doch während deiner Hypnose hatte ich keines dieser Gefühle. Ich blieb völlig gelassen und hatte Freude und Spaß daran, Neues auszuprobieren. Dass ich am Ende sogar einen Hit von Madonna vor allen gesungen habe, hat niemanden mehr überrascht als mich selbst. Es war ein tolles Gefühl, so unbeschwert zu sein.«

In der therapeutischen Hypnose werden Gedanken und Vorstellungskraft ebenfalls geführt, selbst wenn die Effekte dabei von außen weniger sichtbar sind als bei der Showhypnose. Trotzdem sind enorme Veränderungen im Trancezustand möglich, die wie Wunder wirken. Psychosomatische Erkrankungen wie auch tief liegende Traumata, Phobien oder Ängste können aufgearbeitet und im besten Fall sogar völlig aufgelöst werden.

Programme, die von deinem Unterbewusstsein gesteuert werden und dein Leben beeinflussen, können unter Hypnose also aktualisiert, sprich upgedatet werden. Der Theta-Zustand ermöglicht uns, auf das Unterbewusstsein einzuwirken, denn nur hier gibt der Türsteher den Weg frei.

Ich höre oft, dass genau darin die Angst besteht: jemandem Zugriff auf sein Betriebssystem zu geben. »Der könnte ja Böses vorhaben.« Diese Sorge ist meiner Meinung nach übertrieben und unnötig. Gerade in Deutschland werden hohe Anforderungen gestellt, um als Hypnosetherapeut arbeiten zu dürfen. Wer ohne Heilerlaubnis mit Hypnose Krankheiten behandelt, macht sich strafbar. Ich halte es deswegen für unwahrscheinlich, dass sich jemand zum Hypnosetherapeuten ausbilden lässt und dazu die Ausbildung zum Heilpraktiker absolviert (für die Heilerlaubnis), um dann bewusst seinen Patienten Schaden zufügen zu können. Ich sehe für diesen Aufwand keine Motivation.

Wenn die Angst darin besteht, dass der Hypnotherapeut etwas kaputt machen könnte, setzt diese Annahme voraus, dass trotz intensiver Ausbildungen keine Kompetenz vorhanden ist. Ich halte das zwar für eine sehr einschränkende Überzeugung, aber würde dir empfehlen, dann einfach eine Therapie-Alternative zu wählen, die dir bei deinem Thema helfen kann und mit der du dich wohlfühlst. Die genannte einschränkende Überzeugung sollte nämlich keine Rechtfertigung sein, gar nichts zu unternehmen.

Ich arbeite übrigens gegenwärtig als Hypno-Coach, also nichtmedizinisch. Ich darf keine Diagnosen stellen oder Krankheiten heilen. Meine Methoden zählen zum effizienten Mental-Coaching und unterstützen jede anderweitig verordnete Therapie. Deswegen arbeite ich auch nur mit Klienten in Bereichen wie Angstbewältigung, Selbstwertsteigerung, Auflösung von Blockaden, Auflösung negativer Verhaltensweisen und Gewohnheiten, wie zum Beispiel Raucherentwöhnung, Essverhalten und so weiter.

Wenn du unbedingt dein Unterbewusstsein vor negativen Einflüssen schützen möchtest, dann empfehle ich dir, zu reflektieren, in welchen Alltagssituationen du in leichter Trance bist und ungefiltert Informationen auf dich einwirken können. Ich gebe dir einen kleinen Hinweis: Kino und TV.

Ich habe den Vergleich zur Hypnose ja schön öfter gebracht und stelle ihn gerne noch einmal an: Im Kino bist du in der hypnotischen Trance. An der Kinokasse gibst du mit dem Kauf der Karte deinen Türsteher ab. Du entscheidest dich dazu, dich auf den Film einzulassen und währenddessen zu vergessen, dass alles nur gespielt ist. Nur dadurch kann er seine volle Wirkung entfalten. Und jetzt frage ich dich: Welche Filme schaust du dir an? Sind es positive, inspirierende und seelisch motivierende Filme? Oder gewalttätige, destruktive und beängstigende Filme?

Vielleicht denkst du jetzt: »Na ja, ich kann ja zwischen Fiktion und Realität unterscheiden. Das wird doch dann nicht mein Leben beeinflussen.« – Leider stimmt das nicht. Dein *Bewusstsein* weiß, dass es nur eine Fiktion ist, nicht aber dein *Unterbewusstsein*.

1975 kam der Film *Der weiße Hai* in die Kinos, und damit war eine Urangst geboren. Kaum jemand traute sich noch ins Wasser, die Tourismuseinnahmen in Strandgebieten gingen zurück. Alle hatten mit einem Mal Angst vor dem, was da unten auf sie lauerte. Es würde sie packen und das Wasser rot färben, während sie strampeln und schreien. Das ist mehr als vier Jahrzehnte her und noch immer sind wir traumatisiert. Oder springst du völlig unbedarft ins dunkle, offene Meer? Was passiert nun also mit Leuten, die *Saw I bis V* anschauen, wo Menschen – und sei es nur in der Fiktion – auf die brutalste Art und Weise gefoltert werden? Oder wie ist es mit Katastrophenfilmen, die unsere Zukunft auf dem Planeten unsicher machen, und Dramen über Flugzeugabstürze? Wie viel Stress ist ein Körper bei der Betrachtung eines solchen Filmes ausgesetzt? Ja, vielleicht liebst du das Frösteln, das dich ergreift, wenn du deinen Helden in die Falle laufen siehst. Und du schrickst zusammen, wenn eine überraschende Wendung naht. Wie oft gönnst du dir nach dem »Genuss« eines solchen Spektakels einige Momente Zeit, um deinen Geist von den heftigen Eindrücken zu erholen?

Wie gesagt: Diese Filme mit ihren starken Eindrücken und den eindringlichen Effekten, der Musik und dem, was sie in deinem Kopf auslösen, wirken hypnotisch, zuweilen sogar traumatisch. Normalerweise steht der analytische Geist, der Türsteher mit vor der Brust verschränkten Armen da und mault: »Du kommst hier nicht rein!« Wenn du dich aber darauf einlässt, dass deine Wahrnehmung manipuliert wird, ist dieser Türsteher ausgeschaltet – und dein Unterbewusstsein liegt vollkommen ungeschützt da.

Mal dir keine Horrorszenarien aus, was der Hypnosetherapeut alles mit dir anstellen könnte. Lass dir viel lieber von ihm deine Flugangst auflösen, für die Hollywood verantwortlich sein könnte.

Trance versus Wiederholung – die Wege des Lernens

Bewusstsein und Unterbewusstsein sind getrennt voneinander und lernen deswegen auf verschiedenen Wegen.

Das Bewusstsein lernt, indem du ein Buch liest, einen Vortrag hörst oder einen Aha-Moment erlebst. Du eignest dir neues Wissen an und verstehst auf einer kognitiven Ebene, was es für dich bedeutet. Zum Beispiel, warum Essen nach achtzehn Uhr ansetzt, Flugangst eine dysfunktionale Schutzreaktion ist, oder dass Meditation dein Stresslevel erheblich senkt. Erkenntnisse schaffen eine Vision davon, wer du sein kannst und wie du diese bessere Version von dir erreichst. Dieses neue Bewusstsein ist wichtig, damit du neues Verhalten erst etablieren kannst. Es hat damit aber noch keine Auswirkungen auf die Programme deines Unterbewusstseins.

Oft wird ja angenommen, dass sich für jemanden das Problem in der Gegenwart ändert, wenn er den Grund herausfindet, warum er sich auf eine bestimmte Weise verhält (zum Beispiel ein Trauma in der Kindheit). Doch das reine Erkennen der Ursache reicht leider nicht aus. Die Erkenntnis schärft nur das Bewusstsein und zeigt auf, wo es was zu tun gibt; welche Erinnerungen und Programme aktualisiert werden dürfen. Aber nur, weil du verstehst, dass du Raucher bist, weil es dich früher in eine bestimmte Gruppe integriert und dein Selbstbewusstsein gestärkt hat, drosselt das noch lange nicht deinen aktuellen Rauchzwang.

Erst wenn du ins Handeln kommst und dein neues Wissen anwendest, wirst du etwas im Unterbewusstsein bewirken können. Du brauchst also nicht zwanzig Selbsthilfebücher lesen. Wenn du die Erkenntnisse und Methoden aus nur zwei bis drei guten Büchern wirklich in deinen Alltag integrierst, wird dich das deinem Ziel entscheidend näherbringen.

Die Programme, die dich zu fünfundneunzig Prozent steuern, liegen in deinem Unterbewusstsein, genau wie deine Gewohnheiten, Überzeugungen und der Großteil deiner Gedanken. Wenn du diese Programme ändern oder neue Programme etablieren möchtest, solltest du das Lernverhalten deines Unterbewusstseins verstehen.

1. Lernen in Trance

Wie du erfahren hast, gibt in der Trance der Türsteher deines Unterbewusstseins den Weg frei. Unter Hypnose können neue Programme daher besonders gut etabliert oder alte Programme umprogrammiert werden. Wir durchlaufen auch ohne Hypnose zweimal am Tag auf ganz natürliche Art und Weise den hypnotischen Theta-Zustand, in der Phase direkt nach dem Aufwachen und kurz vor dem Einschlafen. In diesen Momenten ist unser Unterbewusstsein besonders empfänglich – genau wie im Alpha-Zustand, der darauf folgt. Deshalb ist es für unser Wohlbefinden auch bedenklich, wenn wir unser Hirn in dieser Zeit mit Problemen und schlechten Nachrichten füttern.

Was meinst du, was das Checken von Instagram gleich nach dem Aufwachen bei dir bewirkt? Social Media »programmiert« die Programme in diesen Phasen, ohne dass du es merkst: Du siehst den Erfolg der anderen, vergleichst dich mit ihnen und stellst mit großer Wahrscheinlichkeit fest, dass dein Leben mit dem eines Influencers nicht viel zu tun hat. Diesen Frust kann dein Türsteher aber nicht abwehren, sondern lässt ihn widerstandslos passieren – in dein Unterbewusstsein, wo er sich in Form einer Überzeugung oder schlechten Meinung über dich selbst festsetzen kann. Und was passiert, wenn du direkt nach dem Aufwachen E-Mails aus dem Büro liest, die dich in Stress versetzen? Oder wenn du gleich nach dem Aufstehen beim Frühstück die *Bild*-Zeitung liest?

Den Zustand der Trance oder der niedrig frequentierten Gehirnwellen kannst du als Programmierphase deines Betriebssystems Hirn verstehen. Und du kannst ihn dir zunutze machen, indem du dir zum Einschlafen beispielsweise stärkende und motivierende Suggestionen anhörst und sie dem Unterbewusstsein damit zum Download bereitstellst. Du kannst dir solche positiven Suggestionen über entsprechende Apps anhören (Empfehlungen dazu findest du unter *www.update.thimonvonberlepsch.de*) oder dir eigene Mantras auf das Smartphone aufnehmen und abspielen. In Kapitel 8 *Selbsthypnose oder Update in Trance* erfährst du detailliert, wie du diese Mantras am besten formulierst und deinem Unterbewusstsein zugänglich machst.

2. Lernen durch Wiederholung

Das Gehirn will Energie sparen und effizient arbeiten. Deshalb versucht es, so viel wie möglich in das Unterbewusstsein zu verschieben. Diesen Umstand können wir uns beim Lernen zunutze machen, und zwar indem wir neue Praktiken oder Denkprozesse so oft wiederholen, bis sie zu einer Gewohnheit werden und auf diesem Weg ins Unterbewusstsein gelangen. Das geht natürlich nicht von heute auf morgen. Erinnere dich nur mal daran, wie oft du das Alphabet wiederholen musstest, bis es dir in Fleisch und Blut übergegangen war. Oder wie viele Fahrstunden du gebraucht hast, bevor du Auto fahren konntest, ohne darüber nachdenken zu müssen. Auch neues Verhalten muss sehr häufig wiederholt werden, bevor es zur Gewohnheit wird. Genauso wie ein Waschbrettbauch mehr als nur fünf Sporteinheiten erfordert. Bleib motiviert, und du wirst belohnt werden.

Übung macht den Meister

Wenn es verschiedene Wege gibt, zu lernen, dann gibt es auch verschiedene Wege, sich zu verändern: durch Wiederholung und im hypnotischen Prozess. In diesem Buch möchte ich dich dazu anregen, beide Prozesse zu nutzen und …

- neu erworbenes Wissen wirklich anzuwenden und zu wiederholen, bis es zur Gewohnheit wird, sowie
- durch Selbsthypnose neue Glaubenssätze und Verhaltensstrategien in deinem Unterbewusstsein zu implementieren.

Du weißt ja schon, was in deinem Gehirn passiert, wenn du Neues lernst: Zwischen den Neuronen, also Gehirnzellen, werden Verknüpfungen gebaut. Je häufiger du sie nutzt, desto stabiler wird diese Verbindung. Deshalb sind Wiederholungen so wichtig. Du etablierst und verstärkst ein Verhalten, eine Fähigkeit oder eine Erinnerung, bis es zu einem Programm in deinem Unterbewusstsein wird, über das du nicht mehr nachdenken musst.

Das Modell von Albert Bandura aus dem Jahr 1963 verdeutlicht, wie Kompetenz erlangt wird, und zeigt auf, dass Lernen nicht nur im Bewusstsein, sondern vor allem im Unterbewusstsein stattfindet. In meinen Hypnose-Seminaren erkläre ich meinen Teilnehmern dieses Modell, um sie zu motivieren, über anfängliche Hürden hinwegzugehen. Du kannst dir das Modell wie eine Treppe und die Phasen wie Stufen vorstellen, die du langsam erklimmst.

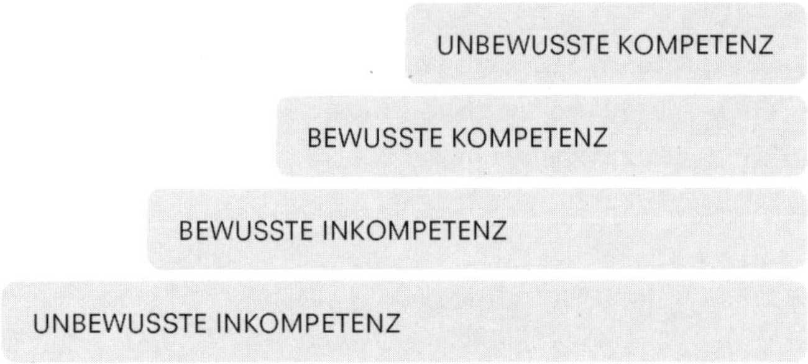

Phase 1: Unbewusste Inkompetenz *(Ich weiß nicht, dass ich es nicht kann)*
In dieser Phase weißt du noch nicht, dass du etwas nicht kannst – zum Beispiel hypnotisieren. Bevor du mich oder einen Kollegen zum ersten Mal in deinem Leben bei der Ausübung der Hypnose gesehen hast, warst du dir nicht bewusst, dass du nicht hypnotisieren kannst. Logisch, du hast ja noch nie davon gehört, dass so etwas möglich ist.

Phase 2: Bewusste Inkompetenz *(Ich weiß, dass ich es nicht kann)*
Du versuchst, andere zu hypnotisieren, indem du einfach das nachmachst, was du bei mir gesehen hast. Leider ohne Erfolg. Du stellst fest: Du kannst es nicht.

Phase 3: Bewusste Kompetenz *(Ich weiß, dass ich es kann)*
Du willst jetzt die Fähigkeit selbst erlernen und belegst ein Hypnose-Seminar bei mir. Ich bringe dir die Grundlagen bei, und du beginnst zu üben. Nachdem du das Gelernte mehrfach wiederholt hast, kannst du schließlich andere Menschen in Trance versetzen, allerdings musst du dich dabei noch sehr auf den Ablauf und auf deine Sprache konzentrieren.

Phase 4: Unbewusste Kompetenz *(Ich mache es automatisch)*
Du hast so viele Menschen hypnotisiert, dass du dir keine Gedanken mehr über das Vorgehen machen musst. Du handelst automatisch und intuitiv und könntest dir währenddessen sogar die Haare kämmen.

Das Modell lässt sich auf jede Art des Lernens übertragen, egal, ob es darum geht, den Unterschied zwischen dem Present Perfect und dem Simple Past im Englischen, die Schrittabfolge beim Tango oder Fahrradfahren zu kennen. Du kannst es einfach irgendwann, ohne darüber nachdenken zu müssen.

Wie man sich denken kann, ist der Schritt zwischen Phase 2 und Phase 3 am herausforderndsten – hier geben die meisten auf, weil sie sich ihrer eigenen Inkompetenz bewusst sind und sich ärgern, dass sie nicht schneller vorankommen. Aber wie heißt es so schön? Gut Ding will Weile haben! Es ist noch kein Meister vom Himmel gefallen – also egal, was du lernen möchtest, nimm dir die Zeit, die du brauchst, um alle vier Phasen gründlich zu durchlaufen.

Als Kinder meistern wir den Prozess des Lernens spielerisch, neugierig und motiviert, ohne uns selbst dabei zu bewerten. Wie oft bist du, bevor du laufen konntest, auf den Hosenboden gefallen und einfach wieder aufgestanden, ohne dich dabei schlecht zu fühlen? Dein Bewusstsein, das reflektiert und bewertet, war einfach noch nicht ausgebildet. Erwachsene erwarten oft, dass sie neues Wissen oder neue Fähigkeiten sofort fehlerfrei umsetzen müssen. Wenn sie das nicht erreichen, fühlen sie sich minderwertig.

Einundzwanzig Tage oder acht Monate? Wie ein Gerücht entsteht

Gesünder essen, mit dem Rauchen aufhören, weniger Arbeit, mehr Sport, sparsamer sein, sich nicht mehr so stressen lassen … eine neue Gewohnheit in den eigenen Alltag einzuführen, dauert nicht länger als einundzwanzig Tage. So weit die weitverbreitete Theorie. Und wenn man es überall liest, von der Selbsthilfe-Zeitschrift bis zum Sachbuch, muss es ja stimmen und funktionieren. Richtig?

Aber kann man das Gehirn innerhalb von nur drei Wochen wirklich umprogrammieren und alte, negative Verhaltensmuster ablegen sowie neue, positive Gepflogenheiten etablieren? Was zu gut klingt, um wahr zu sein, ist es meistens auch. Und bei der Einundzwanzig-Tage-Theorie wird leider schon lange ein entscheidendes Detail vergessen, genauer gesagt ein Wort: mindestens.

Genau dieses eine Wort verwendete nämlich der US-amerikanische kosmetische Chirurg und Autor Maxwell Maltz, als er die Beobachtungen aus der Praxis zum ersten Mal veröffentlichte. In seiner Klinik beobachtete er, dass Patienten nach Schönheitsoperationen im Durchschnitt mindestens einundzwanzig Tage brauchten, um sich an ihr neues Aussehen zu gewöhnen. Bein- oder Armamputierte verspürten mindestens genauso lang Phantomschmerzen, und auch an sich selbst konnte Maltz die Einundzwanzig-Tage-Regel bestätigen. So lange brauchte er nämlich mindestens, um eine neue Verhaltensweise oder Gewohnheit bei sich zu etablieren.

1960 schrieb er: »[…] Diese sowie zahlreiche andere häufig beobachtete Phänomene zeigen, dass es mindestens einundzwanzig Tage dauert, um ein altes, gewohntes geistiges Bild aufzulösen, sodass sich ein neues formen kann.«[4]

Mindestens. Hätte die Flüsterpost der modernen Welt dieses kleine, unscheinbare und doch so wichtige Wort mal besser nicht unter den Tisch fallen lassen. Zahlreichen, zunächst hoch motivierten Menschen, die suggeriert bekommen, sie könnten ihr Leben oder Teile davon in einundzwanzig Tagen umkrempeln, blieben so eine Menge Frust und Selbstzweifel erspart.

Um eine neue Verhaltensweise zu übernehmen oder eine alte Gewohnheit abzulegen, müssen im Gehirn neue Trampelpfade angelegt werden. Das heißt konkret gesagt: Der neue neuronale Weg muss bewusst so oft gegangen werden, bis das Unterbewusstsein ihn als »normalen« Trampelpfad akzeptiert und den alten vernachlässigt, bis das Gehirn irgendwann anfängt, ihn abzubauen. Das soll angeblich in einundzwanzig Tagen passieren – stimmt aber so nicht.

Eine Studie aus dem Jahr 2009[5] hat nämlich gezeigt, dass es keine einundzwanzig, sondern durchschnittlich sechsundsechzig Tage dauert, bis eine neue Verhaltensweise automatisch abläuft. Wie lange es genau dauert, hängt von der Person, ihren Lebensumständen und von der zu etablierenden Gewohnheit ab. In der Studie haben die Versuchspersonen zwischen achtzehn und zweihundertvierundfünfzig Tage gebraucht. Heißt also für dich: Wenn du eine neue Gewohnheit in dein Unterbewusstsein einschleifen möchtest, solltest du zwischen zwei und acht Monate einplanen. Dadurch werden deine Erwartungen nicht enttäuscht.

Übrigens: Es ist definitiv einfacher, sich eine neue Gewohnheit anzueignen, als eine alte aufzugeben. Sich an eine neue Verhaltensweise zu gewöhnen, ohne dafür gleich eine alte, eingefahrene über Bord werfen zu müssen, geht also deutlich schneller und ist meist weniger anstrengend.

Interessanterweise stellten die Forscher auch fest, dass das Verpassen einer Gelegenheit, dem neuen Verhalten nachzugehen, den Prozess der Gewohnheitsbildung nicht wesentlich beeinflusst. Mit anderen Worten: Es spielt keine Rolle, ob du hin und wieder mal einen Aussetzer hast. Bessere Gewohnheiten aufzubauen ist kein Alles-oder-nichts-Prozess.

Das Gehirn braucht eine gewisse Zeit, um eine Veränderung zu etablieren. Es möchte halt immer wieder alte Wege nehmen. Wir nehmen uns etwas vor und vergessen es dann irgendwie wieder. Kennst du das? Du hast dich ein paar Tage ganz gut im Griff und denkst: »Prima, das läuft. Ich kann ab jetzt nur noch die Hälfte essen/jeden Tag zwanzig Minuten an der frischen Luft spazieren gehen/bewusst mit den Kindern reden. War doch gar kein Problem, mich zu ändern! Warum habe ich es nicht schon viel eher getan?«

Und dann wirst du unaufmerksam. Aber nur, weil es vier Tage, eine Woche oder einen halben Monat geklappt hat, heißt es nicht, dass es ab jetzt ein Kinderspiel wird, dich an deine Vorsätze zu halten.

Christian zum Beispiel will sich weniger mit anderen vergleichen, weil es ihm damit nicht gut geht. Er nimmt sich also vor, es zukünftig bleiben zu lassen, und es gelingt ihm in den ersten Stunden sogar. Doch dann vergisst er seinen Vorsatz im Gewusel des Alltags und ohne, dass er etwas dagegen tun kann, nutzt sein Gehirn wieder die altbekannten Trampelpfade. Christian merkt das allerdings erst, als er schon wieder neiderfüllt das volle Haar seines Kollegen betrachtet.

Deswegen ist es notwendig, sich Erinnerungen für sein Vorhaben zu schaffen.

Übung: **Erinnerungen setzen**

Erinnere dich mit Kurzbotschaften daran, dass du ein neues Verhalten oder eine Überzeugung etablieren möchtest! Beispielsweise: *Sei dankbar!* Oder: *Ich bin einzigartig und liebenswert!* Oder: *Tief einatmen!* Oder was immer dir merkenswert vorkommt.

- Setze mehrmals am Tag einen Handyalarm.
- Schreib es dir auf den Handrücken.
- Schreibe Post-its und verteile sie in der Wohnung.
- Nutze Erinnerungs-Apps. Es gibt Apps, die dich daran erinnern, dass du jeden Tag zehn Gläser Wasser trinken sollst – anstelle des Wassers kannst du dir auch dein neues Mantra gedanklich vor Augen halten.

Spielerisch kannst du eine solche Erinnerung auch mithilfe einer besonderen Übung durchführen: die Erfinde-dich-neu-Challenge! Ich habe diese selbst mehrmals absolviert. Einmal habe ich mir vorgenommen, mich nicht mehr über Dinge zu beschweren, die ich nicht ändern kann. Und anderen nicht mehr von negativen Erlebnissen zu erzählen, die mir passiert waren. Ich wollte keinen reproduzierten Stress mehr und nahm mir vor, etwas zu verändern. Mit der folgenden Übung konnte ich spielerisch mein Vorhaben in die Tat umsetzen. Gleichzeitig kam ich über das Armband mit Menschen ins Gespräch und erzählte ihnen von meinem Plan. So bestärkte ich mich auch immer wieder selbst.

Übung: **Die Erfinde-dich-neu-Challenge**

Nimm dir vor, eine schlechte Gewohnheit loszulassen, eine neue zu etablieren oder in bestimmten Situationen einfach anders zu reagieren.

Besorg dir ein Armband, das dir gefällt und das auffällig genug ist, dass du darauf angesprochen wirst.

Um das Armband mit deinem Vorhaben »aufzuladen«, startest du am besten mit einer kleinen Zeremonie. Sie ist wichtig, damit dein Unterbewusstsein merkt: »Hier geht es um etwas. Der meint das wirklich ernst! Sie will es wirklich wissen!«

1. Lege dein Ziel fest: etwas, dass du gerne loslassen oder erreichen willst. Formuliere deinen Satz positiv und klar.
2. Nimm dein Armband in beide Hände und sprich deine Zielvereinbarung laut oder still aus. Schließe deine Augen und beende die Initialisierung mit den Worten: »Das verspreche ich mir jetzt. Und ich nehme mich beim Wort.«
3. Leg das Armband um dein Handgelenk.
4. Wenn du irgendwann merkst, dass du in eine alte Gewohnheit zurückfällst oder etwas tust, das du eigentlich sein lassen wolltest, nimm das Armband vom Handgelenk und streife es über die andere Hand. Jetzt heißt es: Alles auf Anfang und die Erfinde-dich-neu-Challenge beginnt von vorn – egal, wie weit du schon warst.
5. Wenn du es schaffst, das Band mindestens einundzwanzig Tage lang am selben Handgelenk zu tragen, sei stolz: Du hast deine Challenge bestanden. Glückwunsch!

Wichtig ist, dass du den Neustart deiner Erfinde-dich-neu-Challenge nicht als Bestrafung auffasst. Sieh es lieber sportlich und auf jeden Fall als Erfolg, denn im Grunde ist es egal, ob du es im ersten Anlauf schaffst oder fünf Monate brauchst, um einundzwanzig Tage hintereinander dein Vorhaben umzusetzen. Sei also gnädig, wenn es länger dauert. Du hast ja erfahren, dass es je nach Ziel auch bis zu acht Monate dauern kann. Das Armband bringt dich so oder so auf die richtige Spur. Von hier aus kannst du die Challenge natürlich verlängern, bis du deine Gewohnheit definitiv fest eingeschliffen hast.

Wenn du das Armband trägst, wirst du auch andere inspirieren. Mein Sporttrainer Roman (… ich leiste mir diesen Luxus, weil ich eben allein keinen Sport treibe – diese »Sport-Erinnerung« ist es mir wert. #verantwortunguebernehmen) hat mein Armband gesehen und wollte erfahren, was es damit auf sich hat. Ich erzählte ihm von meinem Vorsatz, und er hörte gespannt zu.

»Gibt es etwas in deinem Leben, was du gern ändern würdest?«, fragte ich ihn.

»Einiges«, gab Roman zu. »Als Erstes fällt mir ein, dass ich gern weniger Süßigkeiten essen möchte.«

»Wie viele Süßigkeiten isst du denn?«

Roman zuckte. Ihm war es sichtlich peinlich, mir das als mein Trainer zu erzählen: »Ziemlich viel. Ich kann an keinem Süßigkeitenregal im Supermarkt vorbeilaufen, ohne etwas zu kaufen. Ich esse täglich Schokolade, und auf Partys ist der Knabbertisch vor mir nicht sicher. Kuchen von meiner Oma bedeutet für mich Heimat.«

Ich grinste. Glücklicherweise hatte ich nicht nur ein Armband, sondern gleich eine ganze Kiste voller Armbänder für meine Klienten herstellen lassen. Ich übergab Roman eines der Bänder und sagte: »Super. Erfinde dich neu!«

Roman antwortete: »Hm. Ich mag eigentlich keine Bänder am Arm.«

»Wie du meinst, Coach«, erwiderte ich lächelnd.

Das verstand er als Herausforderung und legte das Band an.

Seit diesem Augenblick hat Roman nie wieder Süßigkeiten angefasst! Kuchen hat er ein einziges Mal gegessen, als er zu Besuch bei seiner Oma war – und er stellte fest, dass er ihn nicht gut vertrug und das auch lassen wollte. Eis hat sich Roman im Sommer ein paarmal gegönnt, allerdings nur an besonderen Tagen.

Das Besondere an dieser Geschichte ist, dass die Veränderung für Roman keine Qual war. Er musste sich nicht zwingen und konnte sein Vorhaben sofort und leicht umsetzen, ohne darunter zu leiden. Heute hat er dieses neue Verhalten voll in sein Leben integriert.

Für das Buch habe ich Roman ein halbes Jahr später befragt. Er erzählte mir Folgendes: »Ich bin selbst völlig überrascht. Ich hatte früher schon öfter mal versucht, auf Zucker oder Schokolade zu verzichten, aber immer ohne Erfolg. Bei speziellen Diäten bin ich danach in die doppelten Fressfalle gerutscht. Ich habe heute kein Verlangen mehr nach Süßigkeiten. Wenn mir meine Freundin mal eine Schokolade mitbringt, liegt sie Monate lang bei mir rum, ohne mich zu reizen. Das Tolle ist: Ich kann jetzt selbst entscheiden, wann ich mir etwas gönne, und genieße es dann auch. Ich bin also nicht mehr getrieben und abhängig davon. Das ist für mich ein riesiger Gewinn!«

Nicht jeder kann mit dem Anlegen eines Armbandes sofort eine derart schnelle Veränderung bewirken. Das ist mir natürlich klar und soll auch nicht der Anspruch sein. Die Erfahrung mit Roman hat mir nur wieder mal eindrücklich bewiesen: Wenn der richtige Moment für Veränderung gekommen ist, die Meldung für ein Update rot blinkt, reicht ein kleiner Stupser. Ich habe die Erfahrung gemacht, dass es zwar viele Menschen gibt, die etwas anders machen wollen, aber nur wenige, die konkrete Entscheidung dazu treffen. Manchmal ist es so, dass ein Vorhaben in uns reifen muss. Wenn sich dann die Entscheidung so klar anfühlt wie das Jawort vor dem Altar, wird die Umsetzung zum Kinderspiel.

Die Entscheidung ist wichtig für den Veränderungsprozess. Wenn Menschen in meine Raucherentwöhnung kommen und mir erzählen, dass sie wegen ihres Partners aufhören wollen oder sogar einen Gutschein geschenkt bekommen haben, schicke ich sie gleich wieder weg. Es wird nämlich nicht funktionieren, wenn sie es nicht selbst wollen und keine Entscheidung dafür getroffen haben. Erinnere dich doch mal, welche Gewohnheit du einmal ablegen oder etablieren wolltest. Wenn du dann nicht drangeblieben bist, überprüf doch mal, ob du dich wirklich ernsthaft dafür entschieden hattest? Einhundertfünfzigprozentig ohne Hintertür, so wie beim Jawort vor dem Altar!

Veränderung bedeutet Einsatz – denn dein Hirn kann sich zwar verändern, aber das tut es nur ungern. Das gefällt mir übrigens genauso wenig wie dir. Doch alles, was von dem, was es schon kennt, abweicht, verbraucht Ressourcen und birgt ein Risiko: »Kenn ich nicht, könnte gefährlich sein. Lass uns lieber das machen, was wir schon kennen!« Das gilt für unbekanntes Essen genauso wie für neue Gedanken – deswegen klammern sich deine grauen Zellen an alles, was sie lieb gewonnen haben, und dazu gehören eben auch die Dinge, die dir selbst auf den Keks gehen und die du gern anders haben würdest.

Noch mal: Jedes neu erlernte Wissen, das sich in deinem Kopf manifestiert, stellt sich in Form einer Synapse, einer Verbindung zwischen Nervenzellen dar. Wie du schon weißt, sind diese Verbindungen am Anfang sehr fein – erst mit der Zeit, wenn sie häufiger genutzt werden, bauen sie sich aus und werden stabiler. Irgendwann bist du es gewohnt, sie zu benutzen, und unbemerkt werden sie zu Trampelpfaden, über deren Verwendung du nicht mehr nachdenken musst.

Genauso verhält es sich umgekehrt. Der Abbau von Verbindungen, die du nicht mehr haben willst, geht nicht von jetzt auf gleich. Dein Gehirn will die alten Wege gehen – es kennt sie und weiß, dass sie bislang dein Überleben gesichert haben. Und auch der Ausbau der besseren, schnelleren Umgehungsstraße braucht eine gewisse Zeit. Dein neues Verhalten darf sich also erst in dein Unterbewusstsein einschleifen.

Vor einiger Zeit wollte ich die tägliche Meditation zu meiner Gewohnheit machen. Sie sollte so selbstverständlich für mich werden wie das Zähneputzen. Mir war klar, dass ich dafür einige Tricks anwenden musste. Mein Unterbewusstsein ist nämlich genauso gerissen wie deins und hat eine Menge guter Ausreden parat. Was habe ich also dafür getan, um mein Ziel zu erreichen?

Weil ich weiß, dass die Motivation in einer Gruppe höher ist, habe ich mir drei Freunde gesucht, die ebenfalls das gleiche Ziel gehabt haben. Wir haben uns dann vorgenommen, jeden Tag zu meditieren. Jeder für sich. Und einmal die Woche haben wir eine Telefonkonferenz abgehalten, in der wir über unsere letzten Erfahrungen gesprochen und uns gegenseitig weiter angespornt haben. Ein bisschen wie die »Anonymen Meditierenden«.

Dazu hat jeder für sich entschieden, was er für einen Einsatz bringen möchte, wenn er sein Vorhaben nicht einhält. Etwas, worauf man überhaupt keine Lust hat. Etwas wie eine Spende an Greenpeace war als Einsatz nicht erlaubt, weil einem das ja vergleichsweise leichtfallen würde. Ich habe mich für etwas Besonderes entschieden: Für jeden Tag, den ich nicht meditierte, habe ich dreißig Euro aus dem Fenster geworfen. Ja, du hast richtig gelesen: Ich habe im wahrsten Sinne des Wortes Geld aus dem Fenster geworfen. Hatte ich mal einen Meditationshänger, habe ich mir daher sehr genau überlegt, ob mir das Schwänzen dreißig Euro wert war. Das Resultat: Wir haben in der

Gruppe vier Monate meditiert und ich haben in dieser Zeit sechs Mal gezahlt. Das war es mir wert, denn danach ist mir die tägliche Praxis entschieden leichter gefallen.

Wenn du also deine Erfinde-dich-neu-Challenge aufstocken möchtest, dann finde jemanden, der auch etwas umsetzen möchte, und entscheidet euch gemeinsam für einen Einsatz. Meine Freundin Julia hat jedes Mal die Wohnung geputzt, wenn sie nicht meditierte – sehr zur Freude ihres Mannes.

KAPITEL 3

Mindset oder wie du dein Leben beeinflusst

Love it, change it or leave it

Ist dir der Satz aus der Überschrift schon einmal begegnet?

NIMM ES AN, VERÄNDERE ES
ODER VERLASSE ES.

MÖGLICHERWEISE KENNST DU DEN KALENDERSPRUCH von Pinterest oder Instagram oder du hast ihn auf einer Postkarte gelesen. Klingt schön und profan, oder? Wer diesen Satz jedoch ernst nimmt, ihn verinnerlicht und sich daran hält, lernt mit seinen Herausforderungen besser umzugehen. Da bin ich mir sicher.

Egal, welches Problem dich beschäftigt, ob im Job, in Beziehungen, in der Gesundheit, du hast immer drei Möglichkeiten: Du kannst deine Situation annehmen (love it), sie verändern (change it) oder sie verlassen (leave it).

Denk doch mal an irgendein Problem, das dich aktuell beschäftigt. Das kann die Sorge um deinen Job sein, eine in Schieflage geratene Beziehung, deine nicht vorhandene Bikinifigur oder sogar eine Krankheit. Und dann stell dir folgende Frage: Kannst du etwas daran ändern?

Wenn deine Antwort darauf »Nein« lautet, dann nimm deine Situation an und beende deinen inneren Kampf, es anders haben zu wollen. Lass jedes schlechte Gefühl und jeden selbstzerstörerischen Gedanken los. Hör auf, dich weiter zu fragen, wer daran schuld ist, warum ausgerechnet dir das passiert ist oder ob du das auch hättest verhindern können. Du würdest damit nur weitere Stresshormone ausschütten und deine Gesundheit gefährden. Lass die Vergangenheit los. Sie ist vorbei.

Du magst für deine Situation nicht verantwortlich sein, aber es liegt in deiner Verantwortung, wie du damit umgehst und was du daraus machst. Es liegt allein in deiner Macht, wie du den Realitätskreislauf weiter durchläufst. Dir die Frage nach dem »Warum« zu stellen (»Warum ist mir das passiert?«) führt nur noch tiefer in den Schmerz. Richte deinen Fokus stattdessen auf die Frage nach dem »Wie« (»Wie kann ich mich in dieser Situation besser fühlen? Was kann ich tun, um die Situation annehmen zu können?«).

Dazu gehören Fragen wie:

- Ist meine Lage tatsächlich so unerträglich – oder dramatisiere ich gerade auch ein wenig?
- Welche positiven Aspekte könnten sich aus diesem Problem entwickeln?
- Wie denke ich wohl in einem Jahr über das Problem?
- Was kann ich aus der Sache lernen?
- Entwickle ich mich zu einem besseren und glücklicheren Menschen, wenn ich die Herausforderung annehme?

Sei dein eigener Regisseur und spiel deinen persönlichen Wunsch-Kinofilm vor deinem inneren Auge ab. Wie möchtest du dich fühlen?

Was möchtest du über dich und die Situation denken? Triff eine Entscheidung. Nutze deinen Geist und deine Vorstellungskraft und erschaffe dir eine alternative Realität zu jener, die du bisher von deinem Unterbewusstsein vorgeschlagen bekommen hast.

Verändere es

Wenn Annehmen für dich keine Option ist, weil die Situation zum Beispiel keine Weiterentwicklung für dich bereithält und du auch etwas ändern kannst – freue dich! Wenn du etwas ändern kannst, kannst du jedes schlechte Gefühl und jeden selbstzerstörerischen Gedanken loslassen. Befass dich nicht weiter damit, wer für deine aktuelle Lage verantwortlich ist, warum ausgerechnet dir das passiert ist oder ob du das auch hättest verhindern können. Lass die Vergangenheit los. Sie ist vorbei. Du kannst etwas für deine Zukunft tun, und das zählt jetzt.

Sich die Frage nach dem »Warum« zu stellen (»Warum habe ich dieses Problem?«), führt nur noch tiefer in den Schmerz. Richte deinen Fokus stattdessen auf die Frage nach dem »Wohin« (»Wohin möchte ich und wie stelle ich das an?«) Wichtig ist hier: Triff Entscheidungen und komm ins Handeln!

Dazu gehören Fragen wie:

- Kann ich an der Situation etwas ändern, damit ich sie annehmen kann? Wenn ja, was ist dafür zu tun?
- Kann ich an mir etwas ändern, damit ich die Situation annehmen kann? Wenn ja, was ist dafür zu tun?

Wenn du anfängst, zum aktiven Gestalter deines Lebens zu werden, werden sich dir Probleme zukünftig nicht mehr als aussichtslos, sondern als herausfordernd präsentieren. Das wird dir die Sicherheit geben, dem Leben nicht machtlos ausgeliefert zu sein. Du hast immer eine Möglichkeit, deinem Leben eine neue Richtung zu geben oder auf Unvorhergesehenes selbstbestimmt zu reagieren.

Verlasse es

Stellst du jedoch fest, dass selbst deine größten Bemühungen nichts an der Situation ändern und du auch nichts an dir ändern kannst, um die Situation annehmen zu können, bleibt dir nur noch Möglichkeit drei: Verlasse es!

Alles, was du auf Dauer nicht annehmen oder verändern kannst, darfst du gehen lassen. Eine Beziehung, die nur hält, weil du dich selbst verleugnest und verbiegst, macht dich nicht glücklich. Eine Freundschaft, die lediglich funktioniert, weil du alles runterschluckst, was dir nicht gefällt, oder in die nur du investierst, ist keine Freundschaft. Und ein Job, den du dir schönreden und bei dem du zu viele Kompromisse eingehen musst, ist es nicht wert, von dir ausgeübt zu werden. Ich weiß, dass es für die meisten Menschen herausfordernd ist, sich auf Neues einzulassen. Wahr ist aber auch: Echter Fortschritt entsteht nur, wenn wir uns auf Neues einlassen oder unsere Komfortzone verlassen. Denn im Grunde ist es das doch, was wir uns alle wünschen: loslassen, worüber wir uns beschweren, um dann mit leichterem Gepäck weiter durchs Leben zu gehen.

Das LCL-Prinzip (*l*ove it, *c*hange it, *l*eave it) hilft, aus der passiven Rolle in eine aktive Position zu gelangen und selbstbestimmt dein Glück nach deinen Werten in die Hand zu nehmen. Dabei unterstützt dich der Change-it-Prozess, Handlungsoptionen zu generieren. Selbst wenn du diese Optionen am Ende verwirfst, weil sie für dich aus verschiedenen Gründen doch nicht infrage kommen, weißt du dennoch, dass sie existieren – und das wiederum bestärkt dein Gefühl, dass du nicht gezwungen bist, alles hilflos zu schlucken. Das

Love-it erfolgt dann aus einer selbstbestimmten Entscheidung heraus, was zu deiner emotionalen Entspannung beiträgt.

Der amerikanische Theologe Reinhold Niebuhr drückt es mit seinem Gelassenheitsgebet ähnlich aus. Der Anfang des Gebets[6] lautet:

Gott, gib mir die Gelassenheit,
Dinge hinzunehmen, die ich nicht ändern kann,
den Mut, Dinge zu ändern, die ich ändern kann,
und die Weisheit, das eine vom anderen zu unterscheiden.

Love it, change it or leave it.

Das ABE deines Seins

In Kapitel 1 habe ich erklärt, dass du unangenehme Gefühle wie Hinweisschilder verstehen darfst. Sie zeigen dir, wo es in deinem Leben unter Umständen Handlungsbedarf gibt. Wir gehen davon aus, dass es für jedes Gefühl, das wir verspüren, einen Auslöser gibt, im Guten wie im Schlechten. Wenn wir also ein bestimmtes Gefühl nicht mehr spüren wollen, brauchen wir nur den Auslöser zu beseitigen, und alles ist gut, richtig? Genau hier liegt aber das große Missverständnis vor.

Was sorgt dafür, dass du dich manchmal schlecht fühlst, emotionaler reagierst, als du es beabsichtigst, aus der Haut fährst oder enttäuscht bist? Meistens sind es die äußeren Umstände oder Menschen:

- Der Kuchen ist verbrannt. => Ich bin verzweifelt.
- Mein Chef hat mich kritisiert. => Ich fühle mich ungerecht behandelt.
- Ich habe kein Geld auf dem Konto. => Ich habe Zukunftsängste.
- Ich leide unter einer Krankheit => Ich bin verbittert.

Es ist menschlich, so zu reagieren und das auslösende Ereignis für dein Gefühl verantwortlich zu machen. Weil der Chef dich angebrüllt hat, hast du Angst um deinen Job. Das ist allerdings irrationales Denken. Ich möchte das am Beispiel eines Kindes verdeutlichen, das seine Mutter anschwindelt und kurz darauf hinfällt. Es bringt das Schwindeln mit dem Hinfallen in einen kausalen Zusammenhang und denkt, dass es seine gerechte Strafe erhalten habe. Hältst du das Denken des Kindes für nachvollziehbar? Glaubst du, dass es einen Zusammenhang zwischen Schwindeln und Hinfallen gibt? Vermutlich nicht.

Trotzdem bedienen wir uns auch im Erwachsenenalter oft dieses irrationalen Denkens. Auch wenn es sich für dich nicht so anfühlt: Ein verkohlter Kuchen führt nicht zum Ende einer Beziehung, ein strenger Chef führt nicht zwangsläufig zur Kündigung und nur, weil man mal im Minus ist, ist die logische Konsequenz noch lange nicht, dass man gleich auf der Straße landet. Trotzdem steigern wir uns gern in diese Horrorszenarien hinein.

Auslöser (A) für unangenehme Gefühle oder Reaktionen sind in der Regel Dinge, die wir über unsere Sinnesorgane wahrnehmen. Also alles, was du hörst, riechst, siehst, schmeckst oder fühlst, kann eine emotionale Reaktion in dir auslösen sowie dein Erleben (E) beeinflussen.

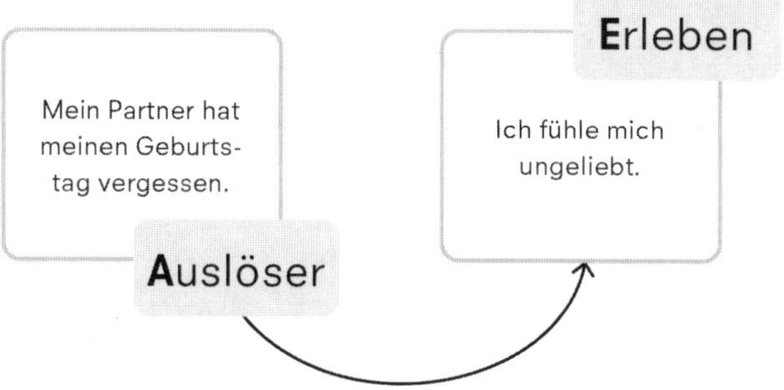

Dein Gehirn verknüpft das entstandene Gefühl mit dem Auslöser, den es kurz zuvor erfahren hat – genau wie das Kind, das sein Hinfallen als Bestrafung für das Schwindeln missversteht.

Wenn du auslösende Ereignisse, die du in der Regel nicht beeinflussen kannst (Kuchen, Chef, Krankheit), jedoch für deine Gefühle verantwortlich machst, begibst du dich damit automatisch in die Opferhaltung. Du machst dich zum Spielball des Schicksals und gibst deine Selbstbestimmung ab.

Denn nicht das auslösende Ereignis ist verantwortlich für deine Reaktion – sondern wie du dieses Ereignis bewertest. In deinem Kopf machen sich die Gedanken nämlich selbstständig und drehen lustig ihre Kreise: »Jetzt denkt mein Chef, dass ich unfähig bin, ich werde meinen Job verlieren, ein schlechtes Arbeitszeugnis bekommen …« Und so weiter und so fort.

Übung: **Das Zusammenspiel von Auslöser und Erleben**

Erinnere dich an etwas, das dir vor Kurzem passiert ist und ein unangenehmes Gefühl in dir ausgelöst hat. Ich möchte dich bitten, dir eine Minute Zeit zu nehmen und die Situation zu analysieren. Schreib dir auf, was genau das auslösende Ereignis war und wie du reagiert beziehungsweise gefühlt hast.

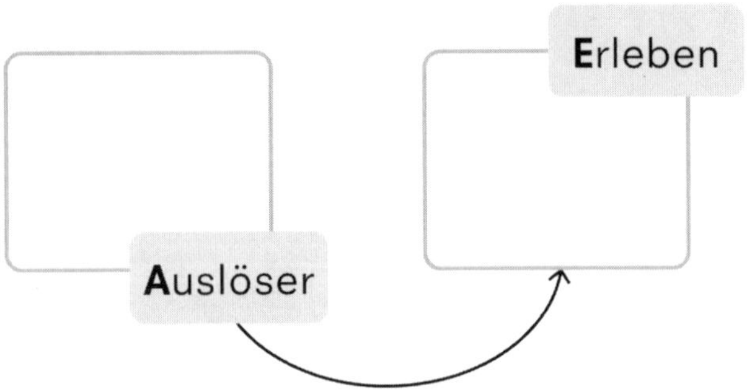

Überlege nun, ob es auf der Welt auch nur einen einzigen Menschen gibt, der auf dasselbe auslösende Ereignis anders reagiert hätte als du. Und wie.

Fallen dir noch weitere Möglichkeiten ein? Notiere sie:

____

____

____

____

____

____

Hier ein Beispiel von Christian. Ihm fährt auf dem Arbeitsweg die U-Bahn vor der Nase weg. Er fühlt sich schlecht, weil er schon wieder zu spät aus dem Haus gegangen ist und seine Zeitplanung nie auf die Reihe kriegt.

Auf demselben Bahnsteig hat auch ein anderer Mensch die U-Bahn zur Arbeit verpasst. Was könnte er denken?

- Er freut sich, denn er kann seinen Job nicht leiden und ist froh um jede Minute, die er nicht im Büro ist.
- Er ist sowieso krank und fühlt sich nicht gut. Jetzt hat er einen Grund, wieder nach Hause zu gehen und sich ins Bett zu legen.

- Er nutzt die Zeit und kauft sich einen Kaffee und eine Zeitung.
- Er beschließt, bei dem schönen Wetter einen kleinen Spaziergang zur Arbeit zu machen.
- Er nutzt die Verspätung, um in der Bäckerei vorbeizugehen und einen Kuchen für seine Kollegen zu kaufen.
- Er ruft bei seiner Mutter an, bei der er sich viel zu selten meldet.

Wie du siehst: Das auslösende Ereignis ist nicht der Grund für deine schlechten Gefühle! Es ist deine Bewertung des auslösenden Ereignisses. Eine vor der Nase weggefahrene U-Bahn kann gar nicht zum Gefühl führen, ein Versager zu sein. Das können nur Glaubenssätze und Bewertungen, die wir unterbewusst vornehmen. Warum sind sonst manche Menschen total entspannt, wenn ihr Partner mit jemand anderem flirtet, und andere können vor Eifersucht kaum atmen, wenn der Freund einer anderen Frau hinterherguckt? Fakt ist: Das Ereignis »Mein Freund guckt einer anderen Frau hinterher« allein löst nicht aus, dass du die Beziehung infrage stellst. Es sind die damit verbundenen Glaubenssätze.

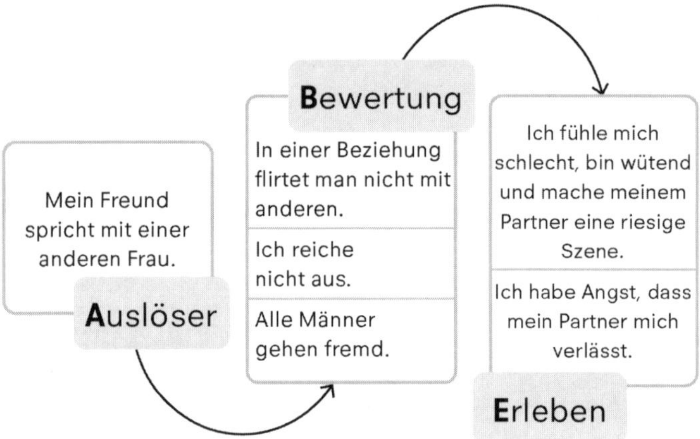

Erst durch deine kognitive Bewertung (B) werden Emotionen für dich als Gefühle überhaupt erlebbar – und bei dieser Bewertung kann eine Menge schiefgehen. Du bildest einen Zusammenhang mit vergangenen Ereignissen, die gar nichts mit dem Auslöser zu tun haben, oder zeigst alte Reaktionen in unverhältnismäßiger Ausprägung.

Willst du seltener Spielball deiner Gefühle sein und stattdessen selbstbestimmt und eigenverantwortlich agieren, darfst du zunächst einmal herausfinden, welche Bewertungen in dir ihr Unwesen treiben. Räumst du mit den Glaubenssätzen auf, die zu unangenehmen oder unangemessenen emotionalen Reaktionen führen, sorgst du dafür, dass du dich zukünftig anders fühlst.

Die Entstehung der Bewertung liegt immer in der Vergangenheit. Auslöser für die Bewertung können unter anderem sein:

1. Überzeugungen, die du übernommen hast (Kultur, Familie, Freunde, Medien …),
2. Überzeugungen, die durch deine unbewusste oder bewusste Interpretation von Ereignissen entstanden sind (unter anderem Traumata),
3. Überzeugungen, die du durch deine bewusste Kognition geformt hast (Studium, Philosophie).

Eine Bekannte von mir, Marie, litt darunter, wenn Leute, mit denen sie verabredet war, sie versetzten oder nicht pünktlich kamen. Mit einigen in ihrem Freundeskreis legte sie sich sogar richtig an, weil sie es so unhöflich fand, wenn sie Marie zehn Minuten irgendwo warten ließen.

Ich erklärte ihr das ABE-Modell und machte ihr klar, dass einzig ihre Bewertung des Zuspätkommens dafür sorgte, dass sie sich vernachlässigt und unwohl fühlte. Zähneknirschend gab Marie zu, dass ich vermutlich recht habe. Als Nächstes bat ich sie, mir von Erfahrungen aus ihrer Kindheit zu berichten. Wie hatten es ihre Eltern mit der Pünktlichkeit gehalten?

»Oje, das war immer schlimm«, erklärte sie. »Meine Eltern konnten eigentlich nie pünktlich sein. Ich erinnere mich an viele Situationen, in denen wir viel zu spät am Bahnhof oder Flughafen ankamen und den Zug oder Flug verpassten. Mein Vater machte dann immer einen großen Aufstand und diskutierte ewig mit dem Bodenpersonal herum, dass es ja wohl lächerlich sei, uns nicht mehr mitfliegen zu lassen. Mir war das immer so peinlich! Es war ja unsere Schuld, dass wir zu spät gekommen waren.«

Interessant. Marie verknüpfte mit dem Zuspätkommen ihrer Mitmenschen also ein Gefühl des Unwohlseins und der Peinlichkeit aus ihrer Kindheit.

»Wie fühlst du dich, wenn du selbst knapp dran bist?«

Sie stöhnte. »Ich finde das ganz schlimm! Wenn ich nur zwei Minuten zu spät komme, schicke ich sofort eine Nachricht und gucke dann ununterbrochen auf die Uhr. Weil es mir damit so schlecht geht, vermeide ich zwanghaft, zu spät zu kommen. Ich komme lieber fünf Minuten zu früh, als dass ich mir diese Gefühle antue.«

Ich hakte nach. »Wie fühlst du dich, wenn du versetzt wirst oder warten musst?«

»Ich finde das respektlos. Ist ja schließlich meine Zeit, die der andere in Anspruch nimmt, während ich mir die Beine in den Bauch stehe. Und ich habe schließlich auch rechtzeitig das Haus verlassen, um den anderen nicht warten zu lassen.«

Es lag auf der Hand: Die Erfahrungen, die Marie als Kind mit ihren Eltern gemacht hatte, ließen sie heute zur überpünktlichen und zuweilen sogar verständnislosen Frau werden, die sehr allergisch auf Verspätungen aller Art reagierte.

»Möchtest du gern entspannter darauf reagieren, wenn andere zu spät kommen?«

Sie seufzte. »Ja. Ich möchte mich wirklich nicht mehr so sehr ärgern. Auch wenn ich es nach wie vor respektlos finde, andere warten zu lassen.«

»Dass Zuspätkommen respektlos ist, ist eine Bewertung, die dein Unterbewusstsein vornimmt – nicht dein Bewusstsein. Wenn du möchtest, können wir das ändern. Dann kannst du zukünftig selbst entscheiden, ob du auf zehn Minuten Verspätung wirklich mit einem Wutausbruch reagieren willst.«

Marie legte sich fest: Sie wollte weiterhin pünktlich sein, aber den Stress nicht mehr empfinden, der mit ihrem Wunsch nach Pünktlichkeit einherging. Außerdem wollte sie anderen gegenüber toleranter werden und sich nicht mehr über sie ärgern, wenn sie wirklich einmal zu spät kamen.

Wir sahen uns noch einmal ihre Empfindungen und Wahrnehmungen als kleines Mädchen an. Ich erklärte ihr: »Als Kind war deine Reaktion auf den Stress, dem deine Eltern dich immer wieder ausgesetzt haben, verständlich. Heute will dein Unterbewusstsein alles daransetzen, dass du nicht noch einmal in so eine unangenehme Situation gerätst. Es will dich davor schützen. Deswegen zeigst du diese starke Reaktion. ›Komm nicht zu spät, sonst geht es dir schlecht!‹ Und wenn andere zu spät kommen, fühlst du dich ausgeliefert. Genau wie damals mit deinen Eltern.«

Marie lächelte verlegen. »Du hast recht. Ganz schön blöd, oder?«

»Überhaupt nicht. Dein Unterbewusstsein versucht ja nur, dich mit der alten Software von damals zu schützen. Es hat den Glaubenssatz entwickelt: ›Niemand darf zu spät kommen, sonst geht es mir schlecht. Menschen, die zu spät kommen, sind respektlos.‹ Heute ist es allerdings an der Zeit für ein Update.«

Indem Marie die Erkenntnis hatte, dass es sich um einen Glaubenssatz aus ihrer Vergangenheit handelte, den sie loslassen durfte, war sie überhaupt erst in der Lage, den Kreislauf der Veränderung in Gang zu setzen. Wer an seinen alten Bewertungen festhält und davon überzeugt bleiben will, dass jeder, der zu spät kommt, respektlos ist, wird nichts dafür tun, seine Einstellung zu ändern. Er wird immer versuchen, andere zu ändern oder Situationen für sein eigenes Gefühl verantwortlich machen.

In unserem Beispiel habe ich Marie geholfen, auf ihre irrationalen Denkmuster zu kommen. Manchmal ist es schwer, diese Denkmuster allein zu identifizieren – es fällt uns viel leichter, unsere Gefühle zu benennen. Wie du weißt, sind Gefühle Hinweisschilder, so auch hier. Sie helfen dir, zu erkennen, warum du in manchen Situationen überreagierst oder Negatives verspürst. Die folgende Grafik skizziert die Zusammenhänge zwischen bestimmten Gefühlen und Überzeugungen, die Menschen üblicherweise erfahren. Sie hilft dir, die Verbindung zwischen dem Gefühl und deiner Bewertung herzustellen – so spürst du deinen Glaubenssatz auf und kannst ihn im nächsten Schritt bearbeiten.

WUT	Verletzung der eigenen Rechte und Werte
TRAUER / DEPRESSION	Tatsächlicher Verlust (etwas oder jemanden)
ANGST	Zukünftige Bedrohung
SCHULD	Verletzung der Rechte und Werte anderer
SCHAM	Sich mit anderen negativ vergleichen

Übung: **Bewertung unangenehmer Gefühle**

In der letzten Übung habe ich dich darum gebeten, an eine Situation aus der Vergangenheit zu denken, in der du unangenehme Gefühle verspürt hast. Mithilfe der vorangegangenen Grafik kannst du deine unangenehmen Gefühle genauer definieren, indem du analysierst, was genau für dich unangenehm war und welches konkrete Gefühl dadurch ausgelöst wurde. Ein Beispiel: Wenn du dich schlecht gefühlt hast, weil deine beste Freundin in deinen Augen eine bessere Mutter ist als du, hast du dich mit anderen negativ verglichen und daher Scham empfunden. Formuliere, was du gedacht hast, als du deine Gefühle erlebt hast.

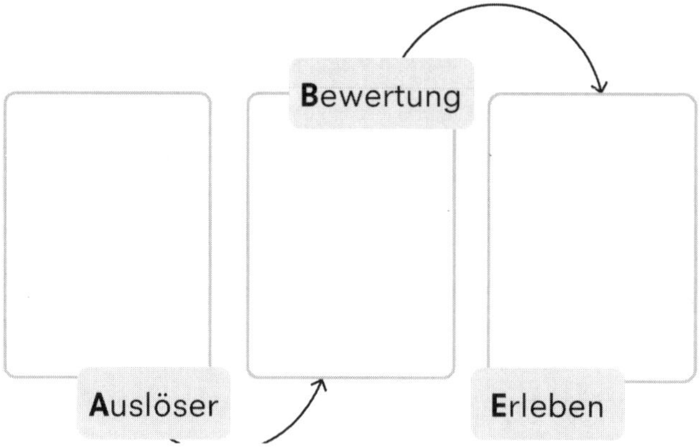

Glaubenssätze aufstöbern kann manchmal eine regelrechte Schnitzeljagd sein. Denn die kleinen Biester kennen sich gut aus in deinem Gehirn und entkommen leicht, wenn du nicht genau hinsiehst. Immerhin kennen sie sich in den Gängen deines Zerebrums besser aus als du dich in deiner Westentasche. Bevor du mit deinem Update anfangen kannst, darfst du also auf die Suche nach deinen Glaubenssätzen gehen.

Übung: Tagebuch der Auslöser – Bewertungen – Gefühle

Führe in den nächsten Wochen Buch! Du kannst dir auch einen Notizzettel in deinen Geldbeutel legen oder die Memo-Funktion deines Handys benutzen. Halte die gesammelten Informationen fest, beispielsweise in einer Tabelle wie dieser:

Was ist passiert? (Auslöser)	Was ist mein Glaubenssatz? (Bewertung)	Wie fühlt es sich an? (Gefühl)
Kollege hat in der Sitzung meine Ergebnisse für seine ausgegeben.	Ich werde nicht wertgeschätzt.	Ich bin traurig und wütend.
Ich habe meine Mutter nicht angerufen, und sie macht mir Vorwürfe.	Gute Kinder telefonieren regelmäßig mit ihren Eltern.	Ich fühle mich schuldig.
…	…	…

Jeden Tag gerätst du in Konflikte. Manche sind so klein, dass du sie kaum bemerkst, andere springen dich förmlich an. Notiere sie dir, sobald du sie bemerkst. Lass dabei nichts aus, also schreib auch die winzigen Dinge auf, die dich nerven. Zum Beispiel wenn dir jemand die Tür nicht aufhält, sondern sie vor deiner Nase zuknallt. In so einem Moment denkst du dir: »Vielen Dank! Sehr freundlich.« Dein Glaubenssatz dahinter könnte lauten: Menschen sollten höflich miteinander umgehen.

Sobald du deine Glaubenssätze, die irrationalen Denkmuster, Bewertungen und Glaubenssätze, die dich prägen, herausgefunden hast, kannst du sie einem Update unterziehen. Dafür untersuchen wir kritisch diese irrationalen Denkmuster und stellen sie infrage. Wir schwächen sie damit ab – denn normalerweise bewerten wir diese Glaubenssätze über. Schon allein indem wir diese Glaubenssätze kritisch hinterfragen, verlieren sie an Wirkung.

Sieh dir nun deine Glaubenssätze an. Gibt es Wiederholungen? Kommt dir dabei etwas aus anderen Konflikten in der Vergangenheit bekannt vor?

Und dann: Welche dieser Glaubenssätze funktionieren für dich? Mit welchen eckst du öfter an? Sind sie sinnvoll – unterstützen sie dich darin, ein zufriedenes und gelassenes Leben zu führen? Oder sorgen sie immer wieder für Probleme?

Übung: **Irrationale Denkmuster hinterfragen**

Mit diesen drei Fragen kannst du irrationale Denkmuster untersuchen und abschwächen:

- Warum ist es schlimm, was mir widerfahren ist?
- Wo ist der Beweis, dass ich das auslösende Ereignis nicht aushalten kann?
- Was beweist, dass meine Bewertungen wahr sind?

Maries Antworten könnten lauten:

1. Es ist *nicht* schlimm, dass ich manchmal auf andere warten muss. Meine Rechte werden dadurch nicht verletzt. Komme ich selbst ein paar Minuten zu spät, verletze ich damit nicht die Rechte anderer. Das Gefühl, dass ich mich in beiden Situationen ausgeliefert fühle, stammt aus meiner Vergangenheit. In der Gegenwart brauche ich es nicht mehr.
2. Es gibt *keinen* Beweis, dass ich es nicht aushalten kann, wenn ich zu spät komme oder warten muss. Natürlich kann ich es aushalten. Ich spüre vielleicht immer noch eine emotionale Reaktion, aber ich bin in der Lage, damit umzugehen.
3. Es gibt *keinen* Beweis dafür, dass ich nicht respektiert werde, wenn ich warten muss, oder andere nicht respektiere, wenn ich zu spät komme.

Marie hat ihre irrationalen Glaubenssätze erkannt und untersucht. Sie übernimmt jetzt die Verantwortung für ihre Bewertungen und ist in der Lage, mit dieser und zukünftigen Situationen besser umzugehen.

Zusätzlich hatte ich Marie noch FasterEFT aus Kapitel 4 beigebracht, das sie jetzt jedes Mal anwenden sollte, sobald sie in ihr altes Muster zurückfiel. So konnte sie sich immer wieder zurückholen und ihrem Unterbewusstsein beibringen, die alten Wege nicht mehr zu gehen.

Wie hat sich das Leben von Marie seither verändert, die es früher gehasst hat, zu spät zu kommen oder warten zu müssen? Wenn sie heute wieder einmal versetzt wird oder warten muss, beobachtet sie ihre emotionale Reaktion darauf. Sie gibt ihr jetzt weniger Raum und nimmt sie auch nicht mehr so ernst. Und sie steigert sich nicht weiter in ihren Glaubenssatz rein. Sie nimmt es daher nicht mehr persönlich und genießt die kleine Extraeinheit Zeit, die das Leben ihr beschert hat. Sie liest ein Buch, stöbert in einem Laden, bestellt einen Aperitif. Sie muss sich nicht schlecht fühlen, denn sie weiß: »Wenn mein Gegenüber zu spät kommt, heißt es nicht, dass es mich nicht respektiert. Ich werde trotzdem geliebt.« Mal ganz davon abgesehen: Sie kann es nicht ändern. Also hört sie auf, ihre Ressourcen zu verschwenden, und fängt an, zu genießen.[7]

Absolutistisches Denken[8]

Ich habe dir bereits viel über Glaubenssätze erzählt. Manche Glaubenssätze sind sehr individuell und beziehen sich ausschließlich auf dich, etwa: »Ich bin dafür verantwortlich, dass es jedem gut geht.« Oder: »Ich bin nicht genug.«

Oft kommen Glaubenssätze aber in einem anderen Gewand daher. Sie beziehen sich auf den gesunden Menschenverstand, die Moral, das Gesetz, die Religion oder die Grundregeln des Miteinanders – alles, was angeblich regelt, dass wir es miteinander aushalten können. Und dann gibt es noch ganz individuelle Glaubenssätze, von denen Menschen überzeugt sind, dass sie allgemeingültig sind. Man kann sie auch als absolutistisches oder dogmatisches Denken bezeichnen. Du erkennst sie an den Schlagwörtern »müssen«, »sollen« oder »nicht dürfen«, zum Beispiel:

- Wir müssen fair zu anderen sein.
- Niemand sollte seine eigenen Bedürfnisse wichtiger nehmen als die eines anderen.
- Man darf nicht nur an sich denken.

Ich hatte vor Ewigkeiten mal ein Date, das es wohl gar nicht mochte, wenn jemand beim Essen die Ellbogen auf den Tisch aufstützt. Jedenfalls schaute sie mich während des Essens an und sagte:

»Bitte nimm doch die Ellbogen vom Tisch.«

Ich war kurz irritiert, aber antwortete dann darauf:

»Klar! Aber warum denn?«

»Es ist unhöflich und unappetitlich, wenn du die Ellbogen beim Essen aufstützt!«

»Ist es das? Warum ist es denn unhöflich und unappetitlich?«

»Das gehört sich einfach nicht.«

Aha! Ein eindeutiger Fall von absolutistischem Denken. Anscheinend gibt es ein übergeordnetes Gesetz, das diese Regel so festlegt. Aber wo steht denn dieses universelle Gesetz geschrieben? Wohl nur in ihrem eigenen, ganz persönlichen Gesetzesbuch von Richtig und Falsch. Ja, in unserer Kultur lernen wir schon als Kinder, dass man nicht die Ellbogen auf dem Tisch ablegt, und ich nehme an, dass meine Verabredung dies sehr vehement eingebläut bekommen hat, doch bleibt es schlussendlich nur eine persönliche Überzeugung.

Zu gern hätte ich ihr das erklärt und dass es für sie bestimmt viel entspannter sein würde, wenn sie diese goldene Regel hinterfragte.

Aber absolutistisches Denken ist nur schwer zu knacken und setzt die Bereitschaft voraus, das eigene Bewertungssystem infrage zu stellen – fürs erste Date vielleicht etwas zu viel verlangt …

Erinnere dich: Glaubenssätze geben Sicherheit. Absolutistisches Denken ist so etwas wie die Königsklasse der Glaubenssätze: »Ich darf anderen keine Bitte abschlagen.« – »Mein Freund muss mich vom Bahnhof abholen.« – »Mein Kollege sollte meine Leistung mehr anerkennen.« Das sind alles Schwarz-Weiß-Aussagen, die jede Diskussion überflüssig machen sollen. Natürlich kann ich darauf erwidern:

- »Wer sagt, dass du anderen keine Bitte abschlagen darfst, und was passiert, wenn du es doch tust?«
- »Wo steht geschrieben, dass dein Freund dich vom Bahnhof abholen muss, und wie fühlst du dich, wenn er es trotzdem nicht tut?«
- »Woher weißt du, dass dein Kollege deine Leistung mehr anerkennen sollte, und was macht es mit dir, wenn er es nicht tut?«

Ein Freund von mir, nennen wir ihn Tom, hat mir neulich von einer sehr komischen Situation in einem Wellnesshotel außerhalb Berlins erzählt. Nachdem du jetzt weißt, was absolutistisches Denken ist, wird es dir als objektivem Betrachter sicher leichtfallen, es zu identifizieren.

Seine Frau und er waren an einem Samstag dort und machten es sich auf der Liegewiese mit Blick auf den See bequem. Gerade als sie Platz genommen hatten, sah Tom weiter hinten zwischen den Bäumen drei Hängematten.

»Schau mal da drüben!«, sagte er zu seiner Frau. »Ich würde lieber in den Hängematten liegen.«

Sie kniff die Augen zusammen. »Aber die sind reserviert. Da liegen Handtücher und eine Tasche drinnen.«

Tom runzelte die Stirn. Sofort begannen die Gedanken in seinem Kopf Achterbahn zu fahren. Er findet es nämlich eine Unverschämtheit, wenn sich Menschen Liegen, Stühle oder Hängematten mit Handtüchern reservieren! »Was geht in den Leuten vor? Ihnen ist doch klar, dass niemand während ihrer Abwesenheit die Hängematten benutzen kann. Wieso sind die so egoistisch? Wir befinden uns doch hier an einem öffentlichen Ort. Wenn alle so …«

Toms persönlicher Film war in vollem Gange.

»Reg dich nicht auf«, sagte seine Frau und zog die Sonnenbrille auf. »Ich finde es auch blöd, aber was willst du machen?«

Doch sein Blick wanderte immer wieder zu den Hängematten. Und mit ihm seine Gedanken. Er stellte sich vor, was er diesen Leuten gerne alles sagen würde.

Nach einer Stunde kam endlich ein Paar zu den Hängematten spaziert. Er beobachtete sie. Sie kramten etwas in ihren Taschen herum und gingen danach wieder; wohin auch immer. Das war zu viel für Tom.

»Die hauen einfach wieder ab!«, sagte er fassungslos. »Die legen sich nicht mal in die Hängematten!«

Seine Frau richtete sich auf ihrer Liege auf und kniff wieder die Augen zusammen. »Das ist unverschämt.«

»Eine Stunde lang haben die nicht in der Hängematte gelegen. Ich geh da jetzt hin! Wenn es reicht, reicht es.«

Tom stand auf und marschierte auf die beiden Hängematten zu. Dort angekommen, nahm er das Handtuch von der linken Hängematte und legte es auf die rechte. Dann machte er es sich in der Hängematte bequem – um endlich zu entspannen. Das ging natürlich nur mäßig. Denn in seinem Kopf war er die ganze Zeit bei dem Pärchen. Sein Herz klopfte, und seine Wut war immer noch da. Und das, obwohl er doch sein Ziel erreicht hatte. Doch im Geiste spulte er die mögliche Konfrontation immer wieder ab, dachte über die Worte nach, die er sagen würde, wenn sie kämen, und nahm sich vor, sehr gelassen und smart zu bleiben. Er wollte nicht aggressiv oder blöd werden, sondern den beiden in Ruhe erklären, warum sie keinen alleinigen Anspruch auf die beiden Hängematten hatten.

Nach zwanzig Minuten sah er, dass das Paar über den Rasen auf die Hängematten zugelaufen kam. Er schloss die Augen und atmete tief durch. Er würde ruhig und gelassen bleiben. Ruhig und gelassen …

»Danke, dass Sie das Handtuch rübergelegt haben!«, sagte der Mann zynisch.

Ruhig und gelassen. Ruhig und gelassen. »Gerne.«

Ein Moment der Stille entstand. Dann sagte der Mann: »Sagen Sie mal, machen Sie das immer so, fremde Handtücher einfach wegnehmen?«

Tom öffnete die Augen und drehte den Kopf in seine Richtung. Sehr ruhig und sehr gelassen sagte er: »Seit über einer Stunde reservieren Sie die Hängematten, ohne sie zu nutzen.«

Der andere schnaubte. »Ja und?!«

Das war der Moment, in dem Tom sein Ruhig-und-gelassen-Mantra irgendwie vergaß. Sein Puls stieg an und die Wut, die er über eine Stunde sorgsam gehegt und gepflegt hatte, war sofort wieder da. Er setzte sich in der Hängematte hin, so gut es ihm eben möglich war, und keifte: »Wir sind doch hier nicht auf Mallorca! Andere Leute wollen die Hängematten vielleicht auch nutzen! Es gibt doch nur drei davon, das seht ihr doch!«

»Ach so!«, schnauzte der Mann zurück. »Und bei den anderen gehst du auch hin und legst die Handtücher einfach weg?«

»Diese Handtuchreservierung ist so ein asoziales Verhalten.«

»Und ich finde, es ist asozial, sich über so was aufzuregen!«

Die beiden dampften ab, Tom blieb in seiner Hängematte liegen. Leider konnte er sich kein bisschen mehr entspannen, denn sein Stresslevel war so hoch, dass er eigentlich zwei Kilometer hätte laufen müssen, um sich abzureagieren. Stattdessen blieb er liegen und grollte. Er verfluchte den Typen, aber auch die Menschheit, und wetterte im Stillen, dass wir alle dem Untergang geweiht wären, wenn wir uns so verhalten würden wie dieses Pärchen.

Irgendwann stapfte er zurück zu seiner Frau. Glücklicherweise war die Liege neben ihr noch frei.

»Und, wie war's?«

»…«

Ist schon irre, wie schwer wir uns das Leben manchmal machen, oder? Und um ehrlich zu sein, kann ich Tom sehr gut verstehen und auch seine Wut nachvollziehen. Weißt du, warum? Tom war nämlich ich …

Wenn wir uns angegriffen fühlen, werden wir schnell moralisch. Das ist ein menschlicher Mechanismus, der uns davor bewahren soll, wie egoistische Ignoranten wahrgenommen zu werden. Wir sagen Dinge wie: »Aber so sollte man niemanden behandeln!« Oder: »Gute Menschen sind ehrlich zueinander!« Und natürlich haben wir recht damit. Trotzdem hilft uns das in keiner konkreten Konfliktsituation weiter.

Also was war hier genau passiert? Meine Haltung war: »Es ist nicht fair, eine Hängematte mit seinem Handtuch zu reservieren, denn ein anderer will die Hängematte vielleicht auch benutzen!« Und mein Gegenüber zuckt mit den Schultern und sagt: »Es gibt kein Gesetz, auch kein moralisches, das mir verbietet, das zu tun. Für dich mag es asozial aussehen, für mich gilt die Regel: ›Wer zuerst kommt, mahlt zuerst.‹ Ist ja nicht mein Problem, wenn du dich darüber aufregst.«

Natürlich fühlen sich die beiden, deren Handtuch ich verlegt habe, von meinem Verhalten angegriffen. Wenn ich dann auch noch absolutistisch denke und argumentiere, stelle ich sie damit als asozial dar und verwehre ihnen die Berechtigung, Teil der Gemeinschaft zu sein. Soziale Ausgrenzung aus der Gruppe bedeutet für dein Gehirn eine potenzielle Gefahr, auch wenn du heute nicht mehr stirbst, wenn du von der Gruppe ausgeschlossen wirst, weil du den wärmsten Platz am Feuer mit deinem Fell reserviert hattest.

Absolutistisches Denken verhindert, dass wir uns mit dem Individuum und seinen Bedürfnissen, im Übrigen auch unseren eigenen, beschäftigen. Wir verbarrikadieren uns damit hinter Allgemeinplätzen. Das Schöne ist: Jedes absolutistische Denken kann innerhalb von Sekunden aufgelöst werden:

- Wir müssen nicht aufhören, einander unfair zu behandeln. Es wäre *schöner*, wenn wir es täten, und würde unser Leben lebenswerter machen. Ich selbst nehme mir vor, Fairness zu meinem Lebensmotto zu machen und mich vorwiegend mit Menschen zu umgeben, die das ebenfalls tun. Ich kann aber nicht erwarten, dass diese Prämisse für alle Menschen gilt. Außerdem kann ich nicht gewährleisten, dass auch ich mich immer und ausnahmslos fair anderen gegenüber verhalte.
- Es gibt keinen vernünftigen Grund, warum ich von jemand anderem erwarten sollte, erst an die anderen und dann an sich zu denken. Ich weiß, dass es in der Natur des Menschen liegt, das eigene Überleben zu sichern. Dazu gehört auch, das Beste für sich herauszuholen und den anderen den Rest zu überlassen. Ich würde mir wünschen, dass es anders wäre, und ich versuche, mich altruistisch zu verhalten, sooft es mir möglich ist. Dennoch gestehe ich anderen zu, dass sie an ein anderes Wertesystem glauben.
- Ich kann von dem Pärchen, das die Hängematte mit ihren Handtüchern reserviert hat, nicht erwarten, dass es sich in mich hineinversetzt. Es kann meine Gedanken nicht lesen. Es wäre wünschenswert, wenn es Menschen häufiger gelingen würde, sich empathisch zu verhalten. Dass ich selbst diesen Wunsch nicht immer erfülle, gestehe ich mir ein.

Meine Erfahrung ist: Absolutistisches Denken macht blind. Für die Selbstreflexion und auch für die Bedürfnisse anderer. Ich stelle mir vor, wie leicht das Leben vermutlich wäre, wenn wir unsere absoluten Überzeugungen durch Selbstverantwortung und Einfühlungsvermögen eintauschen würden.

Übung: **Analyse absolutistischer Denkmuster**

Erinnere dich an die letzten zwei bis drei Begebenheiten, die dir kürzlich widerfahren sind und die in dir negative Gefühle ausgelöst haben. Überprüfe, ob du in diesen Situationen absolutistisches Denken angewandt hast. Du kannst natürlich auch die absolutistischen Denkmuster anderer notieren und dich anschließend fragen, ob sie ebenfalls für dich gelten.

Wie lauten deine absolutistischen Glaubenssätze?

____

____

____

____

____

____

____

____

Wie du vermutlich merkst: Sätze dieser Art sind nicht konstruktiv. Sie verhindern sogar, dass ein Konflikt zur Zufriedenheit aller Beteiligten gelöst werden kann.

Jeder verfällt von Zeit zu Zeit in dieses absolutistische Denken. Wenn deine dogmatischen Denkmuster nicht bestätigt oder sogar gebrochen werden, fühlst du dich schlecht. Erkennst du, dass es diese absolutistischen Denkmuster auch in deinem Leben gibt, und entscheidest du dich dazu, irrationales Denken aufzubrechen, machst du dir damit eine neue Lebensphilosophie zu eigen. So wirst du in der Lage sein, deine langfristigen Ziele zu erreichen. Sowohl rationales als auch logisches Denken können erlernt werden. Wie du bestimmt selbst schon gemerkt hast, ist es schmerzhaft, wenn deine irrationalen Denkmuster nicht erfüllt werden. In dem Moment, in dem es dir gelingt, diese Denkmuster zu identifizieren und ihnen weniger Raum zu geben, wirst du gelassener und selbstbestimmter.

Zum Abschluss: Du bist der Gestalter deines Lebens, deswegen liegt es in deiner Verantwortung, ob du dich verändern möchtest oder nicht. Du kannst natürlich auch weiterhin mit deinem Verhalten, deinen Überzeugungen und den Resultaten leben. Das bleibt dir selbst überlassen, und weder ich noch ein anderer hat das Recht, dich dafür zu verurteilen.

Vielleicht möchtest du dir dann dazu trotzdem selbst zwei Fragen stellen. Bitte nimm dir Zeit für die Antworten und fühl wirklich in dich hinein:

1. Wie fühlst du dich, wenn du weiterhin deine Überzeugung glaubst, nach ihr handelst oder von anderen erwartest, dass sie ihr entsprechen?
2. Welcher Mensch wärst du ohne diese Überzeugung, dieses Verhalten und diese Erwartung?[9]

KAPITEL 4

FasterEFT oder wie du dich glücklich klopfen kannst

ICH GEBE ES ZU: Obwohl ich Fan von lebenslangem Lernen bin, gehe ich am liebsten Abkürzungen. Ich finde es großartig, wenn Veränderungen schnell passieren und beispielsweise eine Frau nach einem fünfminütigen Update plötzlich auf eine Leiter steigt und dabei ihre zwanzig Jahre dauernde Höhenangst überwindet. Obwohl solche schnellen Erfolge natürlich nicht bei jedem Menschen zu erwarten sind, habe ich die Überzeugung, dass man eine langwierige Psychotherapie machen muss, um langfristig etwas ändern zu können, für zu dogmatisch. Jeder Mensch ist wie jedes Problem sehr individuell, daher ist eine Vorhersage, wie lange es dauert, bis eine Veränderung bewirkt wird, schwierig. Dennoch ist nicht immer eine intensive Beschäftigung mit einem Thema der bessere Weg. Ich habe eben oft andere Erfahrungen gemacht: Viele Klienten konnten schon nach der ersten Sitzung Erfolge erzielen, andere nach wenigen weiteren Sitzungen. Natürlich kann ich keine Garantie dafür geben, da einfach zu viele Faktoren für den Erfolg verantwortlich sind: Problemstellung, Persönlichkeit, Motivation und so weiter. Manche Veränderungen und manche Persönlichkeitstypen brauchen eben ihre Zeit und Wiederholungen, wie in Kapitel 2 dargestellt. Doch häufig genug ist für einen Menschen die Zeit für eine Veränderung reif und ich als Hypnose-Coach kann mit meinen Methoden diese ganz schnell bewirken. Für meine Klienten wird dadurch das Leben leichter. Ich stupse dann nur den Dominostein an, der die ganze Schlange zum Umfallen bringt …

Auf die häufige Frage, wie lange denn eine Veränderung anhält, die in nur wenigen Minuten ausgelöst wird, gibt es keine Standardantwort. Jeder Fall entwickelt sich anders. Abhängig vom Problem, kann sich das Thema im besten Fall sofort auflösen. Bei wenigen tut sich nach der ersten Session gar nichts. Die kommen dann wieder und wir finden raus, ob ich mit meinen Methoden in den nächsten Sitzungen etwas bewirken kann.

Üblich sind jedoch die Fälle, die schnell einen großen Schub bekommen und im Alltag und in relevanten Situationen enorme positive Veränderungen verzeichnen. Sie sind dann zwar noch nicht völlig frei von ihrem ursprünglichen Thema, aber üben das neue Verhalten und trainieren so ihr Gehirn, den neuen Weg immer häufiger zu nehmen. So verhielt es sich auch bei Sarah. Nachdem ich gemeinsam mit ihr an ihrer Höhenangst gearbeitet hatte, konnte sie bei der Vorstellung, die Leiter hochzusteigen, keine körperliche Reaktion mehr feststellen. Das ist mir besonders wichtig, da ich niemanden quälen möchte, indem ich ihn durch die Angst schicke. Ich glaube, dass dies den Widerstand und die Angst nur steigern würde. Denn der Klient bekommt wieder einmal einen körperlichen oder emotionalen Beweis dafür, wie schlimm das Ganze doch ist und dass er davon nicht loskommt. Hat jemand eine Spinnenphobie, bitte ich ihn nicht als Erstes, eine Spinne in die Hand zu nehmen, damit er die Erfahrung macht, dass die Spinne ihm nichts tut und er keine Angst zu haben braucht.

Wenn der Klient aber im Geiste eine Spinne neben sich sitzen sehen kann und daraufhin nicht mehr negativ reagiert, ist er bereit für eine erste Konfrontation in der »realen« Welt. Er kann sich also ein

Video mit Spinnen anschauen und sich dann auch einer echten Spinne nähern.

Sarah hatte keine Angst mehr vor der Leiter und freute sich sogar darauf, sie hochzusteigen. Als sie dann langsam hochstieg und oben ohne jegliches Angstgefühl die Arme ausstreckte, bestätigte sie sich selbst, dass sie auch zu einer alternativen Reaktion fähig ist. Dies ist ein entscheidender Schritt, um nicht nur die eigene Motivation zur weiteren Veränderung zu stärken, sondern auch das Selbstbewusstsein, Veränderungen in anderen Bereichen des Lebens anzugehen.

Als Erstes zeige ich dem Klienten auf, dass es neben seiner Reaktion auch andere Möglichkeiten gibt, zu fühlen oder zu reagieren. So erfahren die Klienten, dass ihre ursprüngliche Realität nicht in Stein gemeißelt ist. Ich lenke den Blick meiner Klienten auf ihre Ressourcen, um ihre Entwicklung und Neuorientierung zu unterstützen. Es geht mir also im ersten Schritt nicht um die Beseitigung des Problems, sondern mehr um die Aktivierung der eigenen Ressourcen. Wenn der Klient sich seines Potenzials bewusst wird und das physisch wie emotional bestätigt bekommt, wird er Hoffnung schöpfen und motiviert sein, den weiteren Veränderungsprozess zu durchlaufen. Je nachdem, welche Methode ich für ihn am effektivsten halte, kann dann eine hypnotische Trance oder eine andere Intervention folgen.

Ich habe Sarah nach neun Monaten wiedergetroffen und sie gefragt, wie es ihr seither ergangen sei. Sie hat mir erzählt, dass sich ihre Höhenangst drastisch verringert habe. Leitern und sogar hohe Aussichtsplattformern sind nun ein Teil ihres Lebens geworden. Und dann hat sie mir folgende Geschichte erzählt: »Ich bin vor ein paar Monaten den Jakobsweg gegangen und musste dabei einmal über einen sehr schmalen Trampelpfad entlang einer Schlucht gehen, in der ein breiter, reißender Fluss geflossen ist. Vom Abgrund war ich nur durch ein kleines Metallgitter geschützt. Da habe ich noch mal eine starke Reaktion gespürt. Aber ich hab dann deine Stimme im Kopf gehabt: ›Du kannst auch anders.‹ Damit bin ich dann diesen Weg entlanggegangen. Das war schon herausfordernd, aber ich hab's geschafft. Genial! Denn so etwas wäre früher noch nicht einmal im Traum möglich gewesen.«

Großartig! Anstatt ihrer Angst nachzugeben und dem Unterbewusstsein zu erlauben, das veraltete Programm abzuspielen, hat sie sich an das Gefühl erinnert, das sie auf der Bühne oben auf der Leiter hatte. Zusätzlich wandte sie die Methode an, die sie damals von mir auf der Bühne gelernt hatte. Das meine ich mit »trainieren und üben«: Die Person benutzt durch gezieltes Visualisieren und Fühlen die neu angelegten neuronalen Verbindungen und Vernetzungen und stärkt sie dadurch. Die alten Verbindungen werden immer weniger genutzt, bis sie irgendwann abgebaut werden.

Im Fall einer Spinnenphobie empfehle ich deswegen auch nach einer Coaching-Sitzung, immer wieder mal in den Keller zu gehen und sich auf Spinnensuche zu begeben. Jedes Mal, wenn du einer Spinne ohne Ekel oder Angst begegnest, werden auch deine neuen neuronalen Verbindungen gestärkt und entsprechende biochemische Prozesse in Gang gesetzt – dein neues Gefühl. Damit integrierst du die neue Erfahrung mehr und mehr in dein Leben.

Trügerische Erinnerungen

»Das weiß ich noch, als wäre es gestern gewesen!«
Manchmal passiert es, dass Menschen aus unserem Umfeld von einem Ereignis oder einer Begebenheit berichten und wir uns denken: »Merkwürdig. In meiner Erinnerung war das Auto rot und

nicht blau, und die Sache fand auch im Sommer statt. Aber wenn er/sie meint …«

Wer hat recht? Nun, vermutlich keiner. Neurowissenschaftler haben mittlerweile herausgefunden, dass unser Gedächtnis nicht besonders zuverlässig ist. Immer dann, wenn wir uns an etwas erinnern, nimmt unser Gehirn nämlich unbemerkt Veränderungen an der Erinnerung vor.

Vor einigen Jahrzehnten ging die Wissenschaft noch davon aus, dass Informationen, wenn sie einmal im Gehirn abgespeichert sind, auch so reproduziert würden. Heute weiß man, dass dem nicht so ist. Jedes Mal, wenn wir eine Erinnerung aufrufen, verändern wir sie ein kleines bisschen und speichern die bearbeitete Version ab – nicht das Original. Erinnerungen sind also sehr viel instabiler, als jahrzehntelang angenommen wurde. Je länger ein Ereignis zurückliegt, je häufiger eine Erinnerung also schon abgerufen wurde, desto geringer ist die Wahrscheinlichkeit, dass sich das Ereignis genau so abgespielt hat.

Im schlechtesten Fall bedeutet das, dass Zeugenaussagen und Augenzeugenberichte in unserem Rechtssystem eine viel zu wichtige Rolle spielen. Wie wir wissen, werden Zeugen ja dazu aufgefordert, ein Geschehnis mehrfach wiederzugeben – und wie wir gerade erfahren haben, verändert sich dabei jedes Mal die Version der Geschichte, und sei es minimal und subtil.

Doch die Unzuverlässigkeit der Erinnerung können wir uns auch zunutze machen, etwa bei traumatischen Erfahrungen. Erinnerungen können verändert, ihr Kontext und ihre Auswirkungen positiv beeinflusst, ja sogar gelöscht werden.

Welche Methode habe ich denn nun bei Sarah angewendet, damit sie völlig angstfrei und im vollen Bewusstsein die Leiter hochsteigen konnte? Die Antwort lautet: »FasterEFT«.

EFT steht für »Emotional Freedom Technique«, also Technik der emotionalen Befreiung. FasterEFT[10] wurde von Robert G. Smith entwickelt und ist eine Weiterentwicklung von EFT, kombiniert mit BSFF (Be Set Free Fast) und NLP (Neuro-Linguistisches Programmieren).

Was immer du in deinem Leben erfährst, ist das Ergebnis deiner Entscheidungen, Verhaltensweisen, Gewohnheiten und Handlungen. Die Erinnerungen, die du in deinem Unterbewusstsein mit dieser Erfahrung hältst, verursachen deine automatischen, unterbewussten Reaktionen und Gewohnheiten. Robert G. Smith beweist, dass du mit FasterEFT die ursprünglichen Erinnerungen ansprechen und die emotionale Ladung sowie die Auswirkungen dieser Erinnerungen ändern kannst. Der FasterEFT-Prozess soll dir dabei helfen, die ursprünglichen Erinnerungen zu finden, die dein Problem verursachen, sie anzugehen und zu ändern, sodass sich dein Leben automatisch ändert, ohne dass du Willenskraft benötigst oder Dinge tun musst, die dir nicht gefallen.

Ich bin ehrlich: Als ich die Methode vor über zehn Jahren kennengelernt habe, konnte ich sie nicht ernst nehmen. Ich hielt sie für Hokuspokus. Ich konnte mir nicht vorstellen, wie das Klopfen im Gesicht (ein zentrales Element der Methode ist das Klopfen auf Meridianpunkte, die wir aus der chinesischen Akupunktur kennen) zu einer Verbesserung des Lebens führen sollte, und beschäftigte mich nicht weiter damit. Als ich dann aber vor ein paar Jahren mehrere Behandlungen auf Video gesehen habe, war ich vom Resultat sehr beeindruckt. Allen Menschen konnte dabei sehr effektiv hinsichtlich ihrer emotionalen sowie auch körperlichen Symptome geholfen werden.

Ich beschäftigte mich deswegen intensiv mit dieser Methode und entschied mich, sie bei der nächsten Gelegenheit auszuprobieren. Das Resultat war, dass fünf Personen innerhalb eines Zeitraums von drei bis zehn Minuten ihre Ressourcen aktivierten und sich dadurch völlig angstfrei einem Abgrund nähern konnten, der ihnen vorher Angst eingeflößt hatte. Ich war begeistert! Ich habe dann die FasterEFT-Ausbildung gemacht und verbinde heute diese tolle Methode in meinen Coaching-Sitzungen mit Hypnose und Trancearbeit. Vielen Menschen habe ich seitdem dabei helfen können, ihre negativen Erinnerungen upzudaten und damit ihr Verhältnis zum Fliegen, zu Spinnen, engen Räumen, Lampenfieber und so weiter zu ändern. Wenn jemand darauf anspricht, kann man damit im Prinzip jede negative Erinnerung neutralisieren oder sogar ins Positive verändern.

Der FasterEFT-Prozess ändert die im Unterbewusstsein vorhandenen Referenzen, die zu einem Problem führen. Damit ein Problem existiert, müssen Beweise (die Erinnerung oder Aufzeichnung einer Erfahrung) und Gefühle vorhanden sein. Erst die Gefühle machen ein Problem zum Problem. Und es ist deine unbewusste Einstellung zu etwas, die bestimmt, wie sich ein Problem anfühlt.

Beispielsweise kann sich eine Person ärgern, wenn sie in einem geparkten Auto laute Musik hört. Einer anderen Person mag die Musik gefallen – sie hört zwar dieselbe laute Musik, aber sie fühlt sich gut an. In jedem dieser Fälle verweist das Unterbewusstsein auf eine Aufzeichnung, die laute Musik in geparkten Autos entweder mit einer negativen oder einer positiven Bewertung verbindet. Dann signalisiert das Gehirn den Organen, die passenden Chemikalien für diese Emotionen zu produzieren.

Die FasterEFT-Technik unterbricht dieses Signal zwischen dem Gehirn und den Organen, indem sie sich auf die Meridianpunkte konzentriert, die mit diesen Organen verbunden sind, und schreibt die Referenz oder den Speicher um, der diesem Trigger zugeordnet ist.

Mit anderen Worten: Wenn die Person, die sich durch die laute Musik gestört fühlt, diese automatische Reaktion ändern möchte, könnte sie die FasterEFT-Technik verwenden, um die Produktion der Chemikalien zu unterbrechen, die das Gefühl von Wut verursachen, wenn sie die Musik hört. So lässt sich die Bedeutung von lauter Musik im Unterbewusstsein von »unhöflich« oder »störend« (oder was auch immer sie gelernt hat) zu »Spaß« und »Vergnügen« ändern. Dies wird dann zu einem automatischen Gefühl von Vergnügen und Spaß führen, wenn die betreffende Person in Zukunft diese laute Musik hört.

Ich möchte dir diese Methode jetzt vorstellen. Du kannst sie bei jedem emotional aufreibenden Ereignis in deinem Alltag anwenden. Für mich ist sie sozusagen der Universalschlüssel in meiner Tasche. Damit hole ich mir meine Macht wieder zurück, wenn die Programme in meinem Unterbewusstsein wieder mal gegen meinen Willen arbeiten.

Natürlich macht es einen Unterschied, ob du mit einem erfahrenen FasterEFT-Praktiker arbeitest oder selbst Hand anlegst. Geführt kannst du einfach viel mehr in die Tiefe gehen, um langfristige Veränderungen zu erreichen. Trotzdem kannst du mit der folgenden Einführung und den Grundlagen vieles in deiner Reaktion bewirken und zum Positiven wenden. Es ist einfach ein wundervolles Werkzeug, das du in jedem Augenblick nutzen kannst, in dem deine Emotionen oder Gefühle verrücktspielen. Übernimm Verantwortung und gib dich nicht mit dem Status quo zufrieden! Erfinde dich neu.

Und so geht's:

Übung **FasterEFT**

Wenn du dich das nächste Mal an ein Erlebnis aus der Vergangenheit erinnerst oder dir etwas vorstellst, was in der Zukunft liegt, und du dabei unangenehme Reaktionen erlebst, wendest du FasterEFT an. Natürlich auch, wenn dich etwas in der Gegenwart aus der Spur bringt. Grundsätzlich kannst du die Methode immer dann anwenden, wenn du ein Gefühl in dir spürst, das dir nicht gefällt. Das kann Trauer, Wut, Neid, Angst, Eifersucht oder alles andere sein, das dir unangenehm ist.

Schritt 1

Stell dir zwei Fragen:

Frage 1: Woran merke ich, dass ich ein Problem habe?
Nimm wahr, wo sich die körperliche und emotionale Reaktion bemerkbar macht. Du musst diese Gefühle nicht benennen. Nimm einfach nur wahr, woher du weißt, dass sie da sind. Spürst du sie in deinem Inneren und/oder an deinem Körper? Zitterst du? Atmest du flach? Sind deine Knie weich? Oder schlägt dein Herz schneller?

Richte deine Aufmerksamkeit darauf, damit du weißt, was du updaten möchtest.

Frage 2: Wie stark ist dieses Gefühl?
Stell dir eine Skala von null bis zehn vor. »Null« bedeutet keine Empfindung, »zehn« bedeutet höchste Empfindung. Schätze nun ein, wo deine Reaktion auf der Skala liegt.

Schritt 2

Strecke Zeige- und Mittelfinger aus und lege sie eng nebeneinander. Mit den Fingerkuppen klopfst du nun etwa zehnmal auf folgende Punkte, während du dich auf die Empfindung deiner klopfenden Finger auf deiner Haut konzentrierst:

- zwischen den Augenbrauen,
- neben dem Auge, am unteren Ende der Augenbraue,
- unter dem Auge, auf dem Jochbein,
- auf dem Schlüsselbein.

Dabei sagst du folgenden Satz: »Lass es los!« Du kannst auch noch dazu sagen: »Es ist sicher, es loszulassen.« Oder: »Es ist okay, es loszulassen.«

Schritt 3

Umfasse eins deiner Handgelenke, atme tief ein und beim Ausatmen erinnere dich an eine schöne Situation aus deiner Vergangenheit, sodass du dich gut fühlst. Sage dann: »Frieden.«

Schritt 4

Geh zurück zu deinem Problem und nimm wahr, wie es sich verändert hat. Fühlst du dich anders? Ist von dem Gefühl/der körperlichen Reaktion noch etwas übrig? Wenn ja, wo liegt es jetzt auf deiner Skala von null bis zehn? Wenn es noch nicht bei einer Null ist, darfst du den Klopfdurchgang noch einmal wiederholen.

Danach wieder überprüfen.

Das Ganze wiederholst du so oft, bis du bei der Null angekommen bist. Das ist sehr wichtig! Hör nicht vorher auf, auch wenn es zehn Minuten oder länger dauert. Denn nur so kannst du dauerhaft die unbewussten Reaktionen deines Unterbewusstseins beeinflussen.

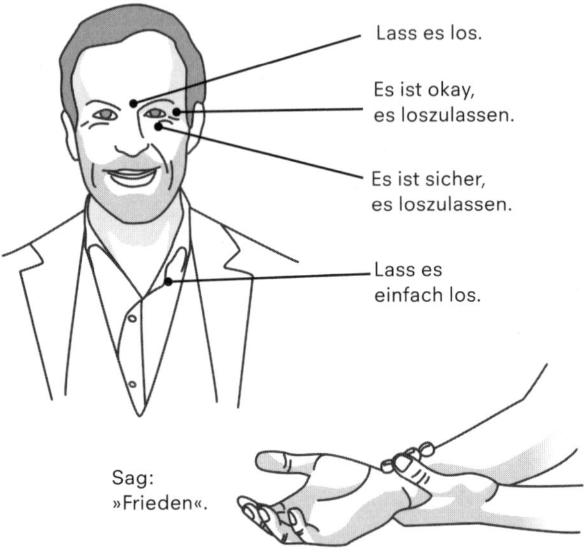

Wenn es zwischen zwei und acht Monaten dauert, um eine neue Gewohnheit zu etablieren, kannst du natürlich nicht davon ausgehen, dass du nach einem FasterEFT-Klopfdurchgang, einer einzigen Hypnosesitzung oder dem einmaligen Denken eines neuen Glaubenssatzes geheilt bist. Ich bedaure, aber die Arbeit mit deinem Hirn erfordert Einsatz. Das heißt, du bist dazu aufgefordert, immer wieder ganz bewusst den Weg zu wählen, den du gehen willst, anstatt dein Unterbewusstsein die alten Pfade einschlagen zu lassen, die dich seit Jahren blockieren. Du darfst etwas dafür tun, wenn du eine Veränderung bewirken willst. Deswegen haben in Sarahs Fall fünf Minuten Klopftechnik zwar geholfen, ihre akute Angst in der Situation aufzulösen und sie auf die Leiter steigen zu lassen. In Zukunft, wenn sie mit ähnlichen Situationen konfrontiert ist, wird sie jedoch selbst klopfen und sich immer wieder aufs Neue entscheiden müssen, den für sie richtigen Weg in ihrem Gehirn einzuschlagen (was sie ja auf dem schmalen Trampelpfad dann auch getan hat). Und zwar so oft, bis das neue Verhalten nicht mehr neu ist und sich als Gewohnheit etabliert hat. Bei manchen geht es schneller, als man denkt – sie sind dermaßen elektrisiert von ihrer neuen Erfahrung, dass sie die alte Angst gar nicht aufkommen lassen. Andere sind dazu aufgefordert, mehr zu investieren. Es gibt Menschen, die kann ich binnen fünf Minuten dabei unterstützen, ihre Höhenangst aufzulösen und anschließend auf einen hohen Turm zu steigen, dessen bloßer Anblick kurz davor noch zu Panikschüben geführt hat. Andere brauchen zwei Stunden intensives Coaching und anschließende Betreuung, um sich zukünftig ohne Angst dem Fenster im zweiten Stock zu nähern.

Ich erinnere mich an einen Klienten, der mich aufsuchte, weil er genau dieses Problem hatte. Seine Angst vor der Höhe war so ausgeprägt, dass er noch nicht einmal in seinem eigenen Haus aus einem geschlossenen Fenster im zweiten Stock in den Himmel schauen konnte. Nach einer Stunde Klopftechnik gelang es ihm jedoch, das Fenster in meinem Coaching-Raum zu öffnen, der im dritten Stock liegt, und sich nach links und rechts umzusehen. Er verspürte immer noch Unsicherheit, aber sie war nicht mehr so heftig wie zu Beginn unserer Sitzung. Das hat ihn sehr erstaunt und motiviert. Ich versetzte ihn danach noch eine weitere Stunde in Trance, um seine alten Bilder mit positiven auszutauschen. Als er sich von mir verabschiedete, war er guter Dinge und fuhr direkt zum Berliner Alexanderplatz: »Ich wollte unsere Sitzung überprüfen und das neue Gefühl sofort verankern. Ich bin in den Aufzug des Fernsehturms gestiegen und bis ganz nach oben zur Besucherplattform gefahren. Dort habe ich mich direkt an die Fensterscheibe gesetzt und die Aussicht über Berlin genossen. Zum ersten Mal in meinem Leben. Dreißig Minuten habe ich dort in tiefer Zufriedenheit verbracht.«

Sechs Monate später bekam ich eine E-Mail mit einigen Urlaubsfotos von ihm und folgendem Text: »Seit unserem Treffen kann ich eine sehr große positive Veränderung feststellen. Die Höhenangst ist nicht komplett weg, aber sehr viel besser geworden. Ich war zum Beispiel beim Bergwandern, auf dem Münster in Freiburg, bin bei zwei Flügen am Fensterplatz gesessen, war im Camp Nou in Barcelona in der Kommentatorenkabine oder auch im Urlaub auf der AIDAnova auf Deck 12 (etwa fünfundzwanzig Meter über dem Meer) in der Hängematte auf dem verglasten Balkon … All dies wäre vorher unvorstellbar gewesen! Ich nehme seitdem die Herausforderungen der Höhe an und stelle mich diesen ohne Furcht. Im nächsten Jahr habe ich sogar vor, einen Gleitschirm-Tandemflug in den Bergen zu machen.

Somit kann ich für mich wirklich sagen, dass ich auf jeden Fall Lebensqualität gewonnen habe.«

Und das nach nur einer Hypnosesitzung!

KAPITEL 5

Kontrollverlust oder der Steinzeitmensch in dir

Was ein Säbelzahntiger mit modernem Stress zu tun hat

WIR BEZEICHNEN UNS gern als moderne Menschen – und denken, dass die Steinzeit lange vorbei ist. Wenn man bedenkt, wie alt die Welt ist, ist die Geschichte der Menschheit aber ein Witz. Unser Planet ist etwa 4,6 Milliarden Jahre alt. Fossilen Funden zufolge lebten die ersten Frühmenschen vor etwa 2,8 Millionen Jahren in Afrika. Mittlerweile geht die Forschung davon aus, dass verschiedene Homo-Linien mehr oder weniger friedlich nebeneinander auf dem Planeten existierten, die bekanntesten darunter sind der Homo erectus, der Homo neanderthalensis und eben der Homo sapiens. Der Homo sapiens überlebte als Einziger der Gattung Mensch, ihn gibt es seit gerade mal zweihunderttausend Jahren. Weltgeschichtlich betrachtet ist das noch weniger als ein Wimpernschlag.

Wenn man bedenkt, dass unsere Gattung die meiste Zeit ihrer Existenz in Höhlen verbracht hat, Mammuts jagte und sich gegenseitig lauste, wundert es nicht, dass die Steinzeit-Anteile in unserem Gehirn bis heute immer noch sehr ausgeprägt sind und Auswirkungen auf unser Verhalten haben.

Ich möchte mit dir eine kleine Zeitreise in die Vergangenheit machen. Stell dir vor, du bist in der Steinzeit, sitzt zusammen mit deinem Stamm gemütlich vor deiner Höhle und nagst an einem Knochen.

Plötzlich raschelt es hinter dir im Gebüsch – und ein Säbelzahntiger bricht durchs Unterholz. Blitzschnell schüttet dein Gehirn eine Flut von Hormonen aus und versetzt so deinen Körper in Handlungsbereitschaft, auch Kampf-oder-Flucht-Modus (fight or flight) genannt. Das soll dein Überleben sichern.

Dein Herz schlägt schneller, dein Blutdruck schießt hoch und deine Atemfrequenz beschleunigt sich. Dein Muskeltonus verändert sich, deine Reflexe und Kondition verbessern sich. Blut strömt vermehrt in die Skelettmuskulatur und die Schweißdrüsen werden angeregt, damit sich der Körper nicht überhitzt. Alles, was für den Kampf nicht nötig ist, wird unterdrückt. Vorgänge wie Sexualtrieb, Müdigkeit, Hungergefühl, Stoffwechsel, Verdauung, Zellerneuerung und – besonders interessant – auch deine Immunabwehr. Jetzt hast du die Möglichkeit, dich dem Säbelzahntiger zu stellen, oder du machst das, was in diesem Fall vermutlich dein Überleben sichert: Du nimmst die Beine in die Hand und rennst. Für beide Reaktionsmuster, also den Kampf oder die Flucht, muss dein Körper in optimaler, höchstkonzentrierter Verfassung sein.

Nehmen wir an, du bist ein intelligenter Steinzeitmensch und hast dich für die Flucht entschieden. Dein Organismus wird von Cortisol geflutet, das dich länger laufen und besser sehen lässt. Deine Reaktionen sind blitzschnell und alle Sinne sind geschärft. Während du so also durch die Steinzeit jagst und der Abstand zwischen dir und dem Säbelzahntiger immer größer wird, baut dein Körper nach und nach die ausgeschütteten Hormone wieder ab. Wenn du wieder in Sicherheit bist, wird die Produktion von Adrenalin und Cortisol zurückgefahren. Der Chemikaliencocktail, der dich eben noch aufgeputscht hat, wird immer dünner und wässriger, bis dein Körper schließlich wieder im Normalmodus angekommen ist. Diesen Zustand, wenn die Verdauung wieder einsetzt, das Immunsystem reaktiviert wird und auch der Stoffwechsel normal funktioniert, nennt man Homöostase, was so viel wie »Gleichstand« bedeutet. Damit ist gemeint, dass ein System einen ausbalancierten Zustand des Gleichgewichts erreicht, nachdem ein Ungleichgewicht geherrscht hat. Homöostase ist eine Art Selbstregulierung des Körpers – es ist der Zustand, in dem der Steinzeitmensch und sein zivilisierter Nachfahre »normalerweise« (also ohne Säbelzahntiger) existieren und auch in der Lage sind, sich selbst zu heilen. Das kann der Organismus nicht, wenn das Überlebensprogramm noch läuft. Wenn gerade ein Orkan über dein Haus fegt, das Dach abdeckt und den Vorgarten umpflügt, fängst du ja auch nicht an, das Scharnier des Badezimmerschranks zu reparieren.

Stress ist nicht per se schlecht. Man unterscheidet zwischen Eustress und Disstress – also »gutem« und »schlechtem« Stress. Unter Eustress versteht man Stress von kurzer Dauer, der uns psychisch herausfordert, um unseren Geist zu entwickeln und Neues zu lernen. Aufgrund der durch den Eustress bedingten höheren Alarmbereitschaft unseres Körpers sind wir leistungsfähiger und konzentrierter als im Normalzustand. Eustress macht uns glücklich, denn die Erfüllung der Anforderungen ist in greifbarer Nähe – und damit auch die Entspannung und die Homöostase.

Disstress hingegen lässt in uns das Gefühl der Überlastung und Überforderung entstehen. Wir fühlen uns gehemmt, blockiert und gereizt. Grund dafür sind wiederkehrende, langfristige Überlastungen, in denen die Entspannungsphasen fehlen oder zu kurz ausfallen.

Du siehst: Stress ist nützlich, wenn er in Maßen stattfindet. Denn die Hormone, die uns in erhöhte Alarmbereitschaft versetzen, steigern unsere Leistungen und unsere Konzentration. Darüber hinaus erfüllt es uns mit Genugtuung und Freude, wenn wir ein Ziel erreicht oder eine Aufgabe bewältigt haben. Rennen wir unserem Zeit- und

Aufgabenplan immer nur hinterher oder werden vor ihm hergetrieben, erleben wir Stress als negativ.

In der Steinzeit, als unser Organismus sich ausgebildet hat, sicherte Stress unser Fortbestehen, da er nur dann einsetzte, wenn es um unser Überleben ging. Die Welt und besonders die menschliche Zivilisation haben sich seitdem rasant weiterentwickelt. Wir sehen uns so gut wie nie mit einer echten lebensbedrohlichen Situation konfrontiert, doch unser Körper lässt immer noch das alte Programm »Stress« ablaufen. Der Angriff eines Raubtiers wird gleichgesetzt mit einem Sorgerechtsstreit, einer drohenden Entlassung oder ständigem Termin- und Leistungsdruck. Im Prinzip sorgt alles, was dir nicht gefällt, dafür, dass Stresshormone ausgeschüttet werden und der Pegel nach und nach steigt – bis der Grenzwert überschritten ist und der Ausnahmezustand ausgerufen wird. Das Glas fällt runter. Dein Kontostand ist im Minus. Und als ob das noch nicht reichen würde, hat dein Chef schlechte Laune und motzt dich grundlos an.

Unser System ist zwar darauf ausgelegt, für Ausnahmesituationen in den Überlebensmodus zu wechseln. Auf Dauer macht Stress jedoch jeden Organismus der Welt krank. Wenn die Chemikalien, die bei diesem Zustand ausgeschüttet werden, in deinem Körper nicht abgebaut werden, wirken sie toxisch. Und machen dich ironischerweise auch abhängig. Du wirst süchtig nach noch mehr Stress und dem Cocktail, der deine Blutbahnen flutet. Außerdem wird, wie du erfahren hast, im Kampf-oder-Flucht-Modus unter anderem deine Immunabwehr unterdrückt. Bei Organtransplantationen werden dem Patienten Stresshormone injiziert, damit das Immunsystem das Fremdorgan nicht angreift. Stress legt also deine persönliche Schutztruppe lahm. Kannst du dir jetzt vorstellen, was das für deine körperliche Gesundheit bedeutet, wenn du im Alltag ununterbrochen gestresst bist? Ganz zu schweigen von deiner Psyche.

Erinnerst du dich daran, dass dein Gehirn nicht unterscheiden kann zwischen Imagination und Realität? Ob du dir etwas lebhaft vorstellst oder es wirklich passiert, ist für das Gehirn genau dasselbe. Deswegen kannst du auch den Überlebensmodus allein durch deine Gedanken aktivieren, zusammen mit all den körperlichen Reaktionen, die dadurch ausgelöst werden. Diese habe ich ja weiter oben ein wenig ausgeführt. Sie klingen wenig verlockend, oder?

Unser Körper bereitet sich also für den Kampf oder die Flucht vor, obwohl es dafür keinen realen Grund gibt, also keine direkte Bedrohung herrscht. Du brauchst dich nur an ein traumatisches Erlebnis erinnern oder dir ein Worst-Case-Szenario ausmalen: »Was ist, wenn das Flugzeug abstürzt?« Oder: »Was ist, wenn ich nicht wieder gesund werde?« Oder: »Was ist, wenn mein Partner mich verlässt?« Wir sind also nicht nur dem Alltagsstress ausgesetzt, sondern auch noch unserem eigenen Kopfkino. Und das 24/7 – also sieben Tage die Woche, rund um die Uhr.

Statt den Stress des Tages aktiv abzubauen, schauen wir uns abends einen Actionfilm mit Schießerei, flackernden Lichtern und Autocrashs an. Später liegen wir im Bett und denken an all die unangenehmen Dinge, die uns morgen erwarten: das klärende Gespräch mit dem ewig nörgelnden Kollegen, die Verabredung zum Sport, die wir eigentlich absagen wollten, das Telefonat mit der Schwiegermutter. Wir stehen keiner akuten Bedrohung mehr gegenüber, aber wir steigern uns in unsere Ängste, Sorgen und Befürchtungen hinein, die entweder die Zukunft oder die Vergangenheit betreffen, nie aber deine Gegenwart. Wir sagen unserem Organismus nicht: »Alles in Ordnung, du kannst dich entspannen!«, sondern bestellen gleich noch eine weitere Runde Cocktails, damit wir den Pegel halten und der Stress bloß nicht nachlässt. Ehe man sichs versieht, schlägt das Herz schneller, fahren die Gedanken Karussell und das Reptiliengehirn schlägt Alarm. Et voilà – wir haben uns selbst in Stress versetzt. Nur durch die Kraft unserer Gedanken. An Entspannung, Ruhe und Regeneration ist jetzt nicht mehr zu denken. Na dann, gute Nacht!

In der heutigen Zeit entsteht Stress also nicht nur durch viele und vor allem visuelle Reize von außen, sondern kann von dir ganz allein hergestellt werden. Das Problem ist, dass wir Menschen der westlichen Zivilisation nicht für einen natürlichen Ausgleich des Stresses sorgen. Wir geraten in Schnappatmung, wenn unser Handy-Akku nur noch zu sieben Prozent geladen ist und wir das Ladegerät nicht finden. Aber wie es um den eigenen Energiehaushalt bestellt ist, kümmert wenige – oder erst, wenn es zu spät ist und die Akkus tiefenentladen sind.

Der Organismus des Steinzeitmenschen wurde in Stresssituationen mit Hormonen geflutet, die ihn schneller, aufmerksamer und geschickter machten. Sinn und Zweck war natürlich, dass er schneller laufen, besser kämpfen oder geschickter ausweichen und damit sein Leben retten konnte. Dank der körperlichen Anstrengung wurden die Stresshormone im Blut nach und nach wieder abgebaut und die Homöostase stellte sich wieder ein.

Auch heutzutage sehen wir uns Bedrohungen gegenüber. Die sind im seltensten Fall wirklich lebensbedrohlich, aber das ist unserem Organismus egal – die hormonellen Funktionen sind dieselben. Sooft wir gestresst sind, so selten sorgen wir jedoch für den Abbau der Stresshormone, zum Beispiel durch Sport oder Bewegung. Genau das Gegenteil ist der Fall: Wir fahren mit der Rolltreppe oder dem Aufzug, sitzen zehn Stunden am Tag im Büro und bleiben auch am Abend lieber auf der Couch liegen, anstatt ins Fitnessstudio zu joggen. Alles menschlich – aber absolut schädlich für unser inneres Gleichgewicht.

Denn die Anspannung, die wir im Laufe eines Tages in unserem Körper ansammeln, die vielen kleinen Momente, die uns stressen und unser Stresslevel nach und nach anheben, wird nicht mehr abgebaut. Klar, der Abend auf dem Sofa ist entspannend. Aber nur für deinen Geist! Deine Muskeln stehen immer noch unter Spannung und der Stresshormoncocktail in deinem Blut dreht weiterhin seine Runden in deiner Blutbahn. Wenn du auf regelmäßige Bewegung verzichtest, kann dein Körper nicht in einen ausgeglichenen, homöostatischen Zustand zurückfinden und ist daher ununterbrochen im Alarmzustand. Deine Stresshormone sorgen dafür, dass andere Botenstoffe, die für dein Wohlbefinden sorgen, nicht ausgeschüttet werden. Du fühlst dich erschöpft, ausgelaugt, müde – und zwar dauerhaft. Und das macht irgendwann krank.

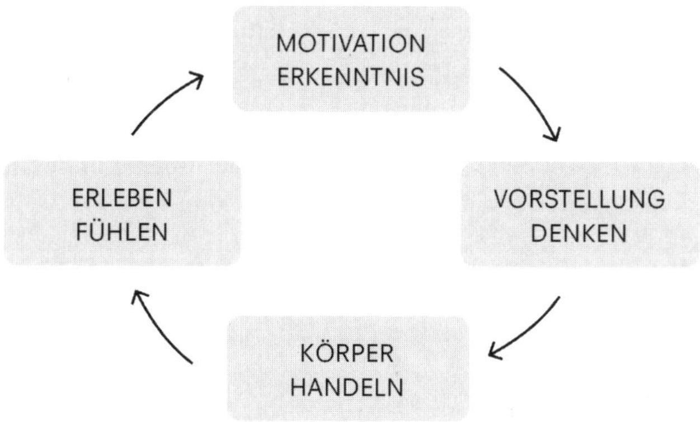

Du hast bestimmt noch den Realitätskreislauf vor Augen. Was steht in der unteren Box für ein Begriff? – Richtig: Körper!

Wenn du in den Kreislauf eingreifen und damit deinen Seinszustand verändern möchtest, kannst du das an jeder beliebigen Stelle tun. Das wird sich dann auf alles andere auswirken. In der Selbsthypnose startest du mit »Vorstellung«. Beim Sport mit dem »Körper« (oder im Kreislauf der Veränderung mit »Handeln«). Da du erfahren hast, was in deinem Körper passiert, wenn du Stress hast, und was Sport bewirkt, kannst du mit dieser Maßnahme dein Wohlbefinden ganz wunderbar beeinflussen. Weniger Stresshormone im Blut, mehr Glückshormone im System: Es geht dir besser! Wenn es dir besser geht, steigert das deine Motivation, was wiederum deine optimistischen Gedanken fördert. Willkommen in deiner neuen Realität!

Also runter von der Couch und beweg dich! Du tust dir damit etwas Gutes – deinem Körper, vor allem aber deinem Geist. Bewegung baut die Anspannung in deinem Körper ab, auch wenn du nicht gleich Marathon läufst. Dreißig Minuten bei mäßiger Belastung helfen deinem Körper schon dabei, die Glücklichmacher Endorphin und Serotonin auszuschütten.

Darüber hinaus wird dein Gehirn bei regelmäßiger körperlicher Bewegung mit mehr Blut und damit auch mehr Sauerstoff versorgt. Wenn du dich also in Bewegung setzt, wirst du auch geistig fitter. Du stärkst darüber hinaus dein Immunsystem, deine Konzentrationsfähigkeit und deine Stressresistenz.

Welchen Sport oder welche Ertüchtigung du wählst, bleibt dir dabei vollkommen selbst überlassen. Gruppensportarten fördern deinen Teamgeist und bringen dich nach einem anstrengenden Tag auf andere Gedanken. Tanzen stärkt dein Körpergefühl. Joggen macht den Kopf frei. Es gibt so viele Möglichkeiten, dich in Bewegung zu setzen!

Dabei ist körperliches Verausgaben nicht die einzige Möglichkeit, um den Abbau der Stresshormone zu beschleunigen und die Homöostase wiederherzustellen. Alles, was deinem Geist und deinem Körper Entspannung und Erholung verschafft, ist gut. Yoga, Qigong, Meditation, Selbsthypnose, autogenes Training und alle anderen stressreduzierenden Methoden sind Möglichkeiten, den Fokus vom Außen ins Innen zu verlagern. Du löst dich sprichwörtlich in der Zeit auf und vergisst dich selbst. Mir ist bewusst, dass die meisten instinktiv zusammenzucken, wenn sie das Wort »Meditation« hören, denn sofort erscheinen Bilder von im Lotussitz über dem Boden schwebenden Menschen vor deinem inneren Auge, die »Ommmmm!« tönen.

Meditation ist jedoch nichts anderes als der Prozess, deinen Geist nach innen zu richten, ihn zu beruhigen und dich zu sammeln, während dabei die Außenwelt ausgeblendet wird. Wenn du morgens im Bett liegst und dir zehn Minuten nimmst, um in dich hineinzuspüren und dich mental auf den Tag vorzubereiten, meditierst du. Wenn du in deinem Büro am Schreibtisch fünf Minuten lang die Augen schließt, den Blick nach innen richtest und deinen Atem beobachtest, meditierst du. Wenn du abends auf dem Sofa entspannst, deine Empfindungen des Tages wertfrei beobachtest, meditierst du. Meditieren erfordert keine langjährige Praxis und keine Ausbildung zum Yogi. Jeder kann es lernen und üben.

In der Meditation geht es nur um dich und das, was in dir vorgeht. Allein die Gegenwart zählt, Vergangenheit und Zukunft spielen keine Rolle. Es gibt keine Gedanken an den Chef, die nächste fällige Rate fürs Haus und all die Dinge, die dafür sorgen, dass du nachts nicht schlafen kannst. Dein Körper kann mittels mentalen Trainings »entstressen« und endlich zur Ruhe kommen. Du abstrahierst, bewegst dich weg vom konkreten Problem und hin ins Unkonkrete. Das ist für dich überlebenswichtig. Egal, was es ist, ob Yoga, Sauna, Spa oder Spaziergang: Hier darfst du endlich wieder entspannen und deinen Körper in die Homöostase zurückführen.

Und die ist so wichtig! Erinnerst du dich noch an den Orkan, der über das Haus hinwegfegt? Stell dir vor, der Orkan zieht nie wieder ab. Du wirst nicht nur das Scharnier des Badezimmerschranks nicht mehr reparieren, dein Haus wird auch für lange Zeit ohne Dach bleiben und über den Vorgarten müssen wir gar nicht erst reden. Es ist also wichtig, dass du dir erlaubst runterzukommen. Ansonsten bleiben die Chemikalien im Blut – und du gestresst. Die Homöostase stellt sich seltener ein und die Selbstheilung wird unterbrochen. Denn du hast ja gerade gelernt: Die regenerativen Prozesse sind im Stressmodus nicht aktiv. Mit Meditation signalisierst du also deinem Körper, dass kein Säbelzahntiger vor deiner Höhle lauert und er sich daher um seinen Heilungsprozess kümmern kann.

Übung: **Dankbarkeitsmeditation**

Wer regelmäßig seine Dankbarkeit trainiert, lernt nicht nur, den Blick aufs Positive zu richten, sondern sorgt nachhaltig für gute Laune und Wohlbefinden. Oft warten wir auf die großen Glücksmomente und übersehen dabei die kleinen Dinge. Mit der Dankbarkeitsmeditation gelingt es dir, mit neuer Perspektive auf dein Leben zu blicken und mehr Freude zu empfinden.

1. Schalte alle störenden Geräusche und technischen Geräte in deinem Umfeld aus.
2. Setz dich bequem hin – wenn du bereits eine spezielle Meditationshaltung hast, nimm sie ein.
3. Atme tief ein und wieder aus.
4. Richte den Blick auf dein Inneres. Wie geht es dir in diesem Moment? Was ist gerade schön? Möglicherweise ist es die Tatsache, dass du einen Augenblick nur für dich hast und ungestört meditieren kannst. Genieße das Hier und Jetzt – alle Gedanken an das Vergangene und das Zukünftige darfst du loslassen.

5. Lächle! Mit offenen oder geschlossenen Augen – lächle. Lass zu, dass dein Lächeln auf deinen ganzen Körper übergeht.
6. Spüre deinen Körper – dein Gesicht, deinen Hals, deinen Oberkörper, deine Arme, deine Beine. Bedanke dich bei deinem Körper, dass er dich jeden Tag so gut versorgt, dich am Leben erhält und dich trägt. Wenn es einen Körperteil gibt, der gerade besonders viel für dich tut, bedanke dich bei ihm.
7. Nimm deinen Herzschlag wahr. Bedank dich bei deinem Herzen und deiner Seele. Sie sind immer für dich da. Nimm dir dabei vor, gut zu dir selbst zu sein und acht auf dich zu geben.
8. Bedanke dich auch bei deinem Geist. Er unterstützt dich in jeder Sekunde deines Seins. Er lässt dich auf neue Ideen kommen und reflektieren, sorgt für neue Impulse und Einfälle, Verbindungen und Erinnerungen. Bedanke dich bei ihm!
9. Ist dir heute etwas besonders Schönes widerfahren? Oder etwas, auf das du dich gefreut hast oder stolz bist? Bedanke dich dafür.
10. Richte den Blick noch einmal auf deinen Körper. Kannst du eine Veränderung feststellen? Ist ein Körperteil warm, strahlst du aus dem Inneren heraus, hat sich eine Ruhe in deinem Körper ausgebreitet? Bedanke dich dafür, auch wenn du nichts empfindest.
11. Bedanke dich als Nächstes für alles, was nicht funktioniert hat. Zolle deinen Niederlagen Respekt und bedanke dich bei ihnen. So zeigst du dir selbst Wertschätzung – und bedankst dich bei dir. Es ist nicht immer leicht, in negativen

Ereignissen etwas Positives zu sehen. Konzentriere dich deshalb auf das Schöne darin. Manchmal liegt es verborgen und zeigt sich nicht gleich. Es kann ganz klein sein, aber sei dir gewiss: Es ist da! Finde es und danke ihm.

12. Zum Abschluss atmest du noch einmal tief ein und aus. Lächle – sei dankbar für dein Lächeln und die Möglichkeit, diese kleine Meditation durchgeführt zu haben.

Heute wissen wir um die heilsame Wirkung der Meditation. Gerade wir Menschen der westlichen Welt profitieren von dieser uralten fernöstlichen Methode. So fand Fadel Zeidan heraus, der an der Wake Forest University School of Medicine in Winston-Salem lehrt und forscht, dass sich Meditation positiv auf unterschiedliche Bereiche unserer Arbeit und unseres gesamten Lebens auswirkt. Indem wir meditieren, verbessern wir unsere Stimmung, die Leistung unseres Gedächtnisses, unsere kognitiven Fähigkeiten, unsere Konzentrationsfähigkeit sowie unsere räumlich-visuelle Wahrnehmung. Last, but not least, zeigen regelmäßig meditierende Personen geringere Stressreaktionen und erbringen unter Stress deutlich bessere Leistungen als Menschen, die nicht meditieren. Außerdem verringert Meditation die Auswirkungen negativer Emotionen.[11] Alles gute Gründe, die dich hoffentlich motivieren, mit dem Meditieren zu beginnen – falls du es nicht ohnehin schon tust.

Phobien – wenn du aus einer Mücke einen Elefanten machst

Stell dir vor, du liegst im Bett und schläfst, dann wachst du schreckhaft auf, weil etwas Undefinierbares auf dein Gesicht gefallen ist. Im Bruchteil einer Sekunde bist du hellwach, Adrenalin wird ausgeschüttet und ein sehr alter Teil deines Gehirns, die Amygdala, macht einen Schnappschuss von der vermeintlichen Gefahr. Klick – es ist eine Spinne! Ab jetzt sind Spinnen, egal, wie klein sie auch sein mögen, eng mit der Erinnerung an dieses unangenehme Erlebnis verknüpft. Sie sind in diesem Moment zu deinem persönlichen Säbelzahntiger geworden.

Nach einer meiner Shows kam mal eine Frau auf mich zu und erzählte mir von ihrer panischen Angst vor Schmetterlingen. Warum ausgerechnet vor Schmetterlingen, fragst du dich jetzt? Das sind doch putzige kleine Tierchen. Ich hakte nach, und es dauerte nicht lang, da hatte ich herausgefunden, dass sie nicht nur Schmetterlinge, sondern auch Nachtfalter zum Davonlaufen fand. Warum? In ihrer Jugend hatte sie den Film *Das Schweigen der Lämmer* gesehen, in dem der wahnsinnige Mörder seinen Opfern post mortem einen riesigen toten Nachtfalter in den Rachen stopft. In dem Moment, in dem die Handlung des Films ungefiltert in das Unterbewusstsein der Frau einsickerte, da der Türsteher, der das Bewusstsein vom Unterbewusstsein trennt, ausgeschaltet war, wurde ein Schnappschuss erstellt. Und schon war ein initiatives Ereignis, nämlich die Geschichte eines irren Killers, der Nachtfalter zur »Verzierung« seiner Opfer verwendet, mit einer Bedeutung verknüpft: Nachtfalter = Tod. Ja, das mag irrational klingen, aber die Amygdala in unserem Gehirn macht keine Unterscheidung zwischen sinnvoll und sinnlos. Sie folgt nur der emotionalen Intensität, mit der wir bestimmte Dinge erleben. Potenzielle Bedrohungen für das Leben, auch wenn diese nur im Film stattgefunden haben, werden identifiziert und fortan gemieden. Punkt. Ob das logisch ist? Oder wichtig fürs Überleben? Vollkommen egal. Das Hirn hat jedoch eine wichtige Erfahrung gemacht: »Dieses Mal bist du noch davongekommen. Beim nächsten Mal könnte das anders sein, also halte dich zukünftig lieber fern. Meide deshalb Nachtfalter, Wasser, Flugzeuge, Höhe oder was mir sonst noch so einfällt.«

Dabei ist es vollkommen gleichgültig, wann das initiative Ereignis passiert, also der Film angesehen oder die »Bedrohung« erlebt wurde. Auch alte Programme werden im Lichtspieltheater deines Bewusstseins gern noch einmal gezeigt, sogar dann, wenn sie jahrzehntelang im Archiv einstaubten. Eine Situation triggert deine Erinnerung, und zack!, schon bist du mittendrin anstatt nur dabei, und wirst zum gelähmten Zuschauer. Genau wie besagte Frau. Ich habe ihr empfohlen, ihr Unterbewusstsein in einem Hypno-Coaching upzudaten. Bei mir hat sie sich nie gemeldet. Deswegen hoffe ich sehr, dass sie sich selbst wichtig genug war, um sich anderweitig Hilfe zu holen.

Phobien kannst du auch nur durch Beobachtung übernehmen, wenn du zum Beispiel deine Mutter dabei beobachtest, wie sie schreiend flüchtet, weil ein Weberknecht aus dem Schrank herausspaziert. Du erlebst die Gefahr durch ihre Reaktion. Meist ist der Schreck entscheidend, der dabei entsteht. Denn das ist der Moment, in dem der Türsteher den Weg zum Unterbewusstsein frei gibt und die Amygdala den Auslöser für ein neues Foto drückt. Mit einem Klick wird die neue neuronale Verbindung hergestellt, die ab jetzt panische Reaktionen mit Höhe/Nachtfaltern/Spinnen und so weiter auslöst.

Eine echte Phobie ist etwas anderes als ein Unwohlsein oder gesunder Respekt. Ich persönlich mag zum Beispiel Spinnen nicht besonders, doch diese Abneigung schränkt mein Leben nicht ein. Eine echte Phobie ist mit dem nicht zu vergleichen, sondern sorgt für Zustände, die du von Nervenzusammenbrüchen oder Teufelsaustreibungen kennst. Ich habe selbst erlebt, was passiert, wenn eine echte Arachnophobikerin einem Weberknecht begegnet. Da kommt man wirklich ins Staunen. Auch wenn du noch einmal an Sarah aus dem Prolog denkst, die beim bloßen Anblick der Leiter in eine Angststarre verfiel, kannst du dir denken, dass Nicht-Phobiker da nur verständnislos den Kopf schütteln können. Sie machen sich vielleicht sogar über den Phobiker lustig oder versuchen, auf logischer Ebene zu argumentieren.

»Was ist denn an einem Schmetterling schlimm? Ist doch ein schönes Tier!« Mal im Ernst: Hat gutes Zureden auch nur einem einzigen Menschen mit einer irrationalen Angst je geholfen? Als würde es einer Person mit Flugangst helfen, wenn man ihr sagt: »Der normale Straßenverkehr ist statistisch gesehen viel gefährlicher für uns Menschen!« Phobien sind nicht logisch – genauso wenig wie Ängste. Es sind emotionale, irrationale Überzeugungen, die ihren Weg an die Oberfläche über körperliche Reaktionen suchen, also Zittern, Gänsehaut, Ekel, Weinkrämpfe und so weiter. Du gehst in den Kampf-oder-Flucht-Modus, wo jedes rationale Denken fehl am Platz ist. Dein Überleben steht an erster Stelle.

Für Außenstehende ist das schwer zu verstehen. Die meisten von uns würden sich zwar keine Spinne zum Kuscheln ins Bett holen und finden die Vorstellung, in drei Metern Höhe auf dem Ast eines Baumes zu balancieren, eher unangenehm. Aber das ist vollkommen normal – denn unter unzähligen harmlosen gibt es eben doch ein paar giftige Achtbeiner, und wenn man vom Ast abrutscht, kann es das halt auch gewesen sein. Unwohlsein oder Angst schützen also vor einem möglichen Tod. Phobien jedoch limitieren das Leben der betroffenen Personen und müssen schlichtweg nicht sein.

Wann immer dir jemand sagt, dass deine Angst oder Phobie unlogisch ist, antworte: »Ich weiß das. Aber mein Unterbewusstsein sieht das anders.« Ich möchte, dass jeder, der unter einer Angst oder Phobie leidet und dies liest, weiß: Du bist okay. Deinem Kopf geht es gut. Du leidest lediglich unter einer Überreaktion deines Unterbewusstseins, das dich vor etwas schützen will, was es als Gefahr oder Bedrohung für dein Leben einsortiert hat. Deine Angst oder Phobie erfüllt also einen Zweck – dein Hirn meint es nämlich gut mit dir.

Allerdings schränkt dieser Zweck dein Leben ein. Deswegen darfst du deinem Unterbewusstsein erklären, dass es die Angst oder Phobie loslassen darf. Du brauchst sie nicht. Sie ist ein altes Programm, das auf deiner Festplatte nicht mehr richtig läuft. Du machst ein Update und schmeißt die Software von früher einfach runter. Wie geht das?

Du kannst die FasterEFT-Technik nutzen, wenn du mit deiner Angst konfrontiert wirst. Mit Selbsthypnose dein Unterbewusstsein umprogrammieren oder, wenn das Trauma sehr tief geht und du allein nicht drankommst, dich mit einem Hypnose-Coach oder kompetenten Therapeuten treffen. Die wissen nämlich sehr genau, wie sie an deine inneren Bilder herankommen und die emotionale Ladung, die du damit verbindest, auflösen. Danach wird es dir um einiges besser gehen oder du wirst sogar vollkommen davon befreit sein. Erinnere dich noch einmal an das Beispiel Liebeskummer. Er ist verflogen, als wenn es ihn niemals gegeben hätte.

Susanne, eine Teilnehmerin aus meinem Hypnoseseminar, hatte ebenfalls eine sehr ausgeprägte Phobie vor Motten und Schmetterlingen, die sich auch auf alles, was flattert, ausgeweitet hatte: Maikäfer, Tauben, Spatzen, Möwen und so weiter. Sie war so panisch, dass sie alle Plätze vermieden hat, an denen sie diesen Tieren begegnen könnte. Das hat dazu geführt, dass sie im Sommer sehr eingeschränkt war. Sie sagte zu mir: »Wenn hier jetzt an der Wand eine Motte sitzen würde, müsste ich sofort diesen Raum verlassen.« Die anderen Teilnehmer schmunzelten, was im Übrigen auch einen Teil ihrer Angst ausmachte: dass die anderen sich über sie lustig machen könnten.

Ich erklärte ihr, wie Phobien entstehen und dass sie sich updaten lassen. Sie war ungläubig und ängstlich, da sie glaubte, ich würde sie mit diesen Viechern konfrontieren, um die Heilung einzuleiten.

Am Ende des zweiten Seminartages, als schon alle anderen Teilnehmer gegangen waren, sprach sie mich mutig an:

»Meinst du wirklich, dass ich meine Phobie loslassen kann?«

»Das glaube ich schon! Wenn du willst, können wir gerne eine Sitzung vereinbaren, um das herauszufinden.«

»Ich wohne aber in Italien und bin so gut wie nie in Berlin. Hättest du vielleicht jetzt noch Zeit dafür?«

»Hm, leider bin ich verabredet. Aber wenn du magst, starten wir eine kleine Mini-Session, um deine Ressourcen zu mobilisieren. Dabei kannst du vielleicht schon das neue Gefühl kennenlernen, das dich an dein Ziel bringt. Vielleicht motiviert dich das dann ja, noch mal nach Berlin zu kommen.«

»Oh ja, das klingt gut!«

Wir setzten uns, während um uns herum der Abbau der Seminarrequisiten weiterlief. Ich begann mit meinem Hypno-Coaching ohne Trance, da diese eventuell zu lange hätte dauern können, wenn hinter der Angst noch ein tiefer liegendes Thema gestanden hätte.

Fünfundzwanzig Minuten später konnte Susanne einen deutlichen Effekt in ihrem Körper spüren. Sie konnte keine unangenehmen Reaktionen auf ihre inneren Bilder von flatternden Tieren wahrnehmen. Sie strahlte: »Ich bin frei! Ich freue mich auf den Sommer!«

Ein halbes Jahr später bekam ich von ihr eine Videobotschaft zugeschickt, die ich auch auf meiner Facebook-Seite geteilt habe. Darin beschreibt sie, dass sich ihre Angst seit unserer Session völlig aufgelöst habe. Öffentliche Cafés mit Spatzen in der Nähe seien kein Problem mehr, Marktplätze mit Tauben ebenfalls. Früher war das undenkbar gewesen.

Nicht nur die Angst vor Tieren sondern auch vor dem Zahnarzt (Dentophobie), vor Menschen zu sprechen (soziale Phobie), vor dem Reisen (Agoraphobie), vor engen Räumen (Klaustrophobie), vor dem Erbrechen (Emetophobie), um nur ein paar zu nennen, können mit Hypnose oder anderen Therapiemethoden behandelt werden. Werde zum Gestalter, lass nicht weiter alte Programme dein Leben bestimmen. Handle – such dir kompetente Hilfe in deiner Nähe, damit du dich in Zukunft freier fühlst. Susanne konnte ihre Überzeugung, die sie mindestens vierzig Jahre im Griff gehabt hatte, in fünfundzwanzig Minuten auflösen.

Achtsamkeit – der Blick als Beobachter

In Kapitel 3 habe ich dir vom ABE-Modell erzählt. Mithilfe dieses Modells konntest du sehr gut erkennen, wie deine Überzeugungen deine Gefühlswelt beeinflussen. Ich fasse noch mal kurz zusammen, worum es dabei geht:

Ein Ereignis passiert – ich habe beispielsweise einen leichten Auffahrunfall, bekomme ein Kompliment von einer wildfremden Person oder es regnet, obwohl Sonnenschein gemeldet war. Das Ereignis selbst ist erst einmal neutral – nur durch meine Bewertung hat es Einfluss auf meine Gefühlswelt.

Theoretisch habe ich unzählige Möglichkeiten, auf den Auffahrunfall zu reagieren: mit Freude, Wut, Trauer oder Gelassenheit. Möglicherweise ist das Auto schon sehr alt und ich denke schon seit einer Weile darüber nach, mir ein neues zu kaufen. Super, jetzt habe ich endlich einen Grund! Oder ich dramatisiere und halte es für das Ende der Welt. Ich breche vor Ort in Tränen aus oder zucke einfach mit den Schultern und denke mir: »So was passiert halt. Glücklicherweise ist keiner verletzt. Und alles andere sind nur Blechschäden.«

Auch wenn es sich oft anders anfühlt: Du hast die Wahl, auf auslösende Ereignisse zu reagieren. Du bist deinen Emotionen nämlich bei Weitem nicht so hilflos ausgeliefert, wie du denkst. Die Frage, die du dir in solchen Momenten stets stellen darfst, lautet:

VERBESSERT DAS,
WAS DU JETZT TUN MÖCHTEST,
DEINE SITUATION?

Also ganz konkret: Verändert der Wutanfall die Situation zu deinem Besten? Falls ja, leg los! Falls nein, finde eine Alternative.

Die erste und wichtigste Lektion für das Update deines Hirns lautet: Sei wachsam und werde dir deiner selbst bewusst, deiner Verhaltensweisen und wie du auf deine Umwelt reagierst. Bekomme mit, was wann in deinem Inneren abläuft. Denn nur, wenn du erkennst, was du fühlst und was du in deinem Kopf dafür getan hast, kannst du im nächsten Schritt Einfluss darauf nehmen.

Wenn du spürst, dass ein negativer Gedankenstrom dich wieder einmal mitreißt und dafür sorgt, dass du dich schlecht fühlst, atme tief durch, tritt einen Schritt zurück und betrachte deine Situation. Frage dich: Möchte ich mich weiterhin so fühlen? Aufgebracht, verwirrt, emotional? Nein? Dann steigere dich nicht weiter in deinen Mangel hinein. Unterbrich dein Kopfkino, das Stresshormone produziert und auch deine Wahrnehmung einschränkt. Sei achtsam mit dir selbst!

Über Achtsamkeit hast du sicher schon eine Menge gehört oder gelesen. Achtsamkeit wird im Englischen *mindfulness* genannt und bezeichnet einen Zustand absoluter Geistesgegenwart. Mit Achtsamkeit kannst du beispielswese trainieren, die Geschehnisse deiner Umwelt wahrzunehmen, ohne dich davon emotional mitreißen zu lassen. Du interpretierst nicht, unterstellst nicht, hängst weder mit deinen Gedanken der Vergangenheit hinterher noch halluzinierst du verschiedene Zukunftsszenarien. Du nimmst einfach nur das wahr, was ist – völlig wertfrei.

Das heißt auch: Du handelst nicht reflexartig und automatisch, sondern bist in der Lage, dich und deine Reaktionen zu beobachten. Achtsamkeit brauchst du, wenn du zukünftig in der Lage sein möchtest, dich anders zu verhalten, als du es gewohnt bist. Wenn du also deine Handlungsoptionen erweitern möchtest. Denn Achtsamkeit hilft dir herauszufinden, was du überhaupt verändern willst. Beobachte dich selbst im Alltag und finde heraus, welche automatischen Verhaltensweisen und Reaktionsmuster dazu führen, dass du dich schlecht fühlst. Wie bereits beschrieben, sind deine Gefühle hierbei hilfreich. Sie sind deine Hinweisschilder.

Wenn du unachtsam bist, bist du nicht Herr über deine Gefühle. Du reagierst impulsiv und irrational, und oft übertreibst du maßlos. Stell dir vor, dich schneidet jemand völlig unvorhergesehen mit seinem Auto, du erschrickst, trittst auf die Bremse und nachdem du dich kurz erholt hast – explodierst du und beschimpfst lautstark den unverschämten Verkehrsteilnehmer. Vielleicht rast du ihm auch hinterher, um ihm an der nächsten Ampel die Leviten zu lesen. Alles schon erlebt … Was passiert da gerade? Bist du achtsam? Oder reagierst du kopflos und deine Emotionen übernehmen die Kontrolle und damit auch dich?

Die Zeit, die zwischen einem Auslöser und deiner Reaktion darauf vergeht, wird von dem Level deiner Achtsamkeit geprägt. Wer allzu schnell reagiert, hat logischerweise wenig Möglichkeit, seine emotionale Intelligenz unter Beweis zu stellen. Damit wird die Fähigkeit beschrieben, eigene und fremde Gefühle wahrzunehmen, zu verstehen oder zu beeinflussen. Wie du siehst, ist die emotionale Intelligenz mit der Empathie verwandt, der Gabe, sich in andere hineinzuversetzen. Wenn du allerdings hochgehst wie eine Rakete, ist deine Reaktionsdauer zwischen Auslöser und Reaktion sehr kurz. Empathie kann dann nicht stattfinden. Deine Impulse beherrschen dein Handeln. Der Reaktionskreislauf ist schon angestoßen, und Innehalten, Nach-

Hypnotische Phänomene – posthypnotischer Befehl

Unter Hypnose ist es möglich, dem Hypnotee einen posthypnotischen Befehl zu erteilen. Das bedeutet, einen Anker für eine bestimmte Handlung zu setzen, die er auch noch nach Abschluss der Hypnose auf Kommando ausführt. (Dieser posthypnotische Befehl ist übrigens einer der Gründe, warum so viele Menschen Angst vor Hypnose haben. Das Kino hat aus Menschen, die posthypnotische Suggestionen erhalten haben, beispielsweise Bankräuber gemacht – nicht gerade eine gute Werbung für unseren Berufsstand.) Das Kommando für einen posthypnotischen Befehl ist der gesetzte Anker: »Immer wenn ich huste, machst du eine Kniebeuge.« Der Hypnotee ist erstaunlicherweise später davon überzeugt, dass er aus freiem Willen die Kniebeuge ausgeführt hat.

Dein Verhalten im Leben steckt voller Anker, die du über Jahre unbewusst gesetzt hast. Das ist ganz natürlich und auch richtig. Wichtig ist nur, die Anker, die dich limitieren oder hinderlich für dein Leben sind, zu erkennen. Du darfst verstehen, dass diese Anker dir nicht nur von dir selbst, sondern auch von anderen eingepflanzt worden sind (natürlich nicht böswillig). Eine Möglichkeit, Anker und Verhaltensweisen aufzulösen, zu löschen, wäre, anders zu handeln als bisher. Du trainierst dich damit um und erschaffst ein neues, positives Verhalten. Das könnte heißen, beim Rauchen nicht noch aufs Handy zu gucken oder mit anderen zu quatschen, sondern eine Meditation daraus zu machen. Genauso könntest du dir antrainieren, nach dem Essen nichts Süßes mehr zu dir zu nehmen, E-Mails nur zweimal am Tag zu checken oder täglich höchstens zwei Folgen deiner Lieblingsserie zu sehen. Eine weitere Möglichkeit, unerwünschte Anker zu beseitigen, ist Hypnosetherapie.

fragen und Reflexion sind in diesen Momenten unmöglich. Das ist Kontrollverlust vom Feinsten.

Achtsamkeit und Gelassenheit sind miteinander verwandt. Wenn du achtsamer mit dir und deiner Umwelt umgehst, wirst du von ganz allein eine gelassenere Grundeinstellung an dir bemerken. Ein Knöllchen am Scheibenwischer deines Autos bringt dich nicht mehr zur Weißglut. Das versalzene Mittagessen stürzt dich nicht in eine Sinnkrise. Und ein ungeputztes Badezimmer lässt dich nicht an deiner Beziehung zweifeln. Du reagierst auf die Dinge, die dir widerfahren, unaufgeregt und nachsichtig. Das heißt, du handhabst deine Gefühle so, dass sie der Situation angemessen sind (statt zu dramatisieren oder zu verharmlosen). Dazu gehört die Fähigkeit, sich selbst zu beruhigen und Gefühle der Angst, Gereiztheit, Enttäuschung oder Kränkung abzuschwächen und positive Gefühle zu verstärken. Und ja, das kann man üben! In der nächsten Situation, in der du spürst, dass Gefühle in dir hochkochen, die du als nicht angenehm empfindest und die dich dazu verleiten, anders zu reagieren, als du es möchtest, frag dich selbst: Welche alternativen Möglichkeiten habe ich, auf die Situation zu reagieren?

Natürlich ist es herausfordernd, aus einer akut emotionalen Lage heraus über sich selbst zu reflektieren. Deswegen lautet meine Empfehlung, Achtsamkeit »trocken« zu üben. Also wenn der Stresslevel niedrig ist. Je regelmäßiger du Achtsamkeit trainierst, desto leichter wird es dir fallen, da draußen im realen Leben gelassen zu bleiben, wenn es mal wieder heiß hergeht.

Amishi Jha ist Professorin an der Universität von Miami und studiert die Mechanismen des menschlichen Gehirns. Sie beschreibt Achtsamkeit als »die aufmerksame Wahrnehmung des gegenwärtigen Moments, ohne emotional darauf zu reagieren«[12].

Sie hat herausgefunden, dass es Übungen gibt, um unseren Geist aufmerksamer und konzentrierter zu machen. Unsere Aufmerksamkeit ist etwa die Hälfte unseres Wachzustands instabil und wandert von einem Thema zum nächsten wie der Lichtkegel einer Taschenlampe. Intrinsische Impulse, aber auch externe Reize haben deswegen leichtes Spiel: Es genügt der beunruhigende Gedanke an die noch nicht erfolgte Steuererklärung, und schon sind wir raus aus der Konzentration. Oder das Handy pingt, weil eine Nachricht eingegangen ist.

Regelmäßige Übungen können helfen, die Kontrolle über die Aufmerksamkeit zurückzuerlangen. Jha fand bei verschiedenen Personengruppen, die oft großem Stress ausgesetzt sind, etwa Sportlern oder Militärs, heraus, dass Personen, die sich in Achtsamkeit üben, in Stresssituationen aufmerksamer bleiben als Menschen, die Achtsamkeitsübungen nicht praktizieren. Die Aufmerksamkeit erhöht sich sogar mit anhaltender Übung. Jha zufolge kann trainierte Achtsamkeit auch vor Depressionen schützen, Angst mindern und die Gedächtnisleistung verbessern.

Achtsamkeitstraining setzt sich aus zwei verschiedenen, jedoch einander ergänzenden Bestandteilen zusammen: fokussierte Aufmerksamkeit und neugieriges Beobachten.

Übung: **Aufmerksamkeitstraining – deine Atmung**

1. Nimm eine bequeme Sitzposition ein und schalte alle störenden Geräusche und Geräte aus.
2. Konzentrier dich auf deine Atmung. Spüre, wie die kalte Luft beim Einatmen durch deine Nase und in deine Luftröhre strömt und deinen Bauchraum weitet. Atme wieder aus und nimm jetzt die warme Luft in deiner Nase wahr.
3. Fokussiere dich nur auf deinen Atem. Wenn deine Aufmerksamkeit abgelenkt wird, von deinen Gedanken oder

äußeren Einflüssen, führe sie behutsam wieder zurück zu deinem Atem.

4. Bleib motiviert, auch wenn du bemerkst, dass du deinen Geist während einer fünfzehnminütigen Session Hunderte Male zurückholen musst. Stell ihn dir wie einen kleinen Hund vor, dem du das Gehen an der Leine beibringen willst. Führe ihn immer wieder sanft auf den rechten Weg zurück.

Neben der geschärften Aufmerksamkeit hilft dir das Beobachten, in einen achtsamen Zustand zu gelangen. Mit Beobachten ist nicht gemeint, dass du dich einem bestimmten Gedanken oder Thema annimmst – es meint vielmehr, dass du generell offen für alles bist, was dir begegnet. Nimm ohne jegliche Bewertung wahr, was um dich herum und in dir passiert – und lass es einfach an dir vorüberziehen. Beobachte es, aber schenke ihm keine besondere Beachtung. Schick es weiter und bleib bei dir und diesem Zustand der beruhigenden Achtsamkeit.

Übung: **Wertfreies Beobachten**

Nimm eine aufrechte und gleichzeitig bequeme Sitzposition ein. Beobachte alle Gedanken, Gefühle und Empfindungen, die du hast, aber halte sie nicht fest. Du kannst sie benennen mit Formulierungen wie »Ich sorge mich«, »Ich plane«, »Ich beurteile« oder »Ich erinnere mich«, aber dann lass sie vorüberziehen wie Wolken am Himmel. Wenn du merkst, dass dich ein oder mehrere Gedanken überkommen und du sie nicht gehen lassen kannst, geh noch einmal zurück zum Aufmerksamkeitstraining, um dich selbst zu beruhigen.

Generell wird berichtet, dass sich die größten Veränderungen erzielen lassen, wenn du die Aufmerksamkeitsübungen täglich etwa eine Viertelstunde machst. Die meisten Menschen bemerken dann nach etwa einem Monat eine positive Veränderung. Bleib bitte motiviert, wenn du anfangs die fünfzehn Minuten nicht einhältst – aus welchen Gründen auch immer. Nimm dir einfach vor, dich Schritt für Schritt auf die fünfzehn Minuten zu steigern. Wie bei allen neuen Gewohnheiten oder einer neuen Sportart kommt mit regelmäßiger Praxis der Erfolg. Setz dir anfangs kleine Ziele, dann wirst du schnell Erfolgserlebnisse haben. Jede kleine Übung – und mag sie auch nur wenige Minuten dauern – zählt und bringt dich voran. Je mehr du übst, desto mehr wirst du profitieren.

Unter dem Link *www.update.thimonvonberlepsch.de* findest du App-Empfehlungen, die dich bei deiner Achtsamkeits- und Meditationspraxis unterstützen können.

Übung: **Die Eiswürfelübung**

Dies ist eine meiner Lieblingsübungen. Ich habe sie von Nancy Bardacke in ihrem Mindfulness-Based-Childbirth-and-Parenting-Programm[13] kennengelernt. Sie dient eigentlich dazu, werdende Mütter auf den Umgang mit ihren Geburtsschmerzen vorzubereiten. Dabei wird künstlich ein Schmerz in den Händen durch das Halten von Eiswürfeln herbeigeführt. Dabei kann nichts passieren, auch wenn es sich anders anfühlt. Es geht dann darum, verschiedene Arten des Umgangs mit Schmerz kennenzulernen. Das Ziel ist, unterschiedliche Arten auszuprobieren und so das eigene Repertoire an Strategien zu erweitern, wie man beziehungsweise frau Schmerzen anders begegnen kann. Ich habe die Übung im Geburtsvorbereitungskurs natürlich mit-

gemacht und war davon begeistert. Es war einfach faszinierend, wie sich jede Strategie unterschiedlich auf meinen Schmerz ausgewirkt hat. Außerdem habe ich erfahren, dass Widerstand und Das-nicht-haben-Wollen meinen Schmerz fast unerträglich gemacht haben. Annehmen hingegen brachte mir die größte Linderung.
Du brauchst dafür ein paar Eiswürfel, eine Schale, ein Handtuch und einen Timer (zum Beispiel der von deinem Smartphone). Gib die Eiswürfel in die Schale und stell den Timer auf eine Minute ein.

1. Wenn du bereit bist, nimm die Eiswürfel in eine Hand und umschließe sie vollständig. Die Hand kannst du dabei über die Schale oder das Handtuch halten. Starte den Timer mit der anderen Hand.
2. Wenn die Minute vorbei ist, lass die Eiswürfel in die Schale fallen und mache eine Minute Pause.
3. Nach der Pause nimmst du die Eiswürfel für eine Minute in die andere Hand.

Diesen Durchgang machst du mit jeder Hand vier Mal. Das erste Mal machst du nichts weiter, als dich einfach nur über den Kälteschmerz in deiner Hand zu beschweren. Beklag dich, beschwere dich, fluche! Das ist der übliche Weg, mit schwierigen Situationen umzugehen. Menschlich, verbraucht aber viel Energie. Es stehen uns aber noch andere Möglichkeiten zur Verfügung.
In den nächsten Durchgängen probierst du jedes Mal eine andere Methode aus, mit den Empfindungen umzugehen.

- Atmung: Achte nur auf deinen Atem. Wenn deine Aufmerksamkeit abschweift, bring sie sanft wieder zum Atem zurück.
- Atme in die Empfindungen rein. Stell dir vielleicht vor, wie du beim Ausatmen den Schmerz ausatmest.
- Erkunde den Schmerz: Richte deine Aufmerksamkeit in deine Hand. Wo ist der Schmerz am stärksten, wo am schwächsten? Was ist es für ein Schmerz – pochend, brennend, zieht er sich zusammen? Sei neugierig wie ein Forscher. Und beobachte auch deine Gedanken und Gefühle dabei.
- Gewahrsein ausweiten: Nimm wahr, wie viele Bereiche deines Körpers *schmerzfrei* sind. Geh mit deiner Aufmerksamkeit durch deinen Körper und nimm wahr, wie groß dein Körper ist und dass der Schmerz in nur einem kleinen Bereich stattfindet.
- Summen: Atme tief durch die Nase ein und beim Ausatmen summst du. Du kannst auch den Urklang OM beziehungsweise AUM lang gezogen tönen. Konzentriere dich dabei auf die Vibration in deiner Nase.
- Lächeln: Zieh deine Mundwinkel leicht nach oben und richte deine Aufmerksamkeit auf dein Lächeln.
- Zähle deine Atemzüge.

Ein entscheidender Teil der Übung ist, in den Pausen ebenfalls achtsam zu bleiben und die Empfindungen ohne Eiswürfel wahrzunehmen. Die Pausen werden schnell übersehen, wenn die Angst vor der nächsten Eisminute zu groß ist. Doch diese Momente sind zum Genießen da und helfen uns, wirklich im gegenwärtigen Moment – dem Jetzt – zu bleiben.

Wenn du die Übung ein paarmal gemacht hast, kannst du sie erweitern, indem du anstelle der Eiswürfel Eiswasser verwendest. Dazu füllst du die Schale mit Wasser und gibst fünf bis zehn Eiswürfel dazu. Tauche dann abwechselnd eine Hand bis zum Handgelenk in das Wasser. Oder auch mal beide Hände gleichzeitig. Genieß die Fahrt!

Ich habe die Eiswürfelübung in das Buch mit aufgenommen, weil sie nicht nur den Umgang mit körperlichem Schmerz verbessert, sondern auch ganz großartig auf seelischen Schmerz übertragbar ist. Wenn dir wiederkehrende Dinge passieren, die dir nicht gefallen, hast du vielleicht bisher immer mit dem gleichen Gefühl darauf reagiert. Nimm doch das Training aus dieser Übung als Motivation, das nächste Mal etwas anderes auszuprobieren. Beobachte, ob der Schmerz dann nicht vielleicht schneller nachlässt.

Das Leben steckt voller unvorhersehbarer Ereignisse. Dein Gegenüber reagiert anders als erwartet oder du wirst mit Situationen konfrontiert, die du nicht bestellt hast. Wenn du nicht in einer einsamen Blockhütte in den Wäldern Ontarios leben möchtest, bist du gut beraten, dich damit abzufinden. Denn selbst am Ende der Welt in Kanada stellt das Leben dich immer wieder vor neue Herausforderungen: Das Heulen der Wölfe lässt dich nachts nicht schlafen, du wirst eingeschneit oder das Feuerholz geht aus.

Lass dich davon nicht irritieren. Du kannst dich immer der neuen Situation anpassen und von dort aus weitermachen. Bruce Lee hat es wunderschön ausgedrückt:

Leere deinen Geist.
Sei formlos, gestaltlos – wie Wasser.
Wenn du Wasser in eine Tasse gießt, wird es zur Tasse.
Wenn du Wasser in eine Flasche gießt, wird es zur Flasche.
Wenn du es in eine Teekanne gießt, wird es zur Teekanne.
Wasser kann fließen oder zerstören.
Sei Wasser, mein Freund.

Wir alle haben Vorstellungen, wie das Leben ablaufen soll. Wir machen Pläne und erwarten, dass sie auch so eintreffen. Wenn es anders kommt, dürfen wir zu Wasser werden. Uns anpassen.

Es gibt Situationen im Leben, in denen du nicht so reagierst, wie du es gern möchtest. Du verlierst die Fassung, handelst irrational, vergreifst dich im Ton. Wer steuert dich da? Wirst du von einer unsichtbaren Macht dominiert?

So gern wir in manchen Momenten behaupten möchten, ein fremder Geist sei in uns gefahren und habe unser Handeln bestimmt: Wir sind immer selbst verantwortlich. Selbst dann, wenn wir die Kontrolle verlieren. Ja, wir wissen zwar jetzt, dass währenddessen tief liegende Schutzmechanismen unseres Unterbewusstseins, die unser Überleben sichern wollen, den Ton angeben. Trotzdem – auch unser Unterbewusstsein gehört zu uns und kann von uns dressiert werden. Es liegt in unserer Hand, wer wir in Zukunft sein wollen: im Beruf, in der Liebesbeziehung und im Umgang mit uns selbst. Dazu bedarf es einer Entscheidung und den nötigen Einsatz. Ein paar Übungen, um deinem Ziel näher zu kommen, hast du schon in diesem Kapitel gelesen. Weitere folgen. Ich bin gespannt, wie du dich dann entscheidest.

KAPITEL 6

Beziehungen oder wie du Konflikte löst

Spielregeln deiner Beziehungen

STELL DIR MAL VOR, wie unsere Vorfahren in der Steinzeit gelebt haben. Um sie herum Wildnis, überall lauerten potenzielle Gefahren. Das Leben in dieser Zeit drehte sich vor allem ums Überleben und die Erhaltung der eigenen Art. Unsere Vorfahren erkannten, dass diese Herausforderungen am besten in der Gemeinschaft zu bewältigen sind. Einzelkämpfer starben früh und einsam. In der Sippe konnte man sich die Arbeit teilen, sich wechselseitig Schutz geben und war in der Gemeinschaft produktiver und stärker. Wurde man von der Sippe verstoßen, dann kam dies einem Todesurteil gleich. Deswegen vermeiden wir heute noch Situationen, in denen wir beschämt oder bloßgestellt werden könnten, weil es diese Urangst vor sozialer Isolation triggert.

Damit unser Zusammenleben funktioniert, gab es schon früh Regeln. Manche davon – heutzutage zum Beispiel die geschriebenen Gesetze – waren klar umfasst und eindeutig kommuniziert. Im Alltag der vergangenen Jahrtausende kamen jedoch allerhand ungeschriebene Gesetze und Normen hinzu. Sie regelten Verhaltensweisen in bestimmten Situationen wie Tischmanieren und Begrüßungen oder was als *richtig* und *falsch* gilt, wie das Schönheitsideal. Diese unzähligen Regeln ändern sich in jeder Region, jeder Kultur und jeder Epoche fortdauernd und immer noch. Manche der Regeln entstanden aus einer Notwendigkeit oder einer kulturellen oder religiösen Denke und manche entstanden einfach zufällig. Was jedoch überall gleich ist: ein Regelverstoß wird auf irgendeine Weise bestraft. Dies führt bei uns zunächst zu einer unbewussten Akzeptanz, wir passen uns den Regeln an und verinnerlichen sie.

Aus diesen Regeln entwickelten sich eigene große Bereiche wie Religionen, Kulturen und Völker und im kleineren Maßstab Themen wie Traditionen und Rituale. Jeder Stamm und jede Familie haben eigene Variationen dieser Regeln. Und vielleicht ahnst du es schon: Ebendiese Normen prägen unsere Glaubenssätze und Brillen der Wahrnehmung.

Ich vergleiche sämtliche Regeln – geschriebene und ungeschriebene – mit den Spielregeln von Gesellschaftsspielen. Du kannst nicht *Monopoly* spielen und dabei die Regeln von *Mensch ärgere dich nicht* anwenden. Die Regeln sind spielspezifisch und lassen sich nicht beliebig austauschen. Du kannst natürlich Spielvarianten einführen, die müssen dann allerdings mit allen Mitspielern verhandelt werden.

Unsere Software basiert also in vielen Bereichen noch auf evolutionär wichtigen Überlebensroutinen und Regeln. Einerseits wollen wir in der Sicherheit der Gemeinschaft leben, andererseits entstehen genau in der Gemeinschaft Reibepunkte. Wir brechen Regeln, formulieren Unterstellungen, wir werden angeklagt, wir rechtfertigen uns, wir greifen an. Ob in romantischen Beziehungen, geschäftlichen, familiären, freundschaftlichen oder welchen auch sonst, der Umgang miteinander wird immer eine große Herausforderung bleiben. Deswegen sind die Regeln im Grunde auch ein idealer Weg, um sich selbst besser kennenzulernen und am anderen zu wachsen.

Als Hypnose-Coach und auch als Privatmensch habe ich mich schon immer sehr für das Thema Konflikte in zwischenmenschlichen Beziehungen interessiert – wie entstehen sie und wie können wir sie lösen? Dadurch habe ich ein paar sehr hilfreiche Modelle und Methoden entdeckt, die mir und meinen Klienten enorm viel gebracht haben – den andern besser zu verstehen, klarer zu kommunizieren, Missverständnisse zu lösen, Verantwortung zu übernehmen. Einige davon möchte ich dir gerne in diesem Kapitel vorstellen. Denn auch deinen Umgang mit Menschen kannst du updaten.

Wenn du dich dafür entscheidest, auch nur eines dieser Tools dauerhaft anzuwenden beziehungsweise ein bestimmtes Verhalten durch dein neues Verständnis abzulegen, bin ich mir sicher, dass du deine Beziehungen und damit dein Leben enorm bereicherst.

Die Wahrheit über deine Wahrnehmung

Lass uns zunächst bitte ein kleines Experiment machen: Stell dir in Gedanken eine Glasvase vor. Schließe für einen Moment deine Augen, bevor du weiterliest, und konzentriere dich nur auf diese Vase. Wie sieht sie genau aus und wie groß ist sie?

Hast du es gemacht? Konntest du dir eine Vase aus Glas vorstellen?

Diese eine Vorstellung setzt eine Vielzahl von Einzelschritten deines Gehirns voraus, die größtenteils automatisch ablaufen. Du musst zunächst wissen, was eine »Vase« ist und was »Glas« bedeutet. Aus meinen Worten sowie der Aufforderung, dir eine solche Vase vorzustellen, erzeugt dein Gehirn daraufhin eine Vorstellung (vermutlich ein Bild, weil ich danach gefragt habe, vielleicht aber auch ein Gefühl, eine Idee oder etwas ganz anderes, das du damit assoziierst). Die Frage ist nun: Woher wissen wir beide, ob du dir wirklich eine Glasvase vorgestellt hast? Und selbst wenn, würde diese nicht bei einhundert Menschen vielleicht einhundert Mal anders aussehen?

In diesem einfachen Beispiel könnte es bereits zu einem Konflikt führen, wenn du eine Vase siehst und jemand anderes will dir weismachen, dass es sich um ein Trinkglas handelt. Wie machst du deinem Gegenüber klar, dass es sich um eine Vase handelt? Unstrittig kann man aus dem Gefäß auch trinken und doch, die Form ist (für dich) eindeutig. Nun hat die Vase aber wahrscheinlich kein Etikett und so entsteht vielleicht eine Diskussion, in der jeder den anderen überzeugen will. Hoffentlich kommt ihr zum Ergebnis, dass ein Glasgefäß diese Diskussion nicht wert ist, und findet einen Kompromiss.

Deine Wahrnehmung ist nur eine subjektive Annahme von Wahrheit. Du magst vielleicht überzeugt von deiner Sicht sein, dennoch ist diese von deinen Spielregeln und Brillen gefiltert und verzerrt.

Ich möchte dir von Ina und Christian erzählen. Sie sind seit Kurzem verheiratet und auf der Suche nach einem gemeinsamen Haus. Sie haben einen Besichtigungstermin für ein Objekt vereinbart und treffen vor Ort den Makler. Der bittet sie, die Immobilie erst einmal von außen auf sich wirken zu lassen.

Ina betrachtet das Haus und überlegt: »Wie schön, alte Klappläden. Und viele Fenster, sicher ist es drinnen hell. Ich kann mir schon vorstellen, wie wir unsere Freunde zu uns einladen und gemeinsam mit ihnen gemütliche Abende im Haus verbringen. Da ist ja auch ein Garten. Wenn wir Kinder haben, können sie im Sommer draußen spielen.«

Christian steht neben seiner Frau und schaut sich das Haus an. Er denkt: »Die Fassade sieht übel aus. Die Klappläden müssten auch mal wieder gestrichen werden. Eigentlich finde ich Rollläden besser, aber Ina will sicher die Läden. Ob die Fenster dreifachverglast sind? Vor dem Frühjahr ziehen wir sicher nicht ein.«

Ist Christian ein notorischer Pessimist und Ina eine hoffnungslose Romantikerin? Nein – sie haben nur ihre ganz eigenen Brillen auf, wie sie die Welt wahrnehmen. Diese Brillen sind das Resultat ihrer unterschiedlichen Glaubenssätze, Werte und Motivstrukturen.

Während Ina einen Platz zum Wohlfühlen und zur Familiengründung sucht, ist Christian vielleicht auf der Suche nach einer guten Geldanlage. Diese unterschiedliche Motivation und die daraus resultierende Wahrnehmung bergen natürlich zahlreiche Risiken und Konflikte. Denn während Ina bereit wäre, für ihr Nest einen höheren Kredit aufzunehmen, als das Paar sich leisten kann – immerhin geht es um nicht weniger als ihren Lebenstraum –, rechnet Christian genauer aus, wie sich die Immobilie am Ende ausbezahlt. Hier helfen nur ein ausführlicher Austausch über die Motive und Wahrnehmungen sowie ein Abgleich der Vorstellungen und Gedanken.

Konflikte können immer dort entstehen, wo die gleiche Realität unterschiedlich wahrgenommen und bewertet wird.

Ein Bekannter von mir ist mal durch Brasilien gereist. In Rio de Janeiro wollte er von einem Passanten wissen, wie spät es sei. Er hatte keine Uhr an und Handys waren noch nicht alltäglich. Mit einem Blick auf seine Uhr teilte der Mann ihm diese mit. Mein Bekannter bedankte sich, indem er ihn anlächelte und eine Okay-Geste machte, also Daumen und Zeigefinger zu einem O formte. Plötzlich lief der nette Herr rot an, fing an, ihn auf Portugiesisch zu beschimpfen, und ließ ihn dann einfach auf der Straße stehen.

Was mein Bekannter nicht wissen konnte: Die Geste mit dem Kreis bedeutet im brasilianischen Kulturkontext »A…loch«. Im Nachhinein konnte mein Bekannter die Wut des Einheimischen natürlich verstehen.

Dieses Beispiel steht ganz klar im Kontext der interkulturellen Kommunikation. Wohl jeder weiß, dass Schmatzen in Asien ganz anders bewertet wird als bei uns und dass man sich nicht überall auf der Welt zur Begrüßung die Hand reicht. Doch wie verhältst du dich, wenn es um die filigranen Regeln geht, die kleinen ungeschriebenen Gesetze des Alltags im gleichen Kulturraum? Dinge, von denen du

Hypnotische Phänomene – positive Halluzination

Bei einer positiven Halluzination sieht der Hypnotee Dinge, die nicht da sind, zum Beispiel ein Einhorn. Bei einer negativen Halluzination sieht er entweder Objekte anders (einen Freund als Brad Pitt) oder gar nicht (der Freund ist unsichtbar).

Dieses Phänomen verdeutlicht, dass sich deine persönliche Realität nach deinen Erwartungen und Überzeugungen formt. Du siehst (im wahrsten Sinne des Wortes) das Leben, Menschen, Situationen oder dich selbst durch die jeweilige hypnotische »Brille«. Auf den Alltag bezogen bedeutet das: Achte doch mal darauf, wann du Situationen oder Menschen auf deine subjektive Art und Weise siehst beziehungsweise interpretierst, und frage dich, ob es noch eine andere Möglichkeit gibt, die Dinge zu betrachten. Mit diesem Wechsel der Perspektive könntest du in einer Auseinandersetzung den Standpunkt der anderen Person sicher besser verstehen. Es kann Spaß machen, dich mal auf die Lauer zu legen, um zu erkennen, wann du Dinge, die direkt vor deinen Augen sind, nur sehr individuell wahrnimmst, weil du zu tief in deiner eigenen Realität steckst.

denkst, dass alle sie so tun und bewerten wie du? Wie sicher bist du dir, dass man seinen Teller leer isst und dass jeder das Gleiche als richtig oder falsch empfindet?

Nicht nur in der Gesamtgesellschaft gibt es eigene ungeschriebene Regeln, sondern bereits in jeder Familie und jedem Ort. Deswegen möchte ich dir dabei helfen, Möglichkeiten zu finden, wie du dich in Situationen verhalten kannst, die andere Menschen ganz anders sehen als du.

Die fünf Sprachen der Liebe

Das Buch Die fünf Sprachen der Liebe *wurde von dem amerikanischen Paar- und Beziehungsberater Gary Chapman verfasst.[14] Er beschreibt in seinem Buch, dass ein jeder eine andere Sprache hat, in der er Liebe zeigt und Liebe empfängt. Für den einen ist es wichtig, oft gelobt zu werden und Komplimente zu erhalten – und er drückt seine Liebe auch mit Lob und Anerkennung aus. Der Nächste verbringt am liebsten Zeit nur mit seinem Partner, in der er ungeteilte Aufmerksamkeit gibt und empfängt. Ein Dritter macht fantastische, liebevolle Geschenke und freut sich mehr als andere über Gaben, die von Herzen kommen. Die vierte Sprache der Liebe ist Hilfsbereitschaft. Menschen, die diese Sprache der Liebe sprechen, genießen es, ihren Liebsten Gefallen zu tun, und freuen sich sehr, wenn man ihnen das eine oder andere abnimmt. Und dann gibt es Menschen, die ihre Liebe am deutlichsten in Zärtlichkeit ausdrücken, in kleinen Berührungen, Streicheleinheiten und körperlicher Nähe.*

Chapman sagt, dass jede dieser fünf Sprachen wie eine Muttersprache zu verstehen ist, die intuitiv und instinktiv erlernt wurde. Wenn nun zwei Menschen mit unterschiedlichen Muttersprachen aufeinandertreffen – was viel häufiger der Fall ist, als man so denkt –, wird Kommunikation, vor allem in Krisen, manchmal schwierig. Denn vielleicht zeigt der eine seine Liebe, indem er, ohne dass sie ihn darum bitten musste, ihr Fahrrad repariert – seine Partnerin jedoch hat möglicherweise eine andere Muttersprache der Liebe, nämlich Zärtlichkeit. Eine innige Umarmung würde ihr viel mehr die Liebe des anderen zeigen als die Tatsache, dass sie jetzt wieder Fahrrad fahren kann. Dieses Konzept hilft dabei, die Fremdsprache des anderen zu erkennen und zu erlernen. Es ist wie ein Universallexikon für jede zwischenmenschliche Beziehung.

David Dunning und Justin Kruger fanden in ihrer Studie 1999 eine verblüffende Relation heraus. Je inkompetenter und ungebildeter Menschen sind, umso stärker überschätzen sie die eigene Leistungsfähigkeit und Intelligenz und umso mehr unterschätzen sie die ihres Gegenübers.[15] Auch wenn der sogenannte Dunning-Kruger-Effekt mit zunehmender Intelligenz und Bildung abnimmt, sind wir im Alltag nicht davor gefeit zu glauben, wir hätten die Wahrheit gepachtet. In deinem Kopf wirkt manche Regel so echt und unabdingbar, wie es deine Empfindungen bei einem spannenden Film sein können. Dennoch ist alles nur inszeniert. Für dich ist es vielleicht völlig klar, dass »man« beim Essen nicht schmatzt, für Asiaten und kleine Kinder nicht. Und eben da entstehen die meisten Konfliktsituationen: Zwei unterschiedliche Sicht- oder Denkweisen sowie die daraus resultierenden Verhaltensmuster prallen aufeinander. Ersetze doch einfach den Glaubenssatz »Ich darf keine Fehler machen« durch »Ich darf jederzeit dazulernen«.

Im Kommunikationsmodell des NLP heißt eine der Grundannahmen »Die Landkarte ist nicht das Gelände«. Wenn ich eine Vase anschaue, dann ist diese Vase nicht das Objekt in meinem Kopf. Weder ist es die Vase selbst noch ist es ein hundertprozentiges Abbild, sondern eine Vereinfachung, eben wie bei der Landkarte in einem bestimmten Maßstab. Die Landkarte ist also nicht das Gelände selbst mit seinen steinigen Hügeln, Wäldern und Seen. Es ist noch nicht einmal ein fotografisches Abbild dessen, sondern eine stark vereinfachte Abstraktion in kleinerem Maßstab. Wir filtern alles, was wir sinnlich erfassen, durch unsere zahlreichen Brillen, danach reduzieren, verzerren und vereinfachen wir manche Aspekte und am Ende kommt eine höchst individuelle Wahrnehmung im Gedächtnis an, die nur zu einem Bruchteil dem entspricht, was wirklich stattgefunden hat. Für unser Gehirn ist das wunderbar, denn so sparen wir eine

Menge Energie und Speicherplatz. Doch es führt, du ahnst es vielleicht, häufig zu Konflikten.

Schauen wir uns mal die riesige Landkarte in unserem Kopf genauer an. In manchen Regionen haben wir einen großen Maßstab, manche Bereiche sind vielleicht etwas detaillierter dargestellt, doch die meisten Flächen auf der Karte sind einfach nur weiße Flecken. Diese unbekannten Gebiete stehen für Wissen, von dem wir noch gar nicht wissen, dass wir es nicht haben. Und auf diesen weißen Flecken befinden sich die meisten Regeln der anderen Menschen. Deine Aufgabe in Konfliktsituationen besteht nun darin, diese unbekannten Regionen zu erforschen und zu kartieren. Die meisten Konflikte simulieren den steinzeitlichen Kampf gegen die soziale Isolation. Wer triumphiert, der darf bleiben, und wer verliert, wird ausgestoßen. Jedes einzelne Erlebnis in deinem Leben und jede Emotion, die du in verschiedenen Situationen empfunden hast, verändert deine Landkarte. Es gibt keine zwei identischen Gehirn-Landkarten auf diesem Planeten. Es gibt keine richtigeren oder besseren Regeln im Zusammenleben, denn Konfliktmanagement besteht im Wesentlichen darin, die Unterschiede abzubauen und Gemeinsamkeiten zu finden, nicht darin, zu kämpfen und zu gewinnen.

Trügerisches Gedankenlesen und Wahrsagerei

Zwischenmenschliche Konflikte haben viele Gemeinsamkeiten mit einem Gerichtsprozess. Es wird angeklagt, beschuldigt und jeder Akteur hat einen Standpunkt, von dessen Richtigkeit er überzeugt ist. Da oftmals einheitliche Spielregeln fehlen, wird der andere des Schummelns bezichtigt, worauf die Gegenseite dann Einspruch einlegt und ihrerseits kontert.

Gewiss kennst du das seit der Antike bestehende Motto für Strafgerichtsverfahren: »In dubio pro reo« – »Im Zweifel für den Angeklagten«. Nicht ohne Grund hat es sich bis heute bewährt und manch einen Unschuldigen vor der Bestrafung bewahrt. Doch gerade dieses wichtige Rechtsstaatsprinzip lassen wir in unseren Konflikten oft außer Acht. Denn oftmals geht es im Persönlichen nicht um Gerechtigkeit, sondern darum, recht zu bekommen oder zu behalten. Da wir im sozialen Miteinander selten einen neutralen Schiedsrichter einbeziehen, sind wir mit unseren Mustern auf uns gestellt. Beweisaufnahme? Fehl am Platz. Es kann emotional hoch hergehen oder Eiseskälte herrschen, Mutmaßungen und Unterstellungen ersetzen Fakten und häufig fehlt jeglicher Beweis – und dennoch urteilen wir.

Johanna erzählt ihrer besten Freundin Clara im Vertrauen, dass Antonia, eine entfernte Bekannte, Clara arrogant findet. Clara ist erzürnt und auch ein wenig beschämt. »Wie kommt die dazu, so etwas von mir zu denken? Das sagt die nur, weil sie neidisch ist!« Emotionen entstehen bei Clara und in ihrem Gehirn entsteht ein neues Bild von Antonia.

Wie gut wird Clara diese Information wohl ausblenden können, wenn sie Antonia das nächste Mal trifft? Wie würdest du reagieren? Wie reagierst du im Alltag auf solche Informationen? Denn ich bin sicher, dass dieses Beispiel gar nicht so theoretisch ist, nicht wahr?

Vielleicht wärst du Antonia gegenüber ab sofort besonders reserviert, oder du würdest versuchen, dich extra gefällig zu verhalten, um den Eindruck zu ändern. Und vielleicht sprichst du sie auch direkt darauf an, doch dann hintergehst du Johanna, die dir diese Information im Vertrauen gegeben hat. Du gehst somit von einer Annahme aus, die du weder auf ihren Wahrheitsgehalt hin geprüft hast noch im Hinblick darauf, auf welchem Spielfeld sie geäußert wurde. Du kennst weder Johannas Landkarte noch die von Antonia, um wirklich einen Beweis zu haben. Und genau da setzt die Problematik der trügerischen Wahrsagerei an. Die passiert dann, wenn wir weiße Flecken, also fehlende Informationen, von unserer eigenen Landkarte ergänzen, sprich: Wahrnehmung statt Wahrheit. Dabei gibt es zwei Aspekte, wie sich diese Vorstellung entwickeln kann:

1. Du meinst zu wissen, was der andere denkt oder warum er etwas tut; dann bezeichne ich das als *trügerisches Gedankenlesen.*
2. Du halluzinierst weitere situative Annahmen, die du nicht kennst; dann nenne ich das *trügerische Wahrsagerei.*

Ich liste im Folgenden ein paar Möglichkeiten auf, die im obigen Beispiel vorstellbar sind:

1. Johanna hat sich geirrt und Antonia hat gar nicht Clara gemeint, sondern jemand anderen.
2. Antonia hat sich geirrt und gar nicht Clara gemeint, sondern zwei Namen verwechselt.
3. Antonia hat ein Verhalten oder eine Äußerung von Clara in den falschen Hals bekommen und es handelt sich um ein Missverständnis.
4. Johanna erzählt Clara bewusst eine Lüge, um sie gegen Antonia aufzubringen, weil sie mit Antonia gestritten hat und ihr eines auswischen will.
5. Die Äußerung Antonias stand in einem größeren Kontext und Johanna hat den Gesamtzusammenhang nicht genannt, sodass die allein stehende Aussage bei Clara nun falsch rüberkommt.

Und natürlich kann sich Clara in der Wahrnehmung von Antonia auch wirklich arrogant verhalten haben. Vielleicht hat Antonia ein vollkommen anderes Wertesystem als Clara und betrachtet Verhaltensweisen, die für Clara völlig normal sind, eben als arrogant. Doch du verstehst bestimmt, worauf ich hinauswill. Je nachdem, welche Zusatzinformation durch das Gedankenlesen und die Wahrsagerei getilgt wurden, ändert sich die Dynamik in der Beziehung Clara-Johanna-Antonia (dazu mehr im Abschnitt *Raus aus dem Drama-Dreieck*).

Sowohl in unseren Gedanken als auch in der Kommunikation fehlen uns in den meisten Situationen viel zu viele Informationen, als dass wir ein abschließendes Urteil fällen sollten oder gar könnten. Doch genau das passiert in den meisten Fällen, indem wir unbewusst diese Leerstellen mit Mutmaßungen, Annahmen und Unterstellungen füllen. Trügerisches Gedankenlesen und Wahrsagerei ergänzen dann zum Beispiel eine Sachaussage um eine vorgestellte Emotion, und schon wird ein persönlicher Angriff daraus. Jede Form solcher Halluzinationen ist eine fortlaufende Selbsthypnose aus unseren Glaubenssätzen heraus. Unglaublich, aber wahr: Manchmal richtet sich die Interpretation unserer Wahrnehmung sogar gegen uns selbst. Manche Menschen haben ein so verzerrtes Selbstbild, dass sie sämtliche Erfahrungen in diesem Zerrspiegel betrachten und interpretieren.

In einem meiner Hypnoseseminare äußerte eine Teilnehmerin bereits nach der ersten Partnerübung große Skepsis und Selbstzweifel: »Ich krieg das nicht hin. Mir fehlen die Worte, ich bin zu langsam und viel zu unsicher. Das merkt mein Hypnotee sofort.«

Ich bat sie, die Übung vor der Gruppe durchzuführen, damit ich sehen konnte, was sie verbessern könnte. Sie zuckte kurz, aber absolvierte anschließend die Aufgabe bis auf eine Winzigkeit tadellos.

Die Gruppe war ebenfalls überzeugt und applaudierte. In der ersten Kaffeepause sprach sie mich offen an: »Mir geht es nicht gut. Ich kann das einfach nicht. Ich habe jetzt zwei Möglichkeiten: Entweder ich breche das Seminar ab oder bin nur noch stiller Beobachter, ohne weitere Übungen mitzumachen.«

Prinzipiell könnte man annehmen, dass sie nach dem tollen Feedback der Gruppe und von mir mit Freude und Motivation das Seminar weiter absolvierte. Doch genau das Gegenteil war der Fall. Ihre Skepsis zuvor hatte überhaupt nichts mit dem Workshop oder der Übung zu tun, sondern spiegelte lediglich ihre Glaubenssätze und die daraus entstandenen Selbstzweifel wider.

»Aber du warst doch super! Du hast alles richtig gemacht und niemand hat deine Nervosität bemerkt. Die anderen haben das auch so gesehen und sogar applaudiert«, antwortete ich ihr.

»Ja, das haben die doch nur gemacht, um nett zu mir zu sein.«

Das machte mich sehr traurig. Sie unterstellte uns, sie nur aus Gefälligkeit gelobt zu haben. Sie schaffte es nicht, ihre Erfahrung vor der Gruppe als neue Referenz zu nutzen. Ihr Unterbewusstsein ignorierte den Gegenbeweis für ihr anfängliches Gefühl, obwohl er ihr unabhängig voneinander von mehreren Personen präsentiert wurde. Es suchte in ihrem inneren System nach Anhaltspunkten und Erklärungen, die ihre fixe Vorannahme bekräftigten.

Hier liegt wieder die selektive Wahrnehmung vor, die durch unsere Landkarte im Kopf bestimmt wird. Diese entsteht und entwickelt sich durch zahlreiche Verknüpfungen von Erlebnissen und dabei erlebten Emotionen. Daraus wiederum entstehen Wahrnehmungsfilter und Glaubenssätze. Und in dieser Wahrnehmungstrance ergänzen wir oftmals Informationen, die unser Gegenüber nicht offenbart – weil wir davon überzeugt sind, dass wir wissen, was gesagt oder gemeint wurde. Typische Sätze von Gedankenlesern sind:

- Das machst du nur, um mich zu ärgern!
- Ich weiß, dass du lügst!
- Das hast du mit Absicht gemacht!
- Ich weiß, dass du das nicht ernst meinst.

Es berührt mich immer sehr, wenn ich Menschen wie jene Teilnehmerin treffe. Solange die Erkenntnis fehlt: »Ich kann und will anders denken, anders handeln und anders fühlen«, wird die Vergangenheit sie weiter im Griff haben.

Ich erklärte meiner Teilnehmerin: »Dein unangenehmes Gefühl wurde von einem unbewussten Denkprozess produziert, der wiederum von deiner Vergangenheit beeinflusst wird. Es ist zwar wichtig, dass du dein Gefühl wahrnimmst, es gleichzeitig aber auch hinterfragst. Wenn du dein Gefühl als Beweis für deine Überzeugung ›Ich kann das nicht. Ich blamiere mich.‹ siehst, wirst du nichts an deinem veraltetem Denkmuster ändern können. Dann werden du und dein Leben weiter von deinen Reaktionsmustern beherrscht. Unser Feedback kann dir helfen, dir deiner Selbsthypnose bewusst zu werden. Deswegen ist es wichtig, dass du das Feedback annimmst und glaubst. Das ist nämlich der erste Schritt, um in deine Selbsthypnose eingreifen zu können.«

Sie nickte stumm.

»Du kannst bei deinem Realitätskreislauf an jeder beliebigen Stelle eingreifen, um ihm eine neue Richtung zu geben. Gerade lässt du dich von deiner Vorstellungskraft lenken, was dir nicht guttut. Ich schlage also vor, du gehst jetzt direkt ins Handeln. Das heißt, du gehst in die nächsten Partnerübungen, ohne auf deinen inneren Monolog zu hören. Ignoriere einfach dein Kopfkino, das dir all die destruktiven Glaubenssätze anbietet. Lass sie wie Wolken an dir vorbeiziehen, während du dich nur auf dein Tun konzentrierst. Und dann sei offen für das Feedback deines Partners. Ich bin mir sicher, dass das ganz anders ausfallen wird, als du erwartest. Nimm es dann an und mach daraus ein Gefühl. Du wirst sehen, je öfter du das tust, desto wohler wirst du dich in deiner Rolle als Hypnotiseurin fühlen.«

Die Teilnehmerin verstand das und gab danach ihr Bestes. Anfangs war sie noch sehr unsicher (von außen kaum sichtbar), doch nach den zwei Tagen war sie glücklich, geblieben zu sein. Sie hatte mehrere Menschen in Trance versetzt und damit ihr Selbstbild positiv beeinflusst. Die neuen Erfahrungen haben ihr gezeigt, dass das eigene Bauchgefühl sie auch irreführen kann und dass äußeres Feedback für Selbstreflexion wichtig ist.

Ich halte es also für wichtig, Beweise für das eigene Denken und Fühlen zu finden. Oder eben Gegenbeweise – und diese dann auch zu akzeptieren. Clara könnte sich zuerst fragen: »Woher weiß ich, dass das wahr ist?« Sie könnte Johanna ausfragen, in welchem Kontext Antonia diese Aussage getroffen hat, und sie könnte Johanna um ihre Einschätzung fragen, ob sie auch denkt, dass Clara arrogant ist. Sie könnte Johanna bitten, ein Gespräch zu dritt anzuberaumen, um das Thema zu klären und die Regeln abzugleichen, aus denen heraus Antonia diese Bewertung – angeblich – vorgenommen hat. In dubio pro reo.

Wie entkommen wir solchen Situationen der Gedankenergänzung?

Schritt 1: Reflexion. Mach dir immer wieder klar, dass es keine richtigen oder falschen Regeln beziehungsweise Landkarten gibt und dass sämtliche Brillen in der Wahrnehmung gewechselt und ausgetauscht werden können. Wenn du dir täglich und achtsam stetig bewusster wirst, dass du der einzige Mensch bist, der deine Landkarte prüfen und gestalten kann, erkennst du die Glaubenssätze leichter.

Schritt 2: Ermittlungen. Suche nach dem Beweis. Merke dir: Ohne Beweis kein Schuldspruch! Woran genau erkennst du, dass deine Interpretation richtig und wahr ist? Wichtig ist hier: In zwischenmenschlichen Auseinandersetzungen kann dir nur der Streitpartner direkt den nötigen Beweis liefern, niemand sonst. Vermeide Gedankenlesen und Wahrsagerei und gehe direkt zu Schritt 3.

Schritt 3: Gespräch. Stell dir und deinem Gegenüber Fragen und nutze dazu die gewaltfreie Methodik der WWW-Technik, die ich dir im nächsten Abschnitt vorstellen werde. Suche auch nach Mustern in deinem Verhalten. Wenn du zum Verallgemeinern neigst und deinem Partner oftmals Phrasen an den Kopf wirfst, die Begriffe wie »immer«, »nie«, »nur« und so weiter beinhalten, deutet das auf ein Muster hin. Allerdings bei dir, nicht bei deinem Partner. Wenn es Verhaltensmuster und Aussagen gibt, die dich besonders verärgern, verletzen und treffen, denk mal darüber nach, wer in deiner Vergangenheit auch etwas Ähnliches gesagt hat, und finde heraus, was die früheste Erinnerung mit dieser Verletzung war. Reflektiere dann bewusst darüber, dass dein Partner heute lediglich ein Erinnerungsmuster triggert, das du in dir trägst und das du jederzeit ablegen darfst.

Also überlass das Gedankenlesen und Hellsehen fortan lieber Magiern und Mentalisten. Für Beziehungen ist Gedankenlesen anstrengend, stressig und es hilft dir auch nicht, deine Landkarte detaillierter zu gestalten. Trügerisches Gedankenlesen ist übrigens nicht zu verwechseln mit Empathie. Bei Letzterem geht es darum, sich in den anderen hineinzuversetzen, seine Gefühle und Gedanken nachzuvollziehen, um eine bessere zwischenmenschliche Verbindung einzugehen. Empathie möchte dem Gegenüber folgen, sich auf es einlassen, seine Welt begreifen. Doch gerade empathische Menschen fragen nach und loten aus, an welchen Stellen die Landkarte des anderen für sie noch weiße Flecken aufweist. Orientiere dich daran. Bereits in der *Sesamstraße* habe ich gelernt: »Wer nicht fragt, bleibt dumm.«

Die gute Nachricht: Empathie und emotionale Intelligenz sind trainierbar.

Wahrnehmung, Wirkung, Wunsch – die WWW-Methode

Erinnerst du dich noch an mein »Hängematten-Erlebnis«? Ich habe mich provozieren lassen und provoziert, habe erlaubt, dass alte Programme mein Handeln bestimmen, habe meine Glaubenssätze zur Allgemeingültigkeit erklärt.

Erst habe ich mich über das Pärchen aufgeregt und dann habe ich mich aufgeregt, dass ich mich aufgeregt habe. Kennst du das?

Ich habe mich nicht wohlgefühlt mit mir und meiner Reaktion. Warum habe ich nicht gelassener auf den Mann reagiert? So kam es, dass ich während unseres Tages am See nicht dachte: »Ich bin so entspannt. Das Leben ist schön!«, sondern: »Warum sind Menschen solche Egoisten?« Kopfkino eben.

Über solche Situationen reflektiere ich dann aber auch. Ich will ja meine Muster updaten. Denn natürlich sind solche Prinzipienreitereien auch nur Glaubensmuster und Regeln, auf die wir pochen, ohne sie in dem Moment infrage zu stellen. Persönlichkeitsentwicklung ist, wie das Wort schon ausdrückt, kein Zustand, sondern ein Prozess. Erlaube dir also, auch kleine Fortschritte dankbar anzunehmen, und arbeite nicht nach dem Alles-oder-nichts-Prinzip.

Leider erlernen wir in der Schule so gut wie gar nicht, wie man konstruktive Kritik übt oder lösungsorientiert Konflikte löst. Auf einem Flug von Berlin nach Zürich beobachtete ich einmal eine unglaublich komische Situation – die gleichzeitig aber auch erschreckend war. Vor mir saß ein junges Pärchen, neben ihnen eine Frau, die in einem Buch las. Das Pärchen unterhielt sich lautstark über einen Vortrag, den sie offenbar in Berlin besucht hatten. Ich nahm wahr, dass die Frau am Gang immer wieder aufhörte zu lesen und die beiden mit angespannter Halsmuskulatur musterte. Sie atmete hörbar durch und las dann weiter. Das Pärchen störte das nicht besonders.

Nach einer Weile geschah es wieder. Die junge Frau sagte etwas, die Frau am Gang hörte mit dem Lesen auf, guckte in ihre Richtung und schnaufte. Die beiden redeten weiter. Da erhob die lesende Frau plötzlich die Stimme und fing an, laut aus ihrem Buch vorzulesen: »… Hatte einer von uns Jungs Geburtstag, organsierte sie die Spiele: Topfschlagen, Wattepusten, Schnitzeljagden im Wald. Alle kleinen Gäste bekamen von ihr individuelle Geschenke – meiner Mutter …«

Die beiden anderen sahen sich verblüfft an und schwiegen. Die Frau hörte ebenfalls auf, aus ihrem Buch vorzulesen. Doch sobald einer der beiden die Stimme wieder erhob und weitersprach, las auch die Frau laut aus ihrem Buch vor.

»Was ist denn mit Ihnen los?«, wollte die junge Frau schließlich wissen.

»Sie sind beide total laut. Ihre Stimmen sind unangenehm!«, keifte sie. »Ich kann mich nicht auf mein Buch konzentrieren.«

»Wir sind in einem Flugzeug, nicht in einem Lesesaal. Kommen Sie mal runter!«

»Sie sind hier nicht allein im Flugzeug!«

»Was wollen Sie denn jetzt von uns?«

»Hören Sie auf zu reden!«

Die junge Frau sah ihren Mann an, dann die andere Frau. »Tut mir leid. Den Wunsch kann ich Ihnen leider nicht erfüllen.«

Ab diesem Moment ignorierte das Paar die Frau einfach – immerhin las sie nicht mehr laut aus ihrem Buch vor, sondern schmollte und drehte den beiden demonstrativ den Rücken zu. Ich sprach sie an und bot ihr einen Platz in meiner freien Reihe an, doch sie schüttelte nur den Kopf.

Was ist da passiert? Versetzen wir uns einmal in die Frau auf dem Gangplatz. Das laute Gespräch ihrer Nachbarn hat sie unendlich genervt. Gleichzeitig gibt es kein Gesetz, das verbietet, im Flugzeug zu reden. Was hätte sie tun können, um die Situation konstruktiv zu lösen und sich gleichzeitig gut dabei zu fühlen?

Ich kann mir vorstellen, dass du womöglich auch auf ihrer Seite bist. Manche Menschen haben offensichtlich kein Bewusstsein über ihr eigenes Verhalten entwickelt und merken nicht, dass ihre Redelautstärke über dem Normpegel liegt. Das erleben wir ja auch immer wieder bei besonders mitteilungsbedürftigen Mitmenschen, die im Zug via Mobiltelefon Gespräche führen.

Anstelle jedoch Gedanken zu lesen und zu unterstellen, dass diese Mitmenschen sich ihres Verhaltens sehr wohl bewusst und einfach arrogante Egoisten sind, konzentriere dich darauf, Beweise für deine Annahme zu finden.

Die Herausforderung in solchen Situationen besteht zunächst darin, die Gesamtsituation zu betrachten. Werde dir erst einmal deines Gefühls bewusst und was diese Situation mit dir macht. Danach überlege dir, was genau dein Ziel ist. Und dann beschreibe deinem Gegenüber deine Landkarte, damit er versteht, wie du dich fühlst und weshalb dir ein anderes Verhalten wichtig ist. Wenn du anfängst, deine Wahrnehmungen, Gefühle und Wünsche zu formulieren, gibst du auch dem anderen die Möglichkeit, seine Sicht der Dinge darzulegen. Durch den nun möglichen Abgleich könnt ihr eine Lösung finden, die für alle akzeptabel ist. Wer Empathie von anderen einfordert, ist gut beraten, wenn er selbst ab und an die Blickrichtung ändert und versucht, sich in den anderen hineinzuversetzen – kein Gedankenlesen, kein Verhalten eines trotzigen Kindes und keine Machtspielchen.

Anstatt also daran zu arbeiten, wie du Menschen lauter und eindrucksvoller über deine Regeln belehren kannst, empfehle ich dir, dich darauf zu konzentrieren, wie du Konflikte vermeiden oder auflösen kannst. Prüfe zunächst, wie richtig und wahr dein Gefühl ist. Interpretierst du da wieder mal nur anhand deiner eigenen Regeln? Und selbst wenn, wie kannst du dein Ziel erreichen, ohne das Risiko, auch komplett verlieren zu können wie die lesende Frau im Flieger?

Meine bevorzugte Methode für konstruktives Feedback über deine Empfindungen ist die WWW-Technik. Diese lehnt sich an die Methode der gewaltfreien Kommunikation von Marshall Rosenberg[16] an und ich finde sie einfach und großartig. Sie besteht aus drei Teilen und hilft dir, deine Sicht darzulegen, ohne den anderen zu irritieren oder zu verletzen.

- *Wahrnehmung:* Was nehme ich wahr?
  Beschreibe, was du wahrnimmst – und zwar so sachlich wie möglich und ohne Vorwurf. Bleib wertfrei und möglichst exakt.
  Beispiel: »Die letzten drei Projekte hast du erst am Folgetag der gesetzten Frist eingereicht.«
- *Wirkung:* Was macht es mit mir?
  Erkläre, was das in dir auslöst. Entscheide dich für Ich-Botschaften und verzichte auf Anschuldigungen. Ich-Botschaften beschreiben deine Gefühle und sind frei von Gedankenlesen oder Wahrsagerei. Bleibe nur bei dir.
  Beispiel: »Das stresst mich, weil ich dadurch selbst aus meinem Zeitplan komme und Gefahr laufe, die Kundenfrist nicht einhalten zu können und den Auftrag zu verlieren.«

- *Wunsch:* Was wünschst du dir?
  Sag, was du willst – und zwar ohne Wenn und Aber. Das heißt nicht, dass du unfreundlich werden musst. So sicherst du dir die Zusage des anderen zu, auf die du dich anschließend berufen kannst.
  Beispiel: »Ich wünsche mir, dass du zukünftig die Frist einhältst oder mich rechtzeitig darüber informierst, wenn dir die Zeit nicht ausreicht, damit wir gemeinsam eine Lösung finden können.«

Lass uns die WWW-Technik einmal an einem alltäglichen Beispiel durchspielen. Ina und Christian leben zusammen in einer Wohnung. Christian zeigt im Haushalt ein Engagement, das Ina als eher mäßig einstuft, vor allem das notwendige Ausräumen der Spülmaschine ignoriert er immer wieder gekonnt. Ina ärgert das. Wieso muss immer sie die Spülmaschine ausräumen? Sie stellt Christian zur Rede.

»Nie räumst du die Spülmaschine aus. Immer muss ich das machen! Glaubst du, ich bin deine Putzfrau? In einem Haushalt müssen beide mit anpacken. Du ziehst dich einfach so aus der Verantwortung.«

Was macht Ina falsch? Na ja, so ziemlich alles.

- Verallgemeinerung: »Nie räumst du die Spülmaschine aus. Immer muss ich das machen!«
- Gedankenlesen/Unterstellung: »Glaubst du, ich bin deine Putzfrau?«
- Absolutistisches Denken und persönliche Regel: »In einem Haushalt müssen beide mit anpacken.«
- Vorwurf: »Du kannst dich nicht so aus der Verantwortung ziehen.«

Ich kenne Christian nicht. Aber ich kann mir sehr gut vorstellen, dass er Inas Einladung zur Auseinandersetzung annimmt und das Ganze in einem handfesten Beziehungsstreit endet.

Wenn Ina die WWW-Technik anwenden würde – wie würde ihre Kritik aussehen? Probiere es selbst aus, bevor du meine Version liest.

Du kannst deinen Wunsch auch als Frage formulieren, wenn du möchtest, so wie es in meinem Vorschlag an Ina abschließend formuliert wurde. Hier mein Vorschlag:

»Mir ist aufgefallen, dass du die letzten fünfmal die Spülmaschine nicht ausgeräumt hast. Ich fühle mich hiermit allein gelassen. Können wir uns darauf einigen, dass wir uns damit in Zukunft abwechseln?«

Und wie hätte ich mich in der Situation mit der Hängematte anders verhalten können? Hier mein Vorschlag:

»Ihr habt die Hängematten reserviert und in der letzten Stunde nicht benutzt. Ich habe angenommen, dass ihr erst mal etwas anderes vorhabt. Ich möchte gerne noch eine halbe Stunde hier liegen bleiben. Soll ich euch dann Bescheid geben?«

Das eigene Bedürfnis zum Schluss als Frage zu formulieren, kann auch sehr clever sein. Es ist nämlich schwer, einen Wunsch abzuschlagen – auch einem Wildfremden. Man steht ja wie ein absoluter Misanthrop dar, wenn man folgende als Fragen formulierte Bitten ablehnt:

- »Würde es Sie stören, Ihre Füße vom Sitzpolster zu nehmen?« – »Ja! Das würde mich stören.«
- »Könntest du mir den Gefallen tun und deine alte Kaffeetasse nicht auf meinem Schreibtisch stehen lassen?« – »Nein. Das kann ich nicht.«
- »Wäre es für dich in Ordnung, wenn du das Telefonat mit deiner besten Freundin nicht im Ruheabteil des Zuges führst?« – »Ist es nicht. Ich telefoniere, wann und wo ich will.«

Immer wieder erstaunt mich auch, wie weit ich mit Selbstoffenbarung komme. Wenn ich also meine eigene Unzulänglichkeit von vornherein eingestehe und dem anderen als Grundlage für seine Entscheidung anbiete.

Betrachten wir dazu noch mal die beiden Beispiele: Ellbogen-Aufstützen und Lesen im Flugzeug. Stell dir vor, du wärst derjenige, der zurechtgewiesen wird. Wenn der Fokus auf den Appell gelegt wird, lauten die Aufforderungen folgendermaßen:

- »Nimm die Ellbogen vom Tisch!«
- »Hören Sie auf zu reden!«

Garniere die Aussage nun mit einer Prise Selbstoffenbarung. Das bedeutet, dass der Sprecher zugibt, dass er vielleicht ein bisschen empfindlich oder besonders in seiner Einschätzung der Situation ist. Darüber hinaus formulieren wir Fragen anstelle von Aufforderungen.

- »Ich bin etwas eigen, was Tischmanieren angeht. Würde es dich stören, die Ellbogen vom Tisch zu nehmen?«
- »Entschuldigen Sie bitte, ich merke, dass Sie sich sehr angeregt unterhalten. Ich bin etwas geräuschempfindlich. Können Sie bitte etwas leiser sprechen?«

Und? Sicher hättest du damit ein viel besseres Gefühl dabei, die Bitte zu erfüllen – möglicherweise würdest du sogar den Wunsch verspüren, der anderen Person den Gefallen zu tun. Du würdest dich nicht angegriffen fühlen, sondern könntest einschätzen, warum dein Gegenüber tut, was er oder sie tut.

Diese Erkenntnis kannst du natürlich auch im umgekehrten Fall anwenden, also wenn du Kritik oder eine schwierige Bitte äußern möchtest. Wie wäre es, wenn du mit den Menschen, denen du begegnest und mit denen du Konflikte eingehst, besprichst, was dich gerade stört, sauer, traurig oder ungehalten macht? Wenn du dir eingestehst, dass deine eigenen Glaubenssätze es sind, die dir die Gefühle bescheren – nicht die anderen Personen? Und wie wäre es, wenn du sie dann nach ihren Gefühlen fragen würdest? Du kannst nur dann in der Lage sein, ein Missverständnis zu verhindern, wenn du erfährst, was in deinem Gegenüber vorgeht, und kommunizierst, was in dir passiert.

Wir gehen selbst leider immer davon aus, dass wir erst mal alles richtig machen und die anderen nicht. Also ich denke das, und ich glaube, du auch. Es ist ein menschliches Phänomen, dass wir von dem, was wir glauben, meistens überzeugt sind. Klar, sonst würden wir es ja nicht glauben.

Eine weitere Erwartung von uns ist, dass die anderen merken, wenn sie etwas falsch gemacht haben. Aber Hand aufs Herz: Wie oft merken wir es selbst nicht? Ist es dir noch nie passiert, dass du gegen Regeln verstoßen hast, einfach weil du in deiner eigenen Trance-Welt warst? Bei definierten Regeln kann man das sehr bestimmt klären, bei alltäglichen Regeln erfordert die Klärung hingegen immer einen Kompromiss, weil es kein Richtig oder Falsch gibt. Ich kann nicht erwarten, dass jemand, der meine Werte nicht teilt, blind erkennt oder nachvollziehen kann, warum er sich gerade – in meinen Augen – falsch verhält. Es ist an der Zeit, dass wir nicht die anderen ändern wollen, sondern uns selbst, vor allem unsere Mindsets. Es liegt an unserer Erziehung, Sozialisation und Erfahrung, was wir für richtig und wahr erachten. Wenn ich immer wieder in Situationen komme, in denen ich Gefühle empfinde, die mir nicht gefallen, darf ich anfangen, meine eigenen Bewertungsmodelle zu überprüfen. Denn ich kann weder die Situationen noch die Menschen, die daran beteiligt sind, ändern – nur mich. Ich kann bewusst entscheiden, aus der Rolle des Opfers herauszutreten und aktiv zu handeln, selbst dann, wenn es zunächst unangenehm ist.

Am wahrscheinlichsten gelingt dir dies, wenn du dich an die WWW-Kommunikation hältst. Und es hilft in solchen Situationen auch sehr, wenn du bewusst eine deeskalierende Einstellung einnimmst und um Verständnis bittest. Denn in Stresssituationen erhitzen sich die Gemüter recht schnell. Wobei wir auch schon beim nächsten Konfliktaspekt sind.

Nicht ohne meinen Neocortex

In Kapitel 5 habe ich dir erklärt, dass unser Körper in den Kampf- oder Flucht-Modus wechselt, sobald wir in eine lebensbedrohliche Situation geraten. Diese Stressreaktion hat uns über viele Hunderttausende Jahre lang das Überleben ermöglicht.

Auch heute noch kann die Stressreaktion in einer akuten Gefahrensituation Leben retten. In den meisten heutigen Stresssituationen stellen wir uns aber ganz anderen Anforderungen als unsere Vorfahren. Heute ist es vielleicht das Lampenfieber vor einem Vortrag, ein fordernder Chef, Lärmbelastung, ein hohes Arbeitspensum oder ein Beziehungsstreit.

Verantwortlich für diese Stressreaktion ist unser Reptiliengehirn. In Kapitel 1 habe ich dir ja die verschiedenen Bereiche unseres Gehirns erläutert. Stress ist so was wie die Alarmanlage unseres Körpers, und diese Alarmanlage ruft deine innere Polizei auf den Plan und unter lebensbedrohlichen Umständen sogar dein Militär. In beiden Fällen wird der normale Verwaltungsapparat in deinem Gehirn entmachtet. Statt Fairness und Risikoabwägung übernehmen instinktive Muster das Sagen, denen es um Arterhalt und Sicherheit geht. Diese sind unbewusster und daher schneller, führen sich jedoch auch gerne mal auf wie der Elefant im Porzellanladen. Während es der Polizei noch um Gesetz und Ordnung geht, eskaliert das Militär direkt mit brachialer Gewalt. Diese Zustände entstehen meist nicht schlagartig, sondern können sich auch langsam steigern (chronischer Stress). Man sieht das öfter bei Halbstarken, die sich erst eine Weile anschnauzen, bevor es gewalttätig wird. So wie sich der Konflikt hochschaukelt, steigert sich auch der Stresslevel, bis der Schwellenwert erreicht ist. Stell dir eine orangefarbene Glühbirne vor, die unter Sirenengeheul angeht, gleichzeitig schaltet das Gehirn in den Ausnahmezustand, und dann geht es schließlich rund.

Es gibt nun noch eine weitere Besonderheit unter Stress, die Beobachtung verdient. Das relativ langsame Denken des Neocortex wird dabei nämlich von deinem Reptilienhirn bewusst gedrosselt. Das kann zu Blackouts im Gedächtnis führen, was du vielleicht schon mal in Prüfungen oder Bewerbungsgesprächen erlebt hast. Dieses beeinflusst auch dein rationales Verhalten. Die Blutzufuhr nimmt ab und bestimmte Botenstoffe sorgen für eine leichte Narkotisierung: Das faire, vorsichtige und risikobewusste Denken nimmt deutlich ab und grob schematische, riskante und schnelle Denkmuster übernehmen das Ruder. Nun zeigt sich, ob du deine unbewussten Filter trainiert hast oder nicht.

Mach dir klar: Diese Stressmuster sind in der Evolution nicht entstanden, damit du mit deinem Chef oder Partner diskutierst, sondern damit du im Notfall kämpfen oder fliehen kannst, und zwar nicht im metaphorischen Sinne. Stress schwächt die Impulskontrolle und so erklärt sich auch, weswegen manch einem dabei die Sicherung durchbrennt, jemand im Streit zuschlägt oder schreit. Beides sind Formen von Gewalt, die einschüchtern und abschrecken sollen.

Wenn du dich also beim nächsten Streit fragst, wieso du oder dein Gegenüber plötzlich verbale Tiefschläge einsetzen, jemand Unsinn erzählt oder unlogisch argumentiert, dann mach dir klar, dass der Stress das ganz automatisch verursacht.

Ob es nun an dir oder deinem Partner liegt, dass ihr euch nicht versteht, das ist dann zweitrangig. Schau dir dazu das folgende Bild an. Wer von beiden hat recht?

Wie du siehst, haben beide recht, denn jeder hat seine eigene Wahrnehmung. Es geht in Konfliktsituationen also nicht darum herauszufinden, wer von beiden objektiv gesehen der weisere ist, sondern darum, eine Lösung für eine Auseinandersetzung zu finden.

Gerade wir Männer können uns in dieser Hinsicht eine Scheibe von den Frauen abschneiden. Während unser Alarmsystem unter Stress vornehmlich auf Kämpfen oder Fliehen programmiert ist, neigen Frauen eher zur sogenannten Tend-and-Befriend-Reaktion (den Nachwuchs beschützen [tend] und Freundschaft anbieten [befriend]). Sie versuchen, zu beschwichtigen und einen Kampf zu verhindern. Evolutionär lässt sich dies damit erklären, dass Frauen tendenziell den Männern im Kampf physisch unterlegen sind und gerade während der Schwangerschaft und mit Kindern auch schlechter fliehen konnten. Daher bemühten sie sich, den Konflikt zu deeskalieren.

Gerade in der heutigen Zeit ist dieser Modus sinnvoller und wir sollten uns bewusst machen, dass Stressmuster sehr viel mit Training und Programmierung des Unterbewussten zu tun haben. Achte auch in Konflikten mit dem anderen Geschlecht darauf, dass ihr euch dieser Grundmuster klar seid. Ist aus einem Konflikt ein Streit entbrannt, dann kann es sein, dass er fliehen will: in sein Arbeitszimmer, den Hobbykeller oder zum besten Kumpel. Sie will darüber reden, in den Arm genommen werden und den Streit beenden. Wenn sie ihn nun weiter bedrängt, kann es bei ihm von *Fliehen* auf *Kämpfen* wechseln und er schreit: »Lass mich gefälligst in Ruhe«, oder greift sie verbal oder sogar körperlich an. Falls das wiederholt passiert, dann sprecht in Friedenszeiten darüber und einigt euch auf Regeln, die beiden Seiten helfen, schnell wieder zur Besinnung zu kommen. Man bezeichnet diese Muster nicht ohne Grund als Streitkultur.

Verzichtet dabei von Beginn an gänzlich auf Gedankenlesen, kommuniziert in Ich-Botschaften, lasst Vorwürfe und Anklagen weg und übt euch in Gelassenheit. Atemtechniken helfen ebenso wie Distanz. Ein gemeinsamer Spaziergang, eine Umarmung oder Zärtlichkeiten sind die beste Form der Deeskalation. Denn hiermit wird dem Reptiliengehirn signalisiert: Die Gefahr ist vorüber. Entspann dich. Der Körper geht zurück in die Homöostase und der Neocortex funktioniert wieder ordnungsgemäß. Sprich: Du kannst wieder klar denken und ein konstruktives Gespräch über den Vorfall führen.

Gerade in Konfliktsituationen greifen wir meist unbewusst auf Muster und Routinen zu, ohne diese zu hinterfragen. Also prüfe diese in Friedenszeiten und überlege dir schon vorab, wie du dich im nächsten Konfliktfall von Beginn an anders verhalten kannst. Oder noch besser: Überlege dir, wie du Konflikte vermeidest, indem du gemeinsam mit deinem Umfeld an den Landkarten, Glaubenssätzen und Regeln arbeitest. *Tend and Befriend* statt *Kampf oder Flucht*.

Raus aus dem Dramadreieck

Das Dramadreieck[17] aus der Transaktionsanalyse, das der Psychologe Stephen Karpman erstmals im Jahr 1968 beschrieb, ist ein in Psychologie und Soziologie verwendetes Modell, um die Rollen der Akteure in zwischenmenschlichen Konfliktsituationen zu veranschaulichen. Ursprünglich kommt es aus der Literaturwissenschaft, denn mithilfe des Dramadreiecks lassen sich in Märchen oder Sagen grundlegende Beziehungsmuster zwischen mindestens zwei Personen gut erkennen. Der Begriff »Drama« kommt nicht ohne Grund aus dem Theaterschauspiel. Manch einer macht ja selbst aus kleinsten Konflikten eine emotionale »Inszenierung«.

Am Dramadreieck sind drei Rollen beteiligt, die alle voneinander abhängig sind: der Täter, das Opfer und der Retter. Das heißt nicht, dass auch drei Personen oder Parteien beteiligt sein müssen. Manchmal nehmen einzelne Personen mehrere Rollen im Wechsel ein.

In vielen alltäglichen Beziehungen, privat, beruflich oder im Alltag, zum Beispiel beim Einkaufen, laufen wir Gefahr, aus sachlichen Herausforderungen emotionale Dramen zu konstruieren. Ich verdeutliche dir die Dynamik zunächst mal an einem alltäglichen Beispiel:

Sonja kommt nach einem anstrengenden Arbeitstag nach Hause. Sie freut sich darauf, in Ruhe mit ihrem Mann Christian entspannen zu können. Als sie zu Hause die Küche betritt, sitzt dort Christian mit seinem besten Kumpel Marc. Die beiden haben gekocht, trinken Bier und sind super gelaunt. Das sieht man der Wohnküche auch an. »Was ist denn hier los?«, mault Sonja enttäuscht. »Hier sieht's ja aus wie auf einem Schlachtfeld!« Vorwurfsvoll blickt sie erst Christian, dann Marc an. »Du weißt doch, dass ich es gar nicht mag, wenn ich nach Hause komme und das totale Chaos herrscht.« Oder: »Wir haben doch nur gekocht …«, erwidert Christian.

Es entsteht ein Konflikt, in dem Sonja zunächst die Täterin ist (klagt an) und Christian das Opfer (er ist sich keiner Schuld bewusst). Er reagiert jedoch darauf und wird jetzt zum Täter: »Du bist immer so empfindlich. Marc und ich wollten einfach 'ne gute Zeit haben. Nur weil du einen harten Tag hattest, dürfen wir jetzt keinen Spaß haben?«

»Das ist ja wieder typisch. Du machst dir 'ne gute Zeit und bringst hier alles durcheinander und ich bin die Böse?!« (Opfer) Sie setzt nach: »Bis eben war mein Tag super, aber wenn ich dann nach Hause komme, du unsere Verabredung vergisst und die Küche auch noch wie ein Jahrmarkt aussieht (Täter), geht's mir einfach schlecht.« (Opfer)

Nun mischt sich Marc in den Dialog ein und versucht, die Rolle des Retters einzunehmen: »Sonja, ich bin eh gleich weg und Christian macht das doch nicht, um dich zu ärgern.«

Dieser Vermittlungsversuch kommt bei Sonja nicht gut an. Aus ihrer Sicht ist er nun Täter und sie Opfer. »Halt dich da raus!« Sie wird nun zum Täter und greift Marc an, der damit zum Opfer wird.

»Lass Marc in Ruhe, er wollte nur helfen!«, herrscht Christian sie an (Retter für Marc, Täter für Sonja), die Dynamik scheint festgefahren. Angriff – Gegenangriff.

In festgefahrenen Dramahistorien geht es irgendwann nicht mehr um Lösungen, sondern nur noch um Prinzipien und Macht. In diesem Stadium bleibt meist nur noch ein Pingpong aus Angriff und Gegenangriff – Täter-, Opfer- und Retterrolle wechseln hin und her.

Keine Rolle ist besser als die andere, auch wenn der Begriff »Täter« das nahelegt. Es wirkt jedoch nur auf den ersten Blick so, als ob er mehr Macht hätte als das Opfer oder der Retter. Letzterer kommt altruistisch daher und will offenbar nur das Beste, dabei handelt er häufig, weil er sich Anerkennung erhofft, und macht das Opfer damit unnötig klein. Das Opfer ist scheinbar das schwächste Glied in der Kette – indem es jedoch keine Verantwortung übernimmt, macht es sich immer mitschuldig.

Täter

- wirkt, als ob er die meiste Macht hätte,
- weiß alles besser,
- beschuldigt, klagt an oder hetzt auf,
- droht oder demütigt,
- denkt absolutistisch.

Opfer

- wirkt, als ob es die geringste Macht hätte,
- kann sich lautstark wehren oder
- kann sich hilf- und machtlos verhalten,
- jammert und beschwert sich,
- zieht Aufmerksamkeit auf sich,
- ist sich keiner Schuld bewusst,
- manipuliert durch schlechtes Gewissen,
- zwingt andere in die Anklägerrolle.

Retter
- versucht zu vermitteln,
- handelt aus dem Wunsch nach Anerkennung,
- kann auch einseitig urteilen,
- mischt sich meist ungefragt ein,
- lässt Opfer noch hilfloser werden,
- fühlt sich meist nicht wertgeschätzt wegen seiner Bemühungen.

Karpman weist daraufhin, dass alle am Drama beteiligten Personen ihre Rollen intuitiv einnehmen, und zwar aus einer inneren Notwendigkeit heraus. Damit meint er genau das, was ich mit der inneren Landkarte, den Glaubenssätzen und der Wahrnehmung zusammenfasse. Die Dynamik wird umso schädlicher, je weniger den Beteiligten die Situation bewusst ist.

Indem du eine andere Perspektive einnimmst, indem du die WWW-Kommunikation berücksichtigst und dir stets bewusst bist, dass es meistens kein Richtig und kein Falsch gibt, kannst du diese Rollen bewusst ändern. Die Lösung liegt darin, das Drama zu erkennen und zu verlassen. Wie du dir sicher denken kannst, hat das Folgen. Denn alle Rollen sind voneinander abhängig. Wie bei einem dreibeinigen Stuhl kippt das ganze Konstrukt, wenn eine der Stützen wegbricht. Wenn das Opfer sich weigert, die Opferrolle einzunehmen, stehen Täter und Retter ziemlich allein da. Und so passiert es, dass das gesamte System kollabiert, wenn auch nur einer der Beteiligten zum Rückzug bläst.

Sobald du dich in einer Situation befindest, in der du unangenehme Gefühle spürst, kannst du davon ausgehen, dass du gerade eine der drei Rollen übernommen hast. Nun liegt es an dir herauszufinden, welche Rolle du gerade einnimmst.

Denke mal über die folgenden Fragen nach:

- Welche Rolle spielst du (am häufigsten)?
- Welche Rolle hast du als Kind gelernt?
- Wie lief ein typisches Drama zwischen deinen Eltern ab?
- Wem davon stehst du emotional näher?
- Wem davon bist du vom Verhalten ähnlicher?

Erst wenn du dir diese prägenden Muster bewusst machst, kannst du ein solches Muster verlassen. Du musst das Spiel nicht mitspielen. Du kannst ganz einfach aussteigen. Wie? Indem du konsequent bei dir bleibst. Mach dir bewusst, welche Geschehnisse, Angelegenheiten, Gefechte wirklich deine sind. Und welche die deiner Mitmenschen. Erinnere dich stets an die zahlreichen Landkarten und frage dich: Woher weiß ich, dass ich im Recht bin, diese Forderung zu stellen oder diese Anklage vorzubringen? Im Endeffekt geht es darum, mit seinem Gegenüber auf Augenhöhe und mit Respekt zu kommunizieren.

Wie steigst du also aus dem Dramadreieck aus, wenn du es erkannt hast?

Stephen Karpman sagt dazu: »Gar nicht erst reinfallen.« Nun, das wird wahrscheinlich der beste Weg sein, aber solange wir noch nicht die heilige Erleuchtung eines Buddha erreicht haben, brauchen wir einen Notfallplan. Ich erkläre ihn dir anhand meines Kreislaufs der Veränderung, den du ja mittlerweile schon auswendig kennst, oder?

1. Erkenntnis

   Bemerke, dass du gerade Teil des Dramadreiecks bist.

   - Welche Mitspieler erkennst du?
   - Welche Rolle nimmst du gerade ein?

Sobald du erkannt hast, welche Rolle du eingenommen hast, kannst du mit »2. Denken« weitermachen.

2. Denken

   Stelle dir folgende Fragen:

   - Was ist mein Beitrag zu diesem Geschehen?
   - Was ist mein Wunsch/Ziel?
   - Was würde ein Gestalter jetzt tun? (Zu dieser Frage weiter unten mehr.)

3. Handeln

   - Bist du Opfer? Werde aktiv und übernimm Verantwortung für deine Situation und Gefühle. Hör auf, dich zu beschweren und den anderen ein schlechtes Gewissen zu machen.
   - Bist du Täter? Beende die Schuldzuweisungen, Anklagen und Vorwürfe. Übe wohlwollende Kritik. Mach niemanden für deine Unzufriedenheit verantwortlich und zieh niemanden zur Rechenschaft.
   - Bist du Retter? Stell dich nicht vor das Opfer, sondern versuche, mit allen Beteiligten zusammen eine Lösung für das Problem zu finden. Noch besser wäre, Konflikte denjenigen zu überlassen, die für sie verantwortlich sind.

4. Fühlen

   Nimm wahr, wie die Resultate deines neuen Verhaltens sind. Freue dich, wenn die Antwort positiv ist. Sei stark, wenn dein Gegenüber sich von eurer Beziehung verabschiedet, weil du das Spiel nicht länger mitspielst.

Damit verlässt du die Rolle des Täters, Opfers oder Retters und wirst zu einem Gestalter. Ein Gestalter …

- übernimmt Verantwortung,
- löst sich aus der Abhängigkeit,
- trifft Entscheidungen.

Je bewusster du dir darüber bist, wie das Dramadreieck funktioniert, desto eher wirst du in der Lage sein, dein Verhalten zu ändern und den Kreislauf zu verlassen. Denn nur, wenn du dich dazu entscheidest, von Anschuldigungen, Rechtfertigungen, Enttäuschungen, Unterstellungen, Erwartungen und schlechtem Gewissen loszulassen, wirst du dich aus dem Netz des Dramas befreien können. In dysfunktionalen Beziehungen und bei einem unausgewogenen Stressmanagement können sich solche Dramen enorm in die Länge ziehen, und am Ende sind alle Beteiligten die Opfer.

Die Frage, die dir sehr helfen kann, dein Verhalten zu verändern, lautet: Was würde ein Gestalter jetzt tun?

Such dir dazu einen inneren Mentor. In deinem Leben gibt es garantiert jemanden, den du für sein Verhalten in bestimmten Situationen bewunderst. Wie du dir denken kannst, meine ich damit nicht den unglaublichen Hulk, also jemanden, der komplett die Kontrolle verliert und sich in ein grünes Monster verwandelt, das alles kurz und klein schlägt. Ich meine jemanden, der dir hilft, aus deinem destruktiven Verhalten herauszukommen, also beispielsweise Ruhe zu finden, wenn du zum Herumschreien neigst, oder die ehrliche Kommunikation zu suchen, wenn du dich schwertust, deine Meinung offen zu sagen.

Dieser innere Mentor kann eine Person aus deinem Alltag oder eine bekannte Persönlichkeit sein: Nelson Mandela. Gandhi. Mutter

Teresa. Also jemand, der schon mal den Friedensnobelpreis gewonnen hat. Dann bist du auf der sicheren Seite. Oder du nimmst Tante Ilse, die sich durch nichts aus der Ruhe bringen lässt und selbst dem unhöflichsten Berliner Busfahrer »einen schönen Tag noch!« zuwirft.

Wenn du nun in eine Situation kommst, in der du nicht weißt, wie du dich verhalten sollst, denk an deinen inneren Mentor. Wie würde er oder sie sich verhalten? Welche Scheibe könntest du dir von ihm oder ihr abschneiden? Imitiere sein oder ihr Mindset. Versetz dich in ihn oder sie hinein. Hypnotisiere dich selbst!

In deiner Fantasie kannst du alles sein. Und wie du weißt, formen deine Gedanken deine Realität. Wenn du dir nun also immer wieder vorstellst, wie du als dein Mentor handelst, trainierst du deinen Geist darin, so großmütig wie diese Person zu handeln.

Wenn du kein Vorbild hast, dem du nacheifern kannst, kannst du dich auch fragen, wie die beste Version deiner selbst reagieren würde, wenn sie in deiner Situation steckte. Schreib dazu drei Eigenschaften auf, die du gern mit dir in Verbindung bringen würdest. Ich habe mal auf meinen Zettel geschrieben, dass ich in meiner Liebesbeziehung ein aufrichtiger, empathischer und respektvoller Mann sein möchte. Wenn ich nun also eine Auseinandersetzung mit meiner Frau habe und ich erkenne, dass der Konflikt abgerutscht ist (vorausgesetzt, mein Neocortex hat sich nicht komplett verabschiedet), stelle ich mir die folgende Frage: Wie würde ein aufrichtiger, empathischer und respektvoller Partner jetzt handeln?

Würde der seiner Frau sagen, dass sie wieder viel zu emotional reagiere und mal ein bisschen runterfahren solle? Wohl kaum. Es liegt in meiner Verantwortung, mich an meine Vereinbarung mit mir selbst zu halten. Denn Rumschreien, Türenknallen und sich gegenseitig zu beschimpfen hat meiner Erfahrung nach noch nie etwas bewirkt, erst recht nicht eine nachhaltige Verbesserung der Partnerschaft. Manche behaupten ja, in einer Beziehung müsse es auch ab und zu richtig knallen, damit es nicht langweilig wird. Da bin ich anderer Meinung. Für mich wäre das zu bequem und nur eine Ausrede, um keine Weiterentwicklung angehen zu müssen. Zoff darf sein, wir sind alle Menschen, aber dass große Ausbrüche zu einer ausgewogenen Beziehung gehören sollen, finde ich eine merkwürdige Anschauung.

Natürlich ist es nicht immer leicht, bewusst zu bleiben, doch die drei Eigenschaften in meinem Gestaltervertrag mit mir selbst helfen mir, mich richtig zu verhalten. Jedes Mal, wenn ich ihn erfolgreich eingehalten habe, nähere ich mich der besseren Version von mir. Und dem Friedensnobelpreis.

Wie könnte der Ausstieg aus unserem Drama-Beispiel von vorhin aussehen? Hier ein paar Vorschläge für beide Beteiligten:

Christian übernimmt Verantwortung dafür, dass er die Verabredung mit Sonja vergessen hat. Er sieht, dass sie mit der unordentlichen Küche unzufrieden ist, und erinnert sich an seinen Gestaltervertrag: In seiner Beziehung möchte er selbstbewusst, klar und liebevoll sein. Deswegen bietet er Sonja folgende Lösung an: »Es tut mir leid, dass ich unsere Verabredung vergessen habe. Gib mir dreißig Minuten, dann habe ich hier alles aufgeräumt. In der Zeit kannst du ja ein warmes Bad nehmen. Danach bestellen wir uns was zu essen oder gehen zum Italiener um die Ecke. Worauf hast du mehr Lust?«

Dabei würde ich noch eine liebevolle Körpersprache wie zum Beispiel eine Umarmung empfehlen (Tend and Befriend). Sollte Sonja sich dazu entscheiden, weiter kritisieren und Christian für den versauten Abend ein schlechtes Gewissen machen zu wollen, sollte er auf keinen Fall darauf eingehen beziehungsweise zurückkeifen. Besser wäre es zu sagen: »Ich habe mich entschuldigt und dir eine Alternative angeboten. Ich freue mich, wenn du etwas davon annimmst. Ich werde nicht weiter mit dir streiten.«

Wie könnte Sonja auf das Vorfinden der unordentlichen Küche reagieren? Ihr Gestaltervertrag lautet: selbsttreu, gelassen und reflektierend. Mein Vorschlag: »Ich bin traurig darüber, dass du unsere Verabredung vergessen hast. Kannst du dir vorstellen, jetzt die Küche aufzuräumen, während ich dusche? Dann können wir einfach etwas später etwas essen gehen.« Wenn Christian antwortet: »Ich würde lieber unsere Verabredung verschieben. Jetzt passt es irgendwie nicht mehr zu der Situation«, könnte Sonja erwidern: »Na gut, dann übermorgen. Aber dafür massierst du mir heute Abend die Füße und zahlst übermorgen beim Italiener!«

Das Modell des Dramadreiecks kannst du übrigens auf jedes allgemeine Ereignis des Alltags übertragen. Du hast ein Knöllchen bekommen? Bist du wirklich ein Opfer der bösen Politesse oder ein Gestalter, der falsch geparkt hat und Verantwortung dafür übernimmt? Dein Flug wurde annulliert? Bleibst du ein schimpfendes Opfer oder setzt du unaufgeregt Alternativen um? Das Wetter passt dir nicht? Was sind deine Optionen: Mimimimi oder Regenjacke? Nahezu jede Herausforderung des Alltags lässt sich durch die lösungsorientierte Perspektive des Gestalters besser und entspannter lösen.

It's all love

Konfliktkommunikation im Alltag sollte nicht daraus bestehen, andere zu missionieren und ihnen die eigenen Regeln aufzuzwingen. Es geht darum, das jeweilige Spielfeld und seine Regeln auszuloten und gemeinsam sinnvolle Kompromisse zu finden.

Du verstehst nun vermutlich besser, wie leicht Konflikte entstehen können und wie kompliziert es ist, diese wertschätzend zu lösen. Manchmal wissen wir gar nicht, in welchem Spiel und auf welchem Spielfeld wir überhaupt sind. Akzeptieren alle Spieler die gleichen

Regeln und wie sicher bin ich mir selbst? Welche Rolle habe ich dabei inne und wohin führt mich das daraus resultierende Verhalten? Will ich um jeden Preis gewinnen und damit mein Gegenüber besiegen? Oder will ich Spaß am Spiel und einen reibungslosen Ablauf?

Mach dir dein Verhalten bewusst, indem du die Methoden des Achtsamkeitstrainings auf deine Gedanken und Worte ausweitest. Beobachte deine Gefühle und konzentriere dich darauf wie auf die Eiswürfel in deiner Hand. Bist du wütend, dann frag dich, weshalb. Welche deiner Regeln wurde gerade verletzt? Wer sagt dir, dass diese Regel wahr ist und besser als die deines Mitspielers? Fühlst du dich oft als Opfer und Verlierer, dann überlege dir, wie du das Spielfeld verlassen oder die Rolle zu deinen Gunsten ändern kannst.

Beziehungen stehen für mich immer an erster Stelle. Wegen meines beruflichen Erfolgs würde ich niemals meine Beziehungen vernachlässigen. Ja ich bezweifle sogar, dass ich beruflichen Erfolg haben könnte, wenn ich meine Beziehungen zu wenig pflegen würde. Ich spüre mich selbst einfach am besten, wenn ich mit anderen Menschen zusammen eine gute Zeit habe. Dabei ist es für mich selbstverständlich, dass diese Beziehungen aufrecht, empathisch und wertvoll sind.

»Aufrecht«, weil ich immer ehrlich meine Gedanken und Gefühle ausdrücken möchte, ohne Angst haben zu müssen, mein Gegenüber zu verlieren, nur weil ich zu mir selbst stehe.

»Empathisch«, weil ich an mich den Anspruch stelle, mich für den anderen zu interessieren, mich in ihn hineinzuversetzen und seine Realität nachzuvollziehen. Ich bin überzeugt, dass Beziehungen nur funktionieren, wenn man sich selbst nicht zum Maß aller Dinge macht. Vor allem sollte man sich von seiner eigenen Wahrnehmung lösen können und seine eigenen Überzeugungen nicht für die einzige Wahrheit halten. Nur dann kann man die Wahrnehmung und

Überzeugungen des anderen besser verstehen. Das alles erfordert natürlich ein hohes Maß an Achtsamkeit – besonders in Konfliktsituationen. Doch immer wenn mir dies gelungen ist, wurde ich dafür belohnt: Auseinandersetzungen haben sich schnell aufgelöst und die Bindung wurde gestärkt.

»Wertvoll« bedeutet für mich, dass ich mich dafür einsetze, dass meine Beziehung funktioniert und auch hält. Du denkst jetzt vielleicht: »Das ist doch selbstverständlich! Macht doch jeder!« Dazu möchte ich dir ein Beispiel geben: Ich lerne immer wieder Liebespaare kennen, die das eine oder andere kleine oder größere Problem miteinander haben. Das ist menschlich. Allerdings verwundert es mich immer wieder, dass die meisten dieser Paare immer auf die gleiche Weise mit diesen Problemen umgehen und dennoch einen anderen Ausgang ihrer Problembehandlung erwarten. Sie reden auf die gleiche Art und Weise miteinander, behandeln sich auf die gleiche Art und Weise und reagieren auf die gleiche Art und Weise. Alles bleibt gleich. Wie soll sich damit die Beziehung verbessern?

Wenn ich Tennis spiele und merke, dass ich in bestimmten Bereichen Defizite habe, dann arbeite ich doch an diesen Schwachstellen, um besser zu werden. Jedes Mal korrigiere ich meine Technik. Mal halte ich den Schläger anders, mal stelle ich den rechten Fuß weiter nach vorne, mal nehme ich den Ball früher an und dergleichen mehr. Ich würde Bücher dazu lesen, die Technik von Roger Federer studieren oder mir einen Trainer leisten. Einfach so weiterspielen wie bisher und dabei ein besseres Spielergebnis erwarten, würde ich sicher nicht – und ich glaube, du auch nicht, oder?

In Liebesbeziehungen jedoch verhalten sich viele Menschen so und damit vergrößern sich die Probleme. Ich schlage den betreffenden Paaren dann immer vor, gemeinsam ein Buch über die Dynamiken von Beziehungen zu lesen, ein Kommunikationsseminar zu besuchen oder zu einer Paarberatung zu gehen. Darauf bekomme ich oft Antworten wie: »Mein Mann/meine Frau lehnt eine Paarberatung ab.« Ich finde das sehr bedauerlich. Wenn etwas in der Beziehung nicht rundläuft, dann möchte ich doch den Einsatz bringen, damit es wieder rundläuft. Etwas anderes kann ich mir gar nicht vorstellen. Und wenn ich nicht weiß, wie wir es lösen können, und mein Partner auch nicht (lang genug haben wir es ja versucht), dann ist für mich die logische Konsequenz, mir Hilfe zu holen. Die mir einen neuen Weg aufzeigt, den ich bisher nicht kannte, an den ich bisher nicht dachte und den ich ausprobiere, um eben ein neues Ergebnis zu erzielen. So viel sollte mir doch die Beziehung wert sein.

Bei einem meiner Besuche in der NDR Talk Show kamen wir auf Paartherapie zu sprechen und einige Talkgäste sagten, dass sie nicht zu einer Paartherapie gehen würden. Wenn dieser Punkt nämlich erreicht ist, wäre sowieso das Kind schon in den Brunnen gefallen und eine Paartherapie könnte die Situation kaum retten.

Ich war irritiert. »Aber ich gehe doch nicht zur Paartherapie, wenn der Höhepunkt unseres Beziehungsdramas erreicht ist. Ich gehe schon viel früher hin, bevor es überhaupt anfängt, hässlich zu werden«, warf ich in die Runde.

Barbara Schöneberger fragte interessiert: »Thimon, meinst du damit, man geht zu einer Paartherapie, wenn es noch gut läuft?«

»Ich putze meine Zähne jeden Tag. Ich mache das, damit ich keine Karies bekomme. Ich fange doch nicht erst an zu putzen, wenn die Karies schon zu weit fortgeschritten ist. Niemand hat uns wirklich Beziehung beigebracht. Wir übernehmen meistens das Modell, das wir uns von unseren Eltern abgeguckt haben, oder entscheiden uns für das genaue Gegenteil. Zumindest wird uns von keinem wirklich beigebracht, wie man respektvoll und zielführend in Beziehungen miteinander umgeht. Was saubere Kommunikation ausmacht. Oder dass Männer vom Mars sind und Frauen von der Venus. Je früher wir die gemeinsame Beziehungsarbeit starten, sinnvollere Kommunikationstechniken anwenden und die eigenen Grenzen kennenlernen, desto länger bleibt die Beziehung gesund.«

Viele sind ja auch der Meinung, es läge nicht an ihnen, dass die Probleme existieren. Der Partner müsse unbedingt an sich arbeiten oder eine Therapie machen. Dazu habe ich die Meinung, dass es egal ist, wer von beiden »beziehungsunfähig« ist. Fakt ist: Zu einer Beziehung gehören mindestens zwei Menschen. Wenn etwas in der Beziehung nicht stimmt und einer von beiden Hilfe von außen vorschlägt, liegt es meiner Meinung nach in der Verantwortung des Partners, diesen Wunsch zu erfüllen oder eine Alternative anzubieten. Mit einer Ablehnung des Angebots respektiert der Partner in meinen Augen die Bedürfnisse des anderen nicht. Und das wiederum wirft natürlich die Frage auf, ob diese Beziehung auf denselben Werten beruht. Die Antwort darf sich jeder selbst geben und dann entscheiden: Love it, change it or leave it.

KAPITEL 7

Selbsthypnose oder wie du deine Realität verändern kannst

Unbewusste Selbsthypnose bewusst machen

IN KAPITEL 2 HABE ICH dir anhand des Realitätskreislaufs erklärt, was Hypnose ist und wie ein Hypnotiseur vorgeht, um deine persönliche Realität zu verändern. Selbsthypnose funktioniert nach demselben Prinzip mit nur einem einzigen Unterschied: Während bei der Hypnose ein anderer deine Gedanken lenkt, tust du es bei der Selbsthypnose selbst.

Ich unterscheide zwischen zwei Formen der Selbsthypnose: der bewussten und der unbewussten.

Unbewusste Selbsthypnose findet jeden Tag fast so häufig wie das Atmen statt, und zwar immer dann, wenn du denkst, fantasierst, tagträumst. Wenn du dich an Erlebnisse aus der Vergangenheit erinnerst und die Bilder und Empfindungen von damals aufrufst. Oder wenn du dir ausmalst, wie etwas in der Zukunft ausgehen könnte – im Positiven wie im Negativen.

Unbewusste Selbsthypnose findet auch statt, wenn du ein Ereignis über deine Sinnesorgane wahrnimmst und du diesem Erlebnis eine Bedeutung beimisst. Wenn du das Erlebte also nicht als neutral einstufst, sondern als schön oder unschön. Darauf reagierst du mit körperlichen und seelischen Empfindungen als Resultat deiner Selbsthypnose.

Sobald du aber deine Reaktion darauf bewusst wahrnimmst, kannst du dich entscheiden, wie die Selbsthypnose weiter verlaufen soll: bewusst oder unbewusst. Diese Erkenntnis ist entscheidend, deswegen wiederhole ich den Satz noch einmal:

Sobald du deine Reaktion auf ein bestimmtes Ereignis bewusst wahrnimmst, kannst du dich entscheiden, wie deine Selbsthypnose weiter verlaufen soll: bewusst oder unbewusst.

Das bedeutet: Deine erste Reaktion auf ein Ereignis kannst du selten kontrollieren. Sie entsteht meist unbewusst und automatisch, abhängig von deinen Glaubenssätzen. Doch sobald du dir deiner Gefühle gewahr wirst, beginnt die *bewusste Selbsthypnose*. Ab diesem Moment bis du allein verantwortlich, wie du dich weiterhin verhältst, fühlst und auf welche Art und Weise du den Realitätskreislauf weiter durchläufst.

Natürlich ist entscheidend, ob du dich wohlfühlst oder nicht. Also ob dir das gefällt, was du gerade erlebst. Wenn ja, gibt es keinen Grund, etwas zu verändern. Im Gegenteil: Ich würde mir genau merken, was dazu geführt hat, dass es mir gut geht, und mehr davon in mein Leben holen. Ist das Gefühl jedoch unangenehm, besteht Handlungsbedarf. Bleibst du weiterhin Opfer, Täter oder Retter? Oder wirst du zum Gestalter?

Die Fähigkeit, uns selbst wahrzunehmen, darüber zu reflektieren und uns anders zu entscheiden, haben wir allen anderen Wesen auf diesem Planeten voraus. Unser Neocortex macht das möglich. In Kapitel 5 im Abschnitt *Achtsamkeit – der Blick als Beobachter* habe ich dir schon einiges darüber erzählt und Vorschläge gemacht, wie du diese Achtsamkeit trainieren kannst.

Ich würde mich sehr darüber freuen, wenn du die nötige Achtsamkeit entwickelst, über dich in den richtigen Momenten reflektieren zu können und die Methoden anzuwenden, die ich dir in diesem Buch erläutere oder die du über die Zusammenarbeit mit anderen Experten kennenlernst.

Wenn du dich dafür entscheidest, in den Automatismus der negativen Selbsthypnose einzugreifen, ihn anzuhalten und in eine andere Richtung zu lenken, kannst du die unbewusste Selbsthypnose stoppen. Ziel ist es, destruktive Gedanken zu unterbrechen, den Fokus zu verändern, den Autopiloten abzuschalten und anders zu denken, zu handeln und zu fühlen als bisher.

Bewusste Selbsthypnose kannst du auch aktiv wie Meditation betreiben. Dabei versetzt du dich in einen Zustand der Trance, in dem du auf dein persönliches Betriebssystem zugreifst und deine Software updatest. Diese Methode beschreibe ich sehr ausführlich in Kapitel 8: *Selbsthypnose oder Update in Trance*. Sie ist äußerst wirksam und hilft dir, eine gelassenere und zufriedenere Version deiner selbst zu werden.

Mentale Zukunft

Hast du schon einmal die Wintersportart Rodeln im Fernsehen gesehen? Vielleicht ist dir dabei aufgefallen, dass einige der Fahrer die Abfahrt im Geiste noch einmal durchgehen, bevor sie tatsächlich die Strecke fahren. Du kannst dir mittlerweile bestimmt denken, warum sie das machen. Da das Gehirn ja nicht unterscheidet zwischen Realität und Imagination, stärken sie damit ihre neuronalen Verbindungen und bauen sie sogar noch weiter aus. Mit der mentalen Wiederholung verinnerlichen sie die Strecke und wie sie sie fahren möchten. Sie können sogar feine Justierungen ihrer Performance vornehmen, bevor das Rennen überhaupt erst stattfindet. Sie geben damit ihrem Gehirn einen Vorgeschmack von der Zukunft. Untersucht ein Neurowissenschaftler das Gehirn mit bildgebenden Verfahren nach diesem Mentaltraining, dann sieht es so aus, als wenn der Sportler die Erfahrung wirklich gemacht hätte.

In einem Experiment sollten zwei Gruppen von Menschen, die nicht Klavier spielen konnten, fünf Tage lang je zwei Stunden täglich Klavier spielen üben. Mit dem bedeutenden Unterschied, dass die erste Gruppe am echten Instrument übte, die zweite nur mental. Gruppe zwei bewegte also keinen einzigen Finger und stellte sich das Üben nur vor. Dennoch konnten die Forscher erkennen, dass am Ende der Versuchszeit beide Gruppen fast die gleiche Menge an neuronalen Verbindungen neu gebildet hatten – die Verbindungen fanden sich sogar an den gleichen Stellen wie bei den Probanden, die mit Instrument geübt hatten. Ist das nicht faszinierend? Wir können also wirklich unsere Hardware Gehirn allein durch unsere Vorstellungskraft verändern.

Wenn du mental übst, siehst du dich selbst, wie du eine bestimmte Tätigkeit ausübst, die du vielleicht in der Realität noch gar nicht so gut beherrschst. Du siehst dich nicht nur in perfekten Schwüngen eine Skipiste hinunterfahren, sondern gehst im Kopf auch durch, wie du das Gewicht verlagerst, die Skistöcke optimal einsetzt und die Ideallinie findest. Der Schnee staubt vor deinem inneren Auge und du nimmst mental das Glückgefühl voraus, das einem eine gelungene Abfahrt gibt. Wenn du dann tatsächlich auf der Piste stehst, ist dein Gehirn gut vorbereitet, da es bereits die entsprechenden neuronalen Verbindungen vorbereitet oder sogar schon verfestigt hat. Durch mentales Üben können wir also unser Gehirn verändern – und eine Tätigkeit, die Bewältigung einer bestimmten Situation oder das Erreichen eines angestrebten Gefühls vorwegnehmen. So kannst du es schaffen, dass deine nächste Abfahrt besser gelingt, du nicht mehr die Nerven verlierst, wenn du den Bus versäumst, oder dein nächstes Klavierspiel sich (noch) besser anhört. Die großartigen und hoch entwickelten Eigenschaften unseres Neocortex können wir also durch mentales Üben dazu nutzen, unser Denken, Handeln und Fühlen und dadurch unser Leben zum Besseren zu verändern.

Profisportler machen sich das zunutze, weil sie es so ihrem Körper leichter machen, die bereits vorhandenen Wege im Gehirn zu nutzen. Es wurde herausgefunden, dass ein ausgewogenes Verhältnis zwischen Mentaltraining und realem Training zu besseren Erfolgen führt, als wenn der Sportler nur »in echt« trainiert. Die körperlichen Ressourcen wie Muskeln und Knochen werden dabei geschont, dazu ist das Verletzungsrisiko beim Mentaltraining äußerst gering. Ein Leistungssportler hat mir mal erzählt, dass die eigene Leistung sogar allein durch das aufmerksame Beobachten einer Performance von anderen Ausnahmesportlern gesteigert wird.

Ziel des Mentaltrainings für den Alltag ist es, das gewünschte Erleben schon mal vorab positiv im Gehirn zu verankern. Die einfache Faustformel lautet: Was du dir bereits intensiv vorgestellt hast, kannst du später besser umsetzen.

Wenn du also einen Vortrag, den du vor dem Vorstand oder einem größeren Publikum halten sollst, immer wieder mental durchspielst und dir die dazugehörigen Empfindungen wie Gelassenheit, Ruhe, Souveränität vorstellst, finden in deinem Körper fast dieselben biochemischen Reaktionen statt, wie wenn du den Vortrag wirklich hältst. Dein Gehirn »lernt« dadurch, wie es sich in der jeweiligen Situation verhalten soll.

Das heißt im Umkehrschluss auch, dass es hinderlich ist, sich bei dem Gedanken an den kommenden Vortrag in Aufregung, Angst und unwohle Empfindungen hineinzusteigern. Denn auch negatives Denken beeinflusst deine Realität. Wenn du dir das Worst-Case-Szenario ausmalst, fühlst du dich nicht nur automatisch schlecht, du programmierst damit auch deine Zukunft vor. Mit hoher Wahrscheinlichkeit erfährst du dann die gleichen Reaktionen beim Vortrag wie während der Vorbereitung. Das beeinflusst dann auch dein Verhalten, deine Körpersprache, deine Stimme und so weiter. Ist ja klar, dass dann deine Performance darunter leidet. Was wiederum dazu führt, dass deine anfängliche Angst bestätigt wird: »Ich hab's doch gewusst. Ich bin kein guter Redner. Was für eine Blamage.« Dass deine Realität aber durch deinen Glaubenssatz und die entsprechenden Gedanken dazu beeinflusst wurde, wird nicht erkannt.

Besser bereitest du einen Vortrag oder auch ein Bewerbungsgespräch vor, indem du dir die folgenden Fragen stellst:

- Wie will ich wirken?
- Wie will ich mich fühlen?
- Wie möchte ich mich verhalten?
- Was möchte ich bewirken?

Anschließend spielst du den Vortrag oder das Gespräch im Geiste immer wieder mit diesen Antworten durch, und zwar bildlich, körperlich und emotional. Jeden Tag für ein paar Minuten. Dein Unterbewusstsein wird dann beim Vortrag die schon vorhandenen Bahnen im Gehirn nutzen und du wirst dich dementsprechend fühlen und verhalten. Und dieses Mentaltraining kannst du natürlich auch auf jedes andere Szenario anwenden. Mehr dazu erfährst du in Kapitel 8: *Selbsthypnose oder Update in Trance*.

Übung: **Werden, wer du sein willst**

Mithilfe der Selbsthypnose kannst du dein Unterbewusstsein trainieren, dich zukünftig häufiger wie der Mensch zu verhalten, der du sein willst.

Wenn du dich das nächste Mal in einer Situation wiederfindest, in der du dich aufgrund deiner Gedanken, deines Verhaltens oder deiner Gefühle unwohl fühlst, nimm dir eine kleine Auszeit. Setz dich in eine ruhige Ecke, bereite Papier und Stift vor und reflektiere über die Situation. Überlege, aus welchem Grund du dich nicht wohlgefühlt hast. Was waren deine Gedanken? Wie hast du dich verhalten? Welche Gefühle hast du empfunden?

Notiere nun auf dem Papier, wie du dich hättest verhalten wollen – welche Gedanken, welches Verhalten und welche Gefühle du dir gewünscht hättest. Welcher Mensch möchtest du sein? Wie reagiert dieser Mensch in der konkreten Situation von heute? Notiere alles, was dir gut und richtig erscheint. Vermeide dabei negative Beschreibungen, halte nur positive Attribute fest.

Lies dir deine Aufzeichnungen noch einmal ganz genau durch.

Such dir nun einen Ort, an dem du dich entspannen kannst. Schließe die Augen, atme tief durch und konzentriere dich auf dein Inneres. Lass im Geiste noch einmal die Situation Revue passieren, die du heute erlebt hast. Dieses Mal tritt aber die Version von dir an, die du auf dem Zettel skizziert hast. In deinem Kopfkino denkst, handelst und fühlst du genau so, wie du es dir vorher ausgemalt hast. Stell dir die Szene in allen Farben vor – und staune, wie sich ihr Ausgang verändert, wenn dein Ich 2.0 zu handeln beginnt. Wenn du deiner Idealversion vertraust, darfst du die Kontrolle an dein Unterbewusstsein abgeben und die Szene sich entwickeln lassen.

Du kannst die Übung so oft wiederholen, wie du magst. Mit der Zeit wird es vermutlich nicht mehr notwendig sein, deine Idealvorstellung von dir schriftlich festzuhalten. Denn nach und nach werden aus deinen Gedanken Vorstellungen, diese Vorstellungen manifestieren sich in deinem Körper und ebnen den Weg für dein neues Verhalten.

Denk an das Mentaltraining der Sportler. Sie »proben« mithilfe ihrer Gedanken den Wettkampf und stellen sich vor, wie sie eine Sekunde schneller laufen als sonst, weiter werfen oder aus dreißig Metern Entfernung eine Flanke schießen, die der Fußballgott noch nicht gesehen hat.

Für mich als Hypnotiseur ist Mentaltraining auch nichts anderes als Selbsthypnose. Über meine Vorstellungskraft erschaffe ich mir die Realität, die ich später gerne erleben möchte. So bringe ich selbstbestimmt meinen Realitätskreislauf auf die richtige Spur. Ich nehme mein Schicksal selbst in die Hand, anstelle alte Programme über mich bestimmen zu lassen. Denn wenn ich früher mal schlechte Erfahrungen beim Halten eines Vortrags gemacht habe, wird mein Gehirn alles dafür tun, dass ich mich nicht noch einmal in so eine Situation begebe. Es wird Empfindungen entstehen lassen, die mir signalisieren: »Diese Situation tut dir nicht gut. Halte dich fern!« Jeder, der nicht gerne vor Menschen spricht, kennt diese Empfindungen nur zu gut. Schweißausbrüche, Herzrasen und ein zugeschnürter Hals sind übliche Erscheinungen. Die positive Selbsthypnose bringt dem Gehirn also bei, wie es die Situation auch noch anders bewerten kann und welche alternativen Empfindungen damit einhergehen sollen. Update eben.

Du bist, was du sagst

Beim Mentaltraining oder bei der Selbsthypnose in Trance beeinflussen wir unseren persönlichen Realitätskreislauf, indem wir mit unserer Vorstellungskraft arbeiten. Wie beim Klavierspieler-Experiment verändern wir durch Visualisierung unsere persönliche Hardware, also unser Gehirn. Und damit unser Denken. Es gibt noch weitere Möglichkeiten, das eigene Denken zu beeinflussen und damit eine alternative Realität zu modellieren. Beispielsweise über Sprache.

So oft, wie ich es betont habe, ist dir mittlerweile vermutlich schon klar, dass ein Hypnotiseur vor allem über seine Sprache hypnotisiert. Gegen alle Annahmen sind es tatsächlich nicht die Augen des Hypnotiseurs, die den Bewusstseinszustand eines Menschen verändern – es sind seine Formulierungen. Denn jedes Wort hat die Kraft, eine Erfahrung beim Hypnotee entstehen zu lassen. Der Hypnotiseur ist sich dessen absolut bewusst und legt deswegen jedes Wort auf die Goldwaage.

Und ich wünschte, das wäre noch viel mehr Menschen wichtig. Da wir alle überwiegend durch Sprache miteinander kommunizieren, findet darüber deswegen auch immer Hypnose statt.

Erinnerst du dich noch an die Mutter des kleinen Marius? Als das kleine Mädchen fragte: »Darf ich auch mal mit dem Bagger spielen?«, hat Marius' Mutter ihren Sohn massiv beeinflusst. Seine Reaktion war programmiert, als sie antwortete: »Da musst du Marius fragen. Aber ich glaube nicht, dass er dir den Bagger geben wird. Er hat ihn gerade erst geschenkt bekommen.«

Hier mal ein heftigeres Beispiel: Ende 2019 wurde mein erstes Kind geboren. Das Krankenhauspersonal, das uns während der Geburt begleitet hat, war sehr warmherzig und zuvorkommend. Wir haben uns sehr gut betreut gefühlt. Zwischendurch gab es allerdings immer wieder Situationen, in denen sich mir die Nackenhaare aufgestellt haben. Jedes Mal ging es dabei um die Formulierungen, mit der uns bestimmte Informationen übermittelt wurden, während meine Frau in den Wehen lag. Hier ein kleiner Auszug:

- Die Hebamme bei einer Untersuchung: »Achtung, jetzt nicht erschrecken! … Ich weiß, das ist jetzt gemein.«
- Der Anästhesist bei der Vorbereitung der PDA: »Sie dürfen sich jetzt unter keinen Umständen bewegen! Ich könnte sonst die

Nerven verletzen, was zu einer Querschnittslähmung führen könnte.«

- Der Anästhesist kurz vor der Injektion zu mir: »Sie kippen mir jetzt aber nicht um!?«
- Die Ärztin mit Blick auf das CTG: »Die Herztöne Ihres Babys waren gerade hässlich.«
- Eine Schwester betritt den Kreißsaal: »Ich habe schlechte Nachrichten für Sie … (mein Herz blieb stehen …) Ich muss Ihnen leider noch einmal Blut abnehmen…«

Vielleicht erkennst du schon selbst die vielen Suggestionen und Bilder, die das Personal mit seinen Aussagen unbewusst in unsere Köpfe gepflanzt hatte, die dort nichts zu suchen hatten. Ich war schockiert, dass noch nicht einmal medizinisches Personal achtsam mit der eigenen Sprache umgeht. Wer sonst könnte die Folgen von Stress auf die Gesundheit besser kennen als dieser Berufszweig? Sie sollten doch wissen, wie wichtig eine stabile Psyche während eines so intensiven Aktes wie einer Geburt ist. Vielleicht waren sie sich dessen zwar bewusst, aber hatten keine Ahnung davon, wie negativ sie uns mit ihren Worten hypnotisierten.

Natürlich kennen sich meine Frau (die Life-Coach ist) und ich uns sehr gut mit Sprache aus und konnten diese Aussagen abstrahieren. Aber jemand, der sich damit nicht ausgiebig beschäftigt hat, also der Großteil der Bevölkerung, macht das nicht. Gerade in Ausnahmesituationen ist der Mensch extrem empfänglich für Suggestionen. Wenn der Hypnotiseur dann auch noch einen weißen Kittel trägt, wirkt die hypnotische Sprache noch tiefgreifender.

Ich nenne meine Hypnoseseminare auch gerne *Die Fahrschule für Sprache*. Meine Schüler lernen gleich zu Beginn, wie mächtig das gesprochene Wort ist. Ich sensibilisiere sie dafür, sich ihrer Sprache bewusst zu werden und sie zielorientiert einzusetzen. Hypnose ist dafür natürlich das Mittel der Wahl. Denn in keinem anderen Feld bekommt man so schnell Feedback auf die eigene Sprache. Lässt sich der Hypnotee fallen und wirken meine Suggestionen, die ich ihm anbiete, war meine Wortwahl vertrauenswürdig und verständlich. Hat er Schwierigkeiten, sich zu entspannen, mir zu folgen oder sich führen zu lassen, war meine Sprache missverständlich oder irritierend.

Die hypnotische Sprache motiviert Menschen, hilft ihnen aus Leid heraus oder lässt sie ihre wahren Ziele erreichen. Und da wir ja täglich mit Menschen zu tun haben und Kommunikation ein großes Potenzial für Missverständnisse birgt, wie ich ja auch in Kapitel 6 beschrieben habe, empfehle ich dir eindringlich, dir deiner Sprache bewusst zu werden und achtsamer mit ihr umzugehen. Es wird deine Beziehungen zu Menschen erheblich verbessern.

In diesem Kapitel geht es vorrangig darum, was deine Sprache bei dir selbst bewirkt. Denn alles, was du laut aussprichst, hat auch eine hypnotische Wirkung auf dich selbst.

Bevor ich einen Satz sage, denke ich – zumindest meistens. Doch selbst, wenn ich meine Aussage nicht bewusst Wort für Wort überprüft habe, hat in meinem Unterbewusstsein ein Prozess stattgefunden. Ein Gedanke hat sich geformt. Aus ihm wird das, was ich sage. Das gesprochene Wort dringt an mein Ohr – und festigt meinen Glauben an das, was ich gesagt habe, beziehungsweise bestätigt das, was ich über mich glaube.

Ich möchte dir das gern an einem Beispiel veranschaulichen. Sicher ist es dir schon passiert, dass du etwas gesagt hast wie: »Ich bin ja ein Mensch, der …« Aussagen wie diese erfüllen gleich mehrere Aufgaben gleichzeitig:

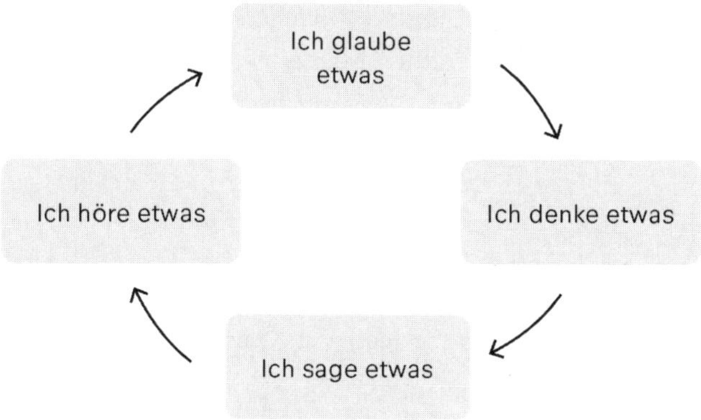

1. Sie spiegeln deine Gedanken wider.
2. Sie beschreiben deine Wahrnehmung.
3. Sie bestätigen deine Empfindung.
4. Sie bestärken dich in deinem Glauben.

Ein Mensch, der sagt: »Ich bin Perfektionist«, denkt, spricht und fühlt wie ein Perfektionist, und weil das so ist, handelt er auch nach diesem Prinzip. Sollte er nun darunter leiden, dass er nie mit seinen Leistungen zufrieden ist, zu Prokrastination neigt, sich an seinen Erfolgen nicht freuen kann und seinen Selbstwert nach dem Zuspruch anderer richtet, wäre es nicht unbedingt förderlich, den Satz »Ich bin eben Perfektionist« immer wieder zu denken, zu sagen, zu fühlen und sich damit selbst zu bestätigen.

Ich habe mich das erste Mal vor fünfzehn Jahren intensiv mit der Auswirkung von Sprache auf unser Selbstbild und Wohlbefinden beschäftigt, als ich Karin Kuschik[18] kennengelernt habe. Als Performance-Coach hat sie sich lange mit Sprache beschäftigt und als Ergebnis die targetalk-Methode kreiert. Wie der Begriff schon ausdrückt, geht es dabei um zielorientiertes Sprechen. Außerdem kannst du dabei erkennen, welche Gedanken deine Sprache und damit auch deine Vorstellung prägen. Salopp formuliert: Wer bei jeder kleinsten Herausforderung sagt: »Das schaffe ich nie!«, ist höchstwahrscheinlich jemand, der sich niedrige Ziele setzt und demnach unter seinem Potenzial bleibt.

targetalk!® zeigt dir, wie du deine Vorstellungen von dir und deiner Umwelt durch bestimmte Formulierungen verändern kannst. Denn wenn du anfängst, deine Aussagen klar, einfach, aktiv und konkret zu formulieren, kannst du damit auch deine innere Haltung schnell verändern. Nicht nur, weil du Gedanken formulierst, die wieder in dein Ohr dringen und damit deinen Glauben über dich und die Welt formen, sondern auch und vor allem, weil die Menschen um dich herum dich damit anders hören können und dir diese neue Wahrnehmung natürlich spiegeln – was wiederum dein Selbstbild stärkt.

Mit der Methode lernst du, dein Ziel anzuvisieren (wie will ich sein?) und deine Sprache entsprechend anzupassen. Das setzt voraus, dass du weißt, wo du hinwillst, und dass du wirklich bereit bist, Verantwortung zu übernehmen. Die meisten von uns neigen nämlich dazu, Verantwortung lieber abzugeben:

- »Ich kann nicht abnehmen, weil in meiner Familie alle dick sind.«
- »Ich komme beruflich nicht vom Fleck, weil mein Chef mich blockiert.«
- »Ich bin oft pleite, weil ich nicht mit Geld umgehen kann.«

Mit der Kunst, zielorientiert zu formulieren, sprichst du dich im wahrsten Sinne des Wortes zum Erfolg. Weg vom Problem und hin zur Lösung. Das gelingt dir, indem du schwache, negative und vage

Formulierungen durch klare, kraftvolle und selbstbestimmte Wörter ersetzt.

Warum ist das so wichtig? Weil Menschen, die ihre Sprache zielorientiert und selbstbestimmt einsetzen,

- Verantwortung für ihr Handeln übernehmen,
- eine positive Einstellung zum Leben haben und transportieren,
- ihre eigenen Leistungen und ihren Selbstwert kennen,
- ihre Wertschätzung auch anderen gegenüber ausdrücken können,
- über Selbstbewusstsein verfügen,
- optimistisch in die Zukunft blicken und Chancen nutzen,
- Nutzen aus jeder Erfahrung ziehen sowie
- offen sind, Neues zu lernen und Erfahrungen zu sammeln.

Genau wie bei der hypnotischen Sprache würde es den Rahmen des Buches sprengen, targetalk!® an dieser Stelle so zu vertiefen, dass die Stringenz des Konzepts mit entsprechenden neurobiologischen und sprachwissenschaftlichen Erkenntnissen deutlich wird. Dennoch gebe ich dir hier eine Einführung zu den wichtigsten hinderlichen Eigenheiten unserer Sprache:

1. Hör auf zu MÜSSEN! – Wollen, möchten oder dürfen macht mehr Spaß!
   Wenn wir immerzu das Verb »müssen« verwenden, setzen wir uns damit permanent unter Druck. Tatsächlich müssen wir nicht viel, denken aber immer, dass es so ist. Verzichte zukünftig auf das »Muss« und gib deinem freien

Willen wieder mehr Raum!
»Ich muss wirklich abnehmen.« => »Ich will unbedingt abnehmen.«
»Ich muss mich beeilen.« => »Ich darf jetzt los!«
»Du musst verstehen, …« => »Bitte versteh, …«

2. Lass das ABER weg!
Schon mal gehört? »Alles vor dem Aber ist gelogen.« Wir weichen unsere Aussagen gern auf, indem wir einen Satz formulieren, der unsere guten Absichten klarmachen soll, und dann zerstören wir ihn mit einem Aber. Das kannst du zukünftig genauso gut bleiben lassen. Oder wie reagierst du auf einen Mann, der dir in einem einsamen Wald begegnet mit dem Satz begegnet: »Ich bin kein Serienmörder, aber …«
»Ich habe ja nichts gegen Kinder, aber sie sind eben extrem laut.« => »Ich mag Kinder und manchmal sind sie echt laut!«
»Das Wetter ist schön, aber ich habe keine Lust, nach draußen zu gehen.« => »Das Wetter ist schön, und ich will heute lieber drinnen bleiben.«
»Du bist eine tolle Frau, aber ich brauche jetzt erst mal Zeit für mich.« => »Du bist eine tolle Frau und ich will jetzt erst mal eine Weile allein sein.«

3. Vermeide negative Adjektive!
Mit deiner Sprache beschreibst du deine Welt. Wenn du Dinge oft als kompliziert und schwierig bezeichnest, wirst du auf dein Gegenüber zwangsweise kompliziert und schwierig wirken.

Nutze Adjektive, die keine negative Bewertung beinhalten und den Fokus auf das Gelingen und nicht auf das Scheitern legen!
»unmöglich« => »herausfordernd«, »anspruchsvoll«
»kompliziert« => »komplex«, »vielschichtig«
»wahnsinnig« => »couragiert«, »ambitioniert«

4. Lass Negatives in der Vergangenheit!
Wer es nicht lassen kann, schlecht über sich zu reden, kann das genauso gut in der Vergangenheitsform tun. Also:
»Ich habe immer Probleme damit …« => »Ich hatte immer Probleme damit …«
»Darin bin ich überhaupt nicht gut.« => »Darin war ich noch nie gut.«
»So was passiert mir ständig.« => »So etwas ist mir auch schon oft passiert.«

5. Mach das Unmögliche möglich!
Wenn du deine Fähigkeiten und Möglichkeiten immer wieder infrage stellst, wirst du irgendwann allein schon dadurch unsicher, dass du dir immer wieder zuhörst. Ändere deine Ausdrucksweise und setze sprachlich voraus, dass etwas sehr wohl möglich ist!
»Ich weiß nicht, ob ich das schaffe.« => »Ich weiß noch nicht, wie ich das schaffe.«
»Ich kann mir nicht vorstellen, dass das geht.« => »Ich freue mich darauf rauszufinden, wie das geht.«
»Ich bin mir nicht sicher, ob das geht.« => »Ich bin gespannt, wie das klappen kann.«

6. Hol dir die Verantwortung zurück!

Oft benutzen wir Sätze, die unserem Gegenüber vermitteln, dass wir Gefangene im eigenen Leben sind und nicht selbst wählen können. Entscheide dich lieber aktiv dafür, dir die Verantwortung für dein Handeln zurückzuholen!

»Ich muss den Termin leider absagen.« => »Ich möchte den Termin lieber verschieben.«

»Ich habe keine Zeit dafür.« => »Ich möchte mir dafür jetzt keine Zeit nehmen.«

»Das schaffe ich nicht.« => »Ich bin dabei, einen Weg zu finden.«

7. Keine leeren Versprechungen mehr!

Versuchst du auch immer wieder irgendwelche Dinge? Wer etwas versucht, lässt sich die Möglichkeit offen, dass er bei seinem Versuch scheitern könnte. Du handelst verantwortlich, wenn du mehr machst als versuchst.

»Ich versuche, dich anzurufen.« => »Ich rufe dich an.«

»Ich versuch's mal.« => »Ich mache das jetzt einfach.«

»Ich hab's versucht, aber es hat nicht geklappt.« => »Ich hab's gemacht und bin gescheitert.«

8. Lass Weichmacher weg!

»Eigentlich rede ich ganz anders.« Wieso tust du es dann nicht? Es gibt eine Menge Füllwörter, die wir verwenden, um unsere Aussagen aufzuweichen. Damit weichen wir aber auch unsere Einstellung auf – und die darf klar und eindeutig sein. Verzichte auf:

- Abschwächungen (»relativ«, »eigentlich«, »vielleicht«, »möglicherweise«, »tendenziell«, »unter

Umständen« … => nicht ersetzen, sondern komplett darauf verzichten)
- Normierungen (»im Prinzip«, »im Grunde«, »normalerweise« … => »oft«, »selten«, »häufig«, »manchmal« …)
- Verallgemeinerungen und Übertreibungen (»alle«, »keiner«, »niemand«, »jeder«, »nie«, »immer« … => »viele«, »einige«, »manche«, »oft«, »selten« …)
- Höfliche Fragen (»Dürfte ich dazu noch etwas sagen?« => »Ich möchte dazu noch etwas sagen.«)

9. Lass Redewendungen mit negativer Bildsprache weg!
Dein Körper reagiert auf deine Gedanken und auf deine Sprache. Sprache ist in Wort gefasste Gedanken. Also achte auf deine suggestive Bildsprache und lass negative Redewendungen weg.
    - »Damit habe ich Bauchschmerzen.«
    - »Das brennt mir unter den Nägeln.«
    - »Das raubt mir den Schlaf.«
    - »Du machst mich krank!«

10. Formuliere deine Ziele im Jetzt!
Oft benutzen wir das Futur, um eine Absicht zu erklären, zum Beispiel: »Ich werde mich beeilen.« Der deutsche Schriftsteller Ernst Raupach sagte zur Absicht einmal: »Wär halb so leicht die Tat wie der Gedanke, wir hätten eine Welt voller Meisterstücke.« Eine Absicht ist zwar ein guter Anfang, aber viel mehr auch nicht.
Verzichte lieber darauf, Absichtserklärungen in der Zukunftsform abzugeben, und lege dich im Jetzt fest! Es ist

eine gute Idee, ganz gegen deine Sprachgewohnheiten Präsens statt Futur zu nutzen. So klingst du verbindlich, selbstbewusst und deinem Ziel schon ein Stückchen näher.

»Ich werde mich beeilen.« => »Ich beeile mich.«

»Ich werde morgen nicht können.« => »Ich kann morgen nicht.«

»Ich werde mich wieder melden.« => »Ich melde mich bei dir.«

Als Hypnotiseur ist es mir wichtig, immer klar und verständlich zu kommunizieren. Damit mir nämlich jemand sein Vertrauen schenken kann und sich von mir leiten lässt, darf ich ihm das Gefühl von Sicherheit geben. Der Hypnotee soll seinen inneren Kritiker entspannen und sich auf mich einlassen und mir folgen, ohne die Führung »anzuzweifeln« oder überhaupt darüber nachzudenken. Nur dann ist er im Gefühl, nur dann öffnet sich das Tor zum Unterbewusstsein. Und nur dann kann ich ihm dabei helfen, dass er sein vorher gestecktes Ziel erreicht oder auf der Bühne ein Einhorn halluziniert. Dafür ist es wichtig, dass ich mich klar ausdrücke und meine Worte am besten auch mit entsprechender Körpersprache unterstützte. Ich mache es seinem Kritiker leicht, in den Hintergrund zu treten. Jedes Mal, wenn der Hypnotee sich fragt, wie ich dies oder jenes gemeint haben könnte, was er jetzt eigentlich tun soll oder er meine Kompetenz anzweifelt, schaltet sich sein Kritiker wieder ein und unterbricht das sinnliche Erleben der Hypnose.

Steht der Hypnotee unter Hypnose, spreche ich nur noch mit seinem Unterbewusstsein. Und sein Unterbewusstsein reagiert nur auf das, was ich ihm sage. Es braucht klare, unmissverständliche Anweisungen. Eine Suggestion wie »Du weißt ja, was ich damit meine«, funktioniert auf dieser Ebene nicht. Genauso ist es im Alltag: Wenn du da von jemandem etwas möchtest, sei genauso klar in deinem Ausdruck. Teile dich entsprechend mit. Gib keinen Raum für Interpretationen und gehe nicht davon aus, dass dein Gegenüber schon wissen wird, was du von ihm willst. Unklare Ausdrucksweisen führen zu unbefriedigenden Ergebnissen. Besonders im Geschäftsleben. Wenn ich mein Gegenüber frage: »Bis wann, denken Sie, könnten Sie mir den Bericht zuschicken?«, muss ich mich nicht wundern, wenn ich nicht das bekomme, was ich will. Anders verhält es sich, wenn ich sage: »Ich freue mich auf den Bericht bis zum Wochenende.«

Überprüfe daher die Art, wie du dich ausdrückst. Sprich weniger über das, was du nicht möchtest, und mehr über das, was du möchtest. Zielorientierte Kommunikation führt zu Veränderung und Wachstum. Teile dich mehr mit, auch mit deinen Gefühlen, damit dein Gegenüber dich besser versteht und entsprechend handeln kann. Wenn du dich nicht traust oder zu bequem bist, deine Bedürfnisse klar zu formulieren, wirst du häufig enttäuscht werden.

Konzentriere dich auf das Positive. Anstatt zu jammern, dass du zugenommen hast, kannst du eine Aussage darüber treffen, dass du wieder abnehmen willst – und bis wann du dein Ziel erreichst beziehungsweise wie du planst, es zu erreichen.

Stellst du in deinem Kopf dein potenzielles Zuspätkommen in den Fokus (»Ich darf auf keinen Fall zu spät kommen!«), sorgst du dafür, dass dein ganzer Körper sich auf das Zuspätkommen einrichtet. Formuliere solche Sorgen lieber positiv (»Ich möchte pünktlich kommen!«).

Hier noch ein paar weitere Beispiele dazu:

- »Ich kann mich nicht beklagen.« => »Mir geht es gut.«
- »Ich will nicht krank werden.« => »Ich möchte gesund bleiben.«
- »Das macht mir nichts aus.« => »Das ist für mich in Ordnung.«
- »Schrei nicht so.« => »Sprich bitte leiser.«
- »Du sollst die Tür nicht so zuknallen.« => »Schließ die Tür bitte leise.«
- »Pass auf, damit du nicht runterfällst.« => »Halt dich gut fest.«
- »Ich verzichte ab jetzt auf Fleisch.« => »Ab jetzt esse ich vegetarisch.«

Such dir doch mal aus dem targetalk!®-Kasten ein bis zwei Sprachmuster aus, die du ab sofort in deine tägliche Kommunikation übernehmen willst. Und damit du dich auch weiterhin an dieses Vorhaben erinnerst, trage dazu ein Armband oder bitte deinen Partner, dich zu unterstützen. Bleib bitte motiviert, auch wenn du anfangs noch in deine alten Sprachmuster zurückfallen solltest. Erinnere dich daran, dass es viel Übung braucht, um zur unbewussten Kompetenz zu kommen. Dein Unterbewusstsein wird es dir jedoch danken!

KAPITEL 8

Selbsthypnose oder Update in Trance

Was darf dein Update sein?

ICH HABE DIR ja schon von den unbewussten Selbsthypnosen erzählt, in die wir uns jeden Tag unzählige Male begeben. Jedes Mal, wenn wir uns in einen bestimmten Bewusstseinszustand »reinsteigern« oder ihn »am Leben erhalten«, betreiben wir Selbsthypnose. Ein negatives Erlebnis ist schon längst vorbei, aber du rufst die Erinnerungen immer wieder auf, sinnierst und ärgerst dich darüber, erzählst anderen davon, um dich gemeinsam darüber zu echauffieren? Das ist Selbsthypnose!

Aber auch wenn du tagträumst: Du fährst länger auf der Autobahn und driftest mit deinen Gedanken ab, nur um plötzlich festzustellen, dass du nicht mehr weißt, wie du die letzten zwanzig Kilometer zurückgelegt hast. Auch das ist eine Form der Selbsthypnose.

In diesem Kapitel geht es um die *bewusste* Selbsthypnose in Trance. Das ist der Prozess, in dem du selbstständig und vor allem selbstbestimmt auf dein Unterbewusstsein einwirkst. Wie du weißt, hat dein Unterbewusstsein Einfluss auf dein Denken, dein Handeln und dein Fühlen. Deshalb kannst du auch durch Hypnose all diese Bereiche positiv beeinflussen.

Die meisten Menschen verbinden mit Hypnosetherapie oder Hypno-Coaching die Behandlung von psychosomatischen Themen wie Trauma- oder Stressbewältigung, Verbesserung von Schlafproblemen, Auflösung von Ängsten und Phobien (Fliegen, Höhe, Insekten, Schlangen …) oder auch sozialen Ängsten, um nur ein paar zu nennen. Andere denken, bei zweckgebundener Hypnose handelte er sich um die therapeutische Arbeit mit Süchten, Abhängigkeiten oder schlechten Angewohnheiten. Also Rauchen, Kauen an Fingernägeln oder ungesunde Ernährungsgewohnheiten. Und ja, bei all diesen Themen kann (Selbst-)Hypnose Besserung oder sogar vollständige Auflösung bewirken.

Überrascht sind aber viele Menschen, wenn sie hören, dass durch die Arbeit mit dem Unterbewusstsein sogar physische Probleme verbessert werden können. Themen also, die sich körperlich äußern und die erst einmal nicht auf eine mentale oder psychische Blockade zurückzuführen sind. Ein gutes Beispiel dafür sind Hautprobleme oder auch Asthma. Auch hier kann dich (Selbst-)Hypnose unterstützen. Solche körperlichen Probleme sind sicherlich durch Hypnose nicht *unmittelbar* heilbar. Eine Lungenkrankheit kannst du kaum »wegdenken«. Durch Gedanken an Blümchenwiesen im Frühling werden keine Krankheiten geheilt. Und auch wenn ich etwas Schlechtes denke, werde ich nicht zwangsläufig krank.

Du weißt jedoch um den Zusammenhang zwischen dem Denken einer Person, ihrem emotionalen Zustand und ihrer körperlichen Reaktion. Beispielsweise wenn unter anderem Stress die Immunabwehr unterdrückt, was für die Gesundheit natürlich fatal ist. Und so kann dieser Stress auch Auslöser für Hautprobleme oder Asthmaanfälle sein. Nicht zwingend deren Ursache, aber ihr Auslöser.

Psychischer Stress aktiviert unter anderem den Sympathikus, das Herz arbeitet verstärkt, der Blutdruck steigt. Für Menschen, die nun ohnehin zu einer Risikogruppe für beispielsweise Herzerkrankungen gehörten – Übergewichtige, Raucher, Personen mit Bewegungsmangel –, kann das Ganze dann sehr schnell zum Verhängnis werden.

Psychischer Stress hat nicht nur diese direkten körperlichen Auswirkungen, von denen ich gerade gesprochen habe. Er kann zusätzlich dazu führen, dass jemand, der sich entspannen möchte, zur Zigarette greift, zu viel isst oder sich noch weniger bewegt. Einfach weil er denkt, sich auf diese Weise eine Pause gönnen zu müssen. Dies hat natürlich ungünstige Auswirkungen auf den Körper, die dann wiederum die Psyche belasten.

Wenn wir nun etwas dagegen tun wollen, wenn wir also solche ungünstigen Automatismen positiv beeinflussen möchten, dann gilt es, diesen Kreislauf zu durchbrechen. Sehr gut können wir das bei den schlechten Gedanken – bei der Art, wie wir Konflikte, Ärger und Stress verarbeiten. Gelingt uns diese positive Beeinflussung, führt dies zur Homöostase (Gleichgewicht der physiologischen Körperfunktionen) und aktiviert die Selbstheilungskräfte. Dabei helfen allgemeine Entspannungstechniken wie die in Kapitel 5 dargestellten, oder eben Selbsthypnose. Das Besondere an Selbsthypnose ist, dass wir neben der Entspannung auch an konkreten Problemen arbeiten können. Also an Problemen, die über die reine Stressbewältigung hinausgehen.

Na? Neugierig geworden?

Phasen einer Selbsthypnose-Session

Im Wesentlichen besteht eine Selbsthypnose-Session aus vier Phasen:

1. Trance-Einleitung (Induktion)
2. Vertiefung
3. Wirkungsteil
4. Ausleitung

Phase 1: Induktion

Das ist die Trance-Einleitung – dein Ritual, das dich aus deinem Aktivitätsmodus des Alltags in die Trance führt. Es geht darum, dich aus dem Beta-Zustand der wachen und konzentrierten Aufmerksamkeit in den Alpha-Zustand der leichten Entspannung »herunterzufahren«. In diesem Zustand stehst du sozusagen auf der Brücke zwischen Bewusstsein und Unterbewusstsein und der Türsteher deines Unterbewusstseins hat den Weg freigegeben. Jetzt liegt die Treppe vor dir, die in dein Unterbewusstsein führt.

Phase 2: Vertiefung

Das »Hinabsteigen« passiert in der Vertiefung. Hier entspannst du mehr und mehr, steigst tiefer und tiefer hinab und veränderst deinen Bewusstseinszustand allmählich vom Alpha-Zustand in den Theta-Bereich. Hier stehst du in direktem Kontakt mit deinem Unterbewusstsein und hast die Möglichkeit, Einfluss darauf zu nehmen.

Phase 3: Wirkungsteil

Nachdem du also im Verlauf der Induktion die Tür zum Unterbewusstsein geöffnet hast und in der Vertiefung in das Betriebssystem deines Unterbewussten hinabgestiegen bist, programmierst du in dieser Phase unerwünschte Programme um oder installierst neue. Egal, ob du »Weg von«- oder »Hin zu«-Ziele hast: Wenn du verstanden hast, wie dein Unterbewusstsein funktioniert, wirst du später auch wissen, wie du die Abläufe im Betriebssystem dafür optimal beeinflusst.

Phase 4: Ausleitung

Hier beendest du deine Selbsthypnose-Session und kehrst wieder zurück an die Oberfläche deines Wachbewusstseins. Bildlich gesprochen steigst du die Treppe aus deinem Unterbewusstsein wieder hoch. Aber auch physiologisch kommst du wieder auf der Oberfläche an, indem du aus dem Theta-Zustand der tiefen Trance über den Alpha-Zustand der leichten Entspannung zurückkehrst in den Beta-Zustand der wachen Aufmerksamkeit.

Kleine Trancereise

Um dich schrittweise an den gesamten Prozess heranzuführen, kümmern wir uns mit der kleinen Trancereise erst einmal nur um die Phasen Induktion, Vertiefung und Ausleitung. Hier lernst du, wie du dich in die hypnotische Trance bringst, einen sicheren Ort – deinen »Happy Place« – erschaffst und dich danach wieder zurückführst. Übe die kleine Trancereise regelmäßig, und du wirst dich schon bald innerhalb weniger Minuten in den gewünschten Theta-Zustand bringen. Erst wenn du dich hiermit sicher fühlst und dir keine Gedanken mehr über den Ablauf machen musst, fügst du den Wirkungsteil zu deiner Session hinzu.

Damit du dich während deiner ersten Trance-Erfahrungen wirklich vollkommen und ungestört fallen lassen kannst, solltest du sicherstellen, dass du während deiner Session nicht gestört wirst. Ich empfehle dir, für die Hypnose zu sitzen, da die meisten Menschen im Liegen schnell einschlafen. Setze dich also bequem hin, lockere Gürtel und Kragen deiner Kleidung, lege gegebenenfalls deine Brille beiseite und schalte dein Handy auf Flugmodus.

Musik kann deinen hypnotischen Prozess erleichtern. Online werden viele verschiedene Hypnosetitel angeboten, auf YouTube sogar kostenlos. Lieblingssongs, die du auch sonst im Alltag gerne hörst, eignen sich nicht. Gerade weil du sie aufgrund der erkennbaren

Strophen- und Refrainstruktur womöglich mitsingen oder -summen kannst. Geeignete Hypnosemusik hat zum einen ein wellenartiges Auf und Ab, was den hypnotischen Effekt verstärkt. Zusätzlich entspricht sie von ihrer Frequenz her aber auch dem gewünschten Theta-Zustand (also vier bis acht Hertz). Das heißt zwar weder dass du beim Hören solcher Musik zwangsläufig in Trance fällst noch dass diese Musik unmittelbaren Einfluss auf deinen Bewusstseinszustand hat – trotzdem kann sie den Prozess unterstützen.

Trance-Einleitung: Augenfixation

Jede Hypnose beginnt mit der sogenannten Induktion. Das ist – wie erwähnt – die Phase, die dich aus der wachen Aufmerksamkeit des Beta-Zustands in den Alpha-Zustand der Entspannung (leichte Trance) und an die oberste Stufe der Treppe bringt, die anschließend in die tiefe Trance des Theta-Zustands führt.

Es gibt unzählig viele Induktionsmethoden, keine ist besser oder schlechter. In meinen Hypnoseseminaren bringe ich meinen Teilnehmern zwei bis drei verschiedene bei, von denen sich dann jeder seine Lieblingsmethode aussucht. In diesem Buch stelle ich dir die Induktion *Augenfixation* vor.

Der Beginn einer Induktion verläuft letztlich immer über eine Fokussierung: Deine Aufmerksamkeit wird zunehmend von der äußeren Welt abgezogen und auf die innere Welt gerichtet. Außenfaktoren werden also mehr und mehr ausgeblendet, du bist stärker mit deiner Innenwelt verbunden.

Diese Fokussierung kann mit offenen Augen durch das Fixieren eines Punktes beginnen, bevor du die Augen schließt – oder auch gleich mit geschlossenen Augen, wenn du dich auf ein inneres Bild, einen bestimmten Gedanken oder Bereiche deines Körpers konzentrierst.

Eine verbreitete klischeehafte Vorstellung von einem Hypnotiseur ist, dass er mit einer pendelnden Taschenuhr vor dem Hypnotee steht, dieser auf die Uhr starrt und kurz darauf in Trance fällt. Dieses Klischee ist natürlich etwas vereinfacht, aber auch nicht ganz falsch. Was der Hypnotiseur hier tut, ist, dem Hypnotee einen Fixationspunkt anzubieten. Die zunehmende Konzentration auf diesen Punkt bewirkt ein ebenso zunehmendes Ausblenden aller Außenfaktoren und ein zunehmendes Absinken vom Beta- in den Alpha-Zustand.

Das Fixieren eines Punktes, bei dem du mehr und mehr in einen tranceartigen Zustand gleitest, kennst du sicher auch aus manchen Alltagssituationen – auch wenn du das vielleicht bisher nie mit einer Selbsthypnose in Verbindung gebracht hast. Hast du schon einmal an einem Strand gesessen und selbstvergessen aufs Meer geschaut? Oder hast du schon einmal an einem Lagerfeuer oder vor einem Kamin in die Flammen gestarrt und dabei Zeit und Raum vergessen? Das sind Alltagsbeispiele für das, was du auch gezielt zur Einleitung einer Trance tun kannst: Einen beliebigen Punkt fixieren und dich völlig darin versenken. Sei es eine Kerzenflamme, seien es die Schwaden eines Räucherstäbchens oder auch nur ein Punkt an der Wand.

Ebenso wie bei der pendelnden Taschenuhr unseres Klischeehypnotiseurs kommt hier ein weiterer hilfreicher Nebeneffekt zum Tragen: Das konzentrierte Fixieren eines bestimmten Punktes bewirkt zwangsläufig, dass die Augen recht schnell ermüden. Und dies wiederum verstärkt den Wunsch, die Augen zu schließen und damit die Neigung, sich in eine Trance zu begeben.

In der Praxis heißt das für dich: Wenn du in deine hypnotische Trance gehen möchtest, halte deinen Kopf gerade und fokussiere einen bestimmten Punkt in deiner unmittelbaren Umgebung, beispielsweise an der Zimmerwand. Dieser Punkt sollte dabei so gelegen sein, dass du mit deinen Augen nach oben schauen musst, ohne dabei den Kopf zu heben. Das verstärkt die Ermüdung deiner Augenlider. Konzentriere dich nur auf diesen Punkt, entspanne deine Augen, entspanne deinen Körper und nimm wahr, dass deine Augenlider schwerer und schwerer werden. Vielleicht fangen sie auch an zu brennen.

Dein innerer Monolog lautet dabei in etwa wie folgt:

»Meine Augen werden müder und müder und möchten sich schließen. Jeder Atemzug entspannt mich und meine Augen mehr und mehr. Mein Körper lässt mehr und mehr los, jeder Muskel entspannt sich weiter. Je tiefer ich atme, desto schwerer werden meine Augenlider. Mein ganzes System fährt runter, ich entspanne mich mehr und mehr, meine Augen möchten sich schließen. Ich gehe in die Selbsthypnose.«

Es ist essenziell, dass du dabei deine Vorstellungskraft aktivierst und nutzt! Unterstütze den Prozess mit deinen Gedanken. Du willst und erwartest, dass deine Augenlider müde werden und sich schließen wollen. Du bist davon überzeugt. Erinnere dich daran, wie es ist, wenn man gegen Müdigkeit ankämpft und versucht, die Augen offen zu halten. Sei wie ein Schauspieler, der seine Fantasie dazu benutzt, eine bestimmte Rolle besser fühlen und spielen zu können. Deine Vorstellung wird deine Körperreaktion beeinflussen.

Gib dir für diese Phase etwa dreißig Sekunden Zeit, bis sich deine Augenlider schließen. Genieß dann den Moment, sie zu entspannen. Lass alles los, in der Zeit und auf die Art und Weise, die für dich die richtige ist. Atme langsam, tief, entspannt und bewusst.

Nimm auch die Körperhaltung von jemandem ein, der hypnotisiert wird. Du wirst merken, wie du dabei insgesamt mehr und mehr »herunterfährst«. Wenn die Entspannung zu Anfang noch nicht sofort und in dem Maße eintritt, wie du es dir wünschst, bleib weiter am Ball. Was bei manchen schneller geht, benötigt bei anderen mehr Zeit. Jeder Mensch ist eben anders und auch die Tiefe der Trance stellt sich bei jedem unterschiedlich ein. Du wirst lernen, was für dich am besten funktioniert und wie es sich für dich anfühlt. Außerdem hängt deine Reaktion auch davon ab, wie geübt du bist. Mit zunehmender Erfahrung wirst du dich auch zunehmend schneller und tiefer in Trance bringen können.

Vertiefung

Jetzt führst du dich durch ein mentales Herunterzählen näher an die Pforte deines Unterbewusstseins. Du vertiefst damit nicht nur deine Entspannung, sondern machst deine Trance auch stabiler. Dein innerer Monolog könnte dabei wie folgt sein:

»Ich zähle jetzt rückwärts von zehn auf null … und mit jeder Zahl entspanne ich mich mehr und mehr …

Zehn – ich fühle mich wohler und wohler … (Pause, atmen)

Neun – ich atme … und jeder Atemzug bringt mich meinem Unterbewusstsein näher und näher … (Pause, atmen)

Acht – mein Körper, meine Muskeln, meine Zellen und mein Geist geben sich meiner Selbsthypnose hin. Ich gehe tiefer und tiefer … (Pause, atmen)

Sieben – mein Herz und mein Puls passen sich mehr und mehr an und mein Körper profitiert davon … (Pause, atmen)

Sechs – ich bin fokussiert … offen und bereit für meine Hypnose … (Pause, atmen)

Fünf – ich spüre, wie sich die Muskeln in meinem Gesicht und Nacken mehr und mehr entspannen … (Pause, atmen)

Vier – mein ganzer Körper – Arme, Beine, Rumpf, Rücken – entspannt sich immer mehr … (Pause, atmen)

Drei – ich freue mich auf die Veränderungen, die ich mir vorgenommen habe. Ich habe die volle Kontrolle. Ich folge meinen Suggestionen … gehe tiefer und tiefer … (Pause, atmen)

Zwei – ich bin hypnotisiert … und genieße diesen Zustand … (Pause, atmen)

Eins – ich spüre, wie sich mein Brustkorb hebt und senkt … spüre den Stuhl unter meinen Oberschenkeln … und gehe immer mehr nach innen … (Pause, atmen)

Null – ich begrüße mein Unterbewusstsein … bin vollkommen entspannt … bereit … und zufrieden … (Pause, atmen)«

Dein Happy Place

Jetzt geht es darum, in den Theta-Zustand einzutauchen und das Feld für den Wirkungsteil zu bereiten. Eine bewährte Technik ist dabei das mentale Aufsuchen deines ganz persönlichen sicheren Ortes der Ruhe und der Entspannung. Manche nennen das auch ihren »Happy Place«. Dabei spielt es keine Rolle, ob du in deinem realen Leben schon einmal dort warst oder nicht. Es spielt auch keine Rolle, ob das ein realer oder ein imaginärer Ort ist. Ebenso ist es egal, ob du dich in einen Moment der Gegenwart, Zukunft oder Vergangenheit versetzt. Wichtig ist nur, dass du mit diesem Ort schöne, positive Gedanken verbindest. Wähle zum Beispiel einen Ort oder eine Situation, in der du dich einmal absolut wohlgefühlt hast; einen Ort, eine Situation oder einen Moment, den du als den perfekten Augenblick bezeichnen würdest. Wo alles richtig ist und du dich vollkommen fallen lassen kannst.

Mit geschlossenen Augen, vollkommen entspannt, wirst du gleich diesen Ort in deinem Geist betreten. Hilfreich ist es dabei, dir vorab einen konkreten Zugang zu diesem Ort zu überlegen: Vielleicht ist es ein Weg, eine Tür oder ein Gartentor. Es gibt hier keine Begrenzungen. Eine Frau erzählte mir einmal, sie wäre früher immer mit ihren Kindern vor einer Reise auf einem Gartentrampolin gehüpft, um die Kids vor der Fahrt noch einmal richtig auszupowern. Ihr gedanklicher Zugang zu ihrem Happy Place war ebendieses Trampolin. Sie hat sich vorgestellt, dort drei Sprünge zu machen … und nach dem vierten flog sie in Gedanken in hohem Bogen zu einem speziellen Strand in Griechenland. Ein anderer erzählte mir einmal, er würde sich den Zugang vorstellen wie den Transporterraum zum Beamen in der Serie *Raumschiff Enterprise*: Er steht auf einem speziellen Punkt unter einem Lichtstrahl, Scotty zieht an einem Hebel … er löst sich auf … und materialisiert sich wieder an seinem persönlichen Ort der inneren Ruhe und perfekten Gelassenheit.

Wenn du dann an diesem Ort angekommen bist, manifestierst du jetzt weitere Details, um ihm noch mehr Tiefe zu geben.[19]

Was kannst du sehen?

Du schaust dich in deinem Happy Place um und konzentrierst dich auf etwas, das du sehen kannst. Das kann ein Mensch sein, ein Gegenstand, etwas aus der Natur et cetera. Schau es dir in aller Ruhe an, mit all seinen Details. Dann schaust du dich weiter um, fokussierst erst etwas Zweites und anschließend noch etwas Drittes. Du atmest tief und langsam, vollkommen entspannt, und betrachtest in deinem Geist, was du an deinem inneren Ort der vollkommenen Entspannung sehen kannst. Nimm dir für jedes dieser drei Dinge all die Zeit, die du brauchst, um sie in Ruhe zu betrachten und ihre Eigenschaften zu erkennen.

Was kannst du hören?
Im nächsten Schritt hörst du auf die Geräusche an deinem Happy Place. Vielleicht nimmst du sie nicht sofort wahr – hör genau hin. Ist es vielleicht Wind in Bäumen? Meeresrauschen? Das Plätschern von Wasser? Vogelgezwitscher? Stimmen? Was auch immer: Konzentriere dich auf das, was du als Erstes hörst. Wie du dich davor mehrfach umgesehen hast, konzentrierst du dich jetzt nacheinander auf drei Geräusche. Hör dir jedes dieser Geräusche in aller Ruhe an.

Was kannst du fühlen?
Atme weiter, tief und langsam, vollkommen entspannt – und jetzt achte darauf, was du spüren kannst an deinem Ort der Entspannung. Ist da vielleicht Sonne oder Wind auf der Haut? Sand oder Gras unter deinen Füßen? Oder eine Decke? Ein Kissen? Auch jetzt: Konzentriere dich nacheinander auf drei Dinge, die du spürst. Achte in aller Ruhe auf den Eindruck des ersten Gefühls, dann des zweiten und schließlich des dritten.

Wenn du dich jeweils auf drei Dinge konzentriert hast, die du sehen, hören und schließlich körperlich empfinden kannst, wiederholst du jetzt diesen Vorgang noch ein oder zwei Mal. Beim nächsten Durchgang suchst du dir nur noch zwei Dinge zum Sehen, Hören und Fühlen und bei einem letzten nur noch jeweils eines. Du kannst diese Durchgänge auch mit bereits wahrgenommenen Sinneseindrücken von vorher mischen, es müssen also nicht immer nur neue Eindrücke sein. Und wenn du kein weiteres Geräusch oder kein weiteres Gefühl wahrnehmen kannst, dann ist es auch okay. Es ist keine Bedingung, wirklich alle Durchgänge durchzugehen.

Bei dieser Methode passieren gleich mehrere Dinge: Durch deine Fokussierung auf ein mentales Szenario, deinen »Happy Place«, gehst du mit deiner Aufmerksamkeit nach innen. Je mehr du diesen inneren Rückzugsort ausbaust und zum Leben erweckst, desto stärker nutzt du deine Vorstellungskraft, was ja das Wesen der Selbsthypnose ist.

Zugleich hast du dir ja nicht irgendeinen Ort oder irgendeinen Moment ausgesucht, den du in dir so detailreich erschaffst, sondern etwas, was für dich der »perfekte Moment« ist. Dabei folgt der Körper deinem Geist: Hast du glückliche Gedanken, wird dein Körper Glückshormone ausschütten – Dopamin, Oxytocin, Serotonin, Endorphine. Die Folge: Du fühlst dich gut, entspannst dich tiefer und tiefer und dein Gehirn geht in den Theta-Zustand. Und du hast jetzt deinen ganz persönlichen Ort der Gelassenheit erschaffen, deinen inneren Hafen der Ruhe. Wo dein innerstes Ich vollkommen entspannen kann, weil alles an seinem Platz ist und genau so, wie es gut für dich ist. Wo du dich leichter auf das Wesentliche konzentrieren kannst und wo dein Unterbewusstsein lernt, was wichtig ist. Hierhin kannst du immer wieder zurückkehren. Über deinen persönlichen Zugang, den du etabliert hast: den Weg, die Brücke, das Tor – oder auch das Trampolin. Was auch immer für dich der Zugang war.

Wenn du jetzt in deiner Session diesen Ort in dir erschaffen hast – diesen Ort, der nur für dich da ist, – genieße ihn, solange du magst.

Atme tief ein, genieße es und atme wieder aus. Und wann immer es sich für dich richtig anfühlt, kannst du dich von diesem Ort verabschieden; in dem Bewusstsein, dass du jederzeit hierher zurückkehren kannst.

Ausleitung

Wenn du deine Session beenden und deinen Happy Place verlassen möchtest, gehst du in Gedanken wieder den Weg zurück, über den du gekommen bist, durch den du deinen Ort betreten hast: durch die Tür zurück oder den Weg entlang oder über die Brücke. Genau diesen Weg nimmst du jetzt wieder, nur in die andere Richtung, ohne Eile, vollkommen entspannt und gelassen, in deinem eigenen Tempo.

Sehr hilfreich ist hier wieder ein Skript, das du dir im inneren Monolog aufsagst. Hier mein Vorschlag, den du gerne für dich anpassen kannst:

»Ich zähle jetzt von eins bis fünf. Bei fünf angekommen, bin ich wieder hellwach und vollkommen erfrischt. Ich fühle mich erholt, wie nach einem Powernap. Mit der Zahl Fünf kehre ich aus meiner Trance zurück in mein Wachbewusstsein:

Eins – ich atme tief ein, frischer Sauerstoff reinigt meine Lunge …

Zwei – ich atme aus und jegliche Müdigkeit verlässt meinen Körper …

Drei – meine Muskeln und Fasern erwachen wieder zum Leben …

Vier – mein Kopf ist klar, leicht und frei …

Fünf – ich öffne meine Augen und bin bereit für alles, was ich heute noch anpacken möchte!«

Für diese kleine Trancereise kannst du etwa zehn Minuten Zeit einplanen. Manchen genügen bereits fünf Minuten, um den eigenen Geist im »Happy Place« zu erfrischen, andere gönnen sich bis zu dreißig Minuten. Schau einfach, wie lange du die Zeit dort genießt.

Vielleicht hast du nur einen bestimmten Zeitrahmen zur Verfügung? Dann sorge dafür, dass dich jemand pünktlich sanft zurückholt. Oder stell dir einen Wecker. Wähle dann einen sanften Klingelton, damit du nicht zu brutal zurückgerissen wirst. Du kannst auch das Ausleitungsskript von oben auf dein Smartphone aufsprechen und als Weckton abspielen lassen. Wenn du das tust, ändere das Skript in die Du-Form. Dein Unterbewusstsein fühlt sich sonst nicht angesprochen, wenn es einer Stimme zuhört, die über sich selbst spricht.

Mit etwas Übung wirst du keinen Wecker mehr brauchen. Du bist dann in der Lage, deine Trance durch eine geübte innere Uhr auf die Minute genau zu timen.

Viele Teilnehmer meiner Selbsthypnose-Seminare berichten, dass allein diese kleine Trancereise schon etwas in ihrem Leben bewirkt habe. Sie führen sie jeden Morgen als Einstimmung auf den Tag durch. Der Besuch des Happy Place oder auch Kraftorts gibt ihnen Erdung für aufregende Zeiten. Manche nutzen sie auch als SOS-Meditation: Wenn die Emotionen mal wieder hochkochen, ziehen sie sich aus der jeweiligen Situation raus und besuchen ihren Happy Place. Das bringt sie wieder zurück in ihre Mitte.

Ein paar Worte zur Trance

Niemand kann in seiner Selbsthypnose »hängen bleiben«. Die Trance kommt ja nicht einfach über dich, sondern du selbst erzeugst und lenkst sie. Das Geschehen ist deswegen immer unter deiner Kontrolle. Wenn du deine Reise beendest, ist sie auch zu Ende. Es kann höchstens passieren, dass du währenddessen einschläfst. Das wäre dann so, als ob du dich nur mal für ein paar Minuten auf dem Sofa hinlegen möchtest, dann aber unerwartet ein Nickerchen daraus wird. Aus dem wachst du ja aber auch wieder auf.

Wenn Zeit und Ort dafür passend sind, ist es natürlich auch möglich, direkt von der Trance in einen tiefen Schlaf überzugehen und anschließend gut erholt aufzuwachen. Dies ist gerade für Menschen mit Schlafstörungen eine sehr angenehme Methode. Du solltest dies allerdings nicht gleich von Anfang an zur Gewohnheit werden lassen. Denn auch diesen Automatismus (tief einschlafen) lernen dein Kopf und dein Körper und du würdest es dir damit erschweren, die Selbsthypnose auch tagsüber in kurzen Pausen für eine Erfrischung zu verwenden.

»Ich war gar nicht weg. War ich trotzdem in Trance?«

Diese Frage stellen viele meiner Seminarteilnehmer nach ihrer ersten Trancereise. Egal, ob ich jemanden hypnotisiere oder ob sich jemand die ersten Male selbst in Trance begibt – die Frage, ob »es« denn geklappt hätte, kommt in der einen oder anderen Form immer wieder. Und sie ist durchaus verständlich. Denn wer keine Erfahrung mit (Selbst-)Hypnose hat, weiß natürlich auch nicht, wie sich das Ganze anfühlt. Die fehlende Erfahrung führt dann oft zu Annahmen und Mutmaßungen, wie »es« denn sein sollte oder müsste. Nur entspricht diese Erwartungshaltung meist nicht der Realität. Was wiederum dazu führt, dass der Hypnotee auf etwas wartet (ein Gefühl, eine körperliche Reaktion oder eine bestimmte Veränderung der Wahrnehmung), das so nie eintritt. Dann ist der Betreffende natürlich irritiert und meint, »es« hätte gar nicht geklappt.

Aber woran merkt man denn jetzt, ob man in einer Trance ist? Wären wir in einem Labor, könnten wir das natürlich messen: zum Beispiel an unseren Gehirnströmen, die in einem EEG dargestellt werden können, an Veränderungen von Herzschlag, Puls und Atmung, am Muskeltonus oder an unkontrollierten Augenbewegungen. All das eignet sich aber kaum für eine Eigendiagnose im Rahmen der Selbsthypnose. Hier sind die Indikatoren weniger konkret, »weicher« und damit weniger messbar.

Hier stelle ich gerne die Gegenfragen: »Bist du im Kino denn weg? Und wenn nicht, hat der Film dann nicht gewirkt? Woran merkst du, dass der Film etwas mit dir macht?«

Es geht in der Selbsthypnose nicht darum, etwas Ungewöhnliches zu erleben. Etwas, das über einen kommt. So ist es auch vollkommen normal, auch in Trance Dinge mitzubekommen, die um dich herum geschehen. Das Ziel der Selbsthypnose ist, den Prozess für sich so intensiv wie möglich zu gestalten. Nutze deine Vorstellungskraft, erwarte die Resultate, die du dir suggerierst, sei überzeugt von ihrer Wirkung. Tu so, »als ob« du hypnotisiert wärst, und passe deine ganze innere und äußere Haltung diesem Film an. Dein Betriebssystem wird darauf reagieren. Denn es kommt der Moment, in dem du vergisst, dass alles nur vorgestellt ist und du abtauchst in diese Fantasiewelt. Wie im Kino. Dann wird das Update dein Unterbewusstsein erreichen und sich auch in deinem Leben manifestieren.

Und wie fast bei allem im Leben gibt es auch hier einen Lerneffekt. Und die Lernkurve verläuft dabei sogar recht steil. Das heißt, auch wenn es für dich zu Beginn noch eine Herausforderung darstellt, dich fallen zu lassen, wird das sehr schnell deutlich einfacher werden und deine Trance entsprechend tiefer und entspannender.

Noch einmal zur Erinnerung: Ich empfehle dir, erst die kleine Trancereise so lange zu üben, bis du sie durchführen kannst ohne nachzudenken. Erst dann integriere bitte den Wirkungsteil. Es wird dir den ganzen Prozess leichter zugänglich machen.

Vorbereitung des Wirkungsteils

Möchtest du jetzt nicht nur an deinem Happy Place entspannen, sondern zugleich ein Update an deinen verinnerlichten »Wahrheiten« vornehmen? Dann lass uns jetzt den Wirkungsteil vorbereiten, den du dann deiner kleinen Trancereise hinzufügst. Damit wirkst du aktiv auf dein Unterbewusstsein ein.

In der Vorbereitung definierst du deine Ziele, schärfst dein Mindset und deine Motivation und formulierst die dafür passenden Suggestionen – Sätze, die dein Denken, Handeln und Fühlen beeinflussen sollen und die du deinem Unterbewusstsein während des Wirkungsteils zuführst.

Dein Mindset

In der Motivationspsychologie unterscheidet man zwischen erfolgs- und misserfolgsmotivierten Menschen. Die einen tun etwas, weil sie einen Erfolg erwarten, die anderen tun es, um einen Misserfolg zu vermeiden. Klingt vielleicht im ersten Moment ähnlich – ist es aber nicht. Schauen wir uns ein Beispiel an: Christian bereitet sich in der Gewissheit auf eine Prüfung vor, dass er gut oder sehr gut abschneidet. Lukas hingegen lernt, um nicht vollkommen zu versagen. Christian hat also ein Erfolgsmotiv, wohingegen Lukas ein Misserfolgsmotiv hat. Weil Christian den Erfolg erwartet, stellen sich bei ihm positive Gefühle ein und er geht motiviert seine Aufgabe an. Lukas agiert aus Furcht vor Misserfolg, er verspürt negative Gefühle und würde seine Aufgabe lieber vermeiden.

Jetzt wirst du dich wahrscheinlich schnell an Situationen erinnern können, in denen du eindeutig erfolgsmotiviert warst, und vielleicht an andere, in denen es eher um die Vermeidung eines Misserfolgs ging. Wenn du nur mal an deine Schulzeit zurückdenkst, werden dir schnell Fächer in den Sinn kommen, wo du erfolgsmotiviert, mit breiter Brust gute oder sehr gute Ergebnisse erwartet hast – und andere, bei denen du froh warst, wenn es kein Reinfall geworden ist.

Diese Grundeinstellung zur Erfolgs- oder Misserfolgserwartung wird in der Praxis oft genug zu einer sich selbst erfüllenden Prophezeiung – einer Self-fulfilling prophecy. Henry Ford sagte einmal sinngemäß den berühmten Satz: »Egal, ob du denkst, du kannst es oder du kannst es nicht, du wirst recht haben.« Hier sehen wir die Weisheit dieses Ausspruchs in einem anderen Kontext bestätigt: Ob du ein erfolgsmotivierter Mensch bist und mit Erfolg rechnest oder ein misserfolgsmotivierter Mensch und mit der Erwartung an einen Misserfolg an eine Sache herangehst – in beiden Fällen wird sich deine Annahme höchstwahrscheinlich bestätigen. Du selbst stellst mit deiner Einstellung die Weichen dafür.

Hinsichtlich deiner Vorbereitung auf die Selbsthypnose ist diese Einstellung der erste kritische Punkt. Denn die Gleichung ist: Je mehr du vorab von der Wirksamkeit überzeugt bist, desto sicherer wird diese Wirkung eintreten. Und umgekehrt: Je stärker du zweifelst, desto wahrscheinlicher wird der Misserfolg. Es geht also darum, nicht etwas vermeiden zu wollen (negativ), sondern etwas erreichen zu wollen (positiv). Es geht darum zu wissen, dass du es erreichen kannst – und letztlich, dass du es auch erreichen wirst. Ohne Zweifel.

Wichtig für deine Motivation und dein Mindset ist, dass du grundsätzlich von einem Erfolg ausgehst. Es geht nicht darum, etwas zu versuchen – es geht darum, es zu tun! Zweifel sind fehl am Platze und behindern den Erfolg.

Deine SMARTen Ziele

Wir hatten uns ja bereits klargemacht, dass unsere Motivation immer auf unsere Ziele ausgerichtet ist. Aber wie definieren wir denn unsere Ziele? Wie können wir herausfinden, was genau wir eigentlich wollen?

Ein Beispiel: Dein Ziel ist es, abzunehmen? Das allein ist ziemlich vage. Wie viel willst du genau abnehmen? Und in welchem Zeitraum soll das passieren? Denn selbst wenn du die Frage »Wie viel?« mit »zwei Kilogramm« beantwortest, ist es doch ein gewaltiger Unterschied, ob du dir dafür zwei Stunden, zwei Wochen, zwei Monate oder unbegrenzt Zeit lässt. Für zwei Stunden wirst du deine Motivation sicherlich aufrechterhalten können. Allerdings ist es sehr unrealistisch, in dieser Zeit nachhaltig zwei Kilogramm abzunehmen. Es sei denn, du unterziehst dich einer Schönheitsoperation. Im Fall des unbegrenzten Zeitrahmens wird der Ansporn, tatsächlich aktiv zu werden, nicht groß sein; denn »bis irgendwann« ist ja immer Zeit.

Manche meiner Klienten antworten auf die Frage, was denn das Ziel ihres Hypno-Coachings sein soll: »Ich will endlich wieder ich selbst sein. Ich will unbeschwert leben und glücklich sein.«

Du erkennst bestimmt, wie unklar auch diese Wünsche sind. Wann ist denn der Klient »er selbst«? Woran würde er das erkennen? Und wie drückt sich ein »unbeschwertes Leben« überhaupt aus? Ich helfe dem Klienten dann, darüber Klarheit zu erlangen. Denn erst danach hat er auch eine Referenz, an der er zukünftige Veränderung festmachen kann.

Eine bewährte Hilfestellung, um sich angemessene und funktionale Ziele zu setzen, ist die sogenannte SMART-Methode. SMART ist ein Akronym für verschiedene Kriterien, denen deine Ziele entsprechen sollten:

- **S**pezifisch,
- **M**essbar,
- **A**ttraktiv,
- **R**ealistisch,
- **T**erminierbar.

Die Grundlage für Erfolg ist es also nicht einfach nur, ein Ziel zu haben. Dieses Ziel sollte so gesetzt werden, dass es eindeutig und überprüfbar, herausfordernd, aber erreichbar und in einem angemessenen zeitlichen Rahmen realisierbar ist.

Spezifisch

Dieses Kriterium bezieht sich darauf, was genau erreicht werden soll. Nicht wie, sondern was. Deshalb beschreibt ein spezifisches Ziel in aller Regel auch keine Handlungen, sondern den Sollzustand, und zwar durch eine konkrete und präzise Definition. Es gilt dabei, weder zu pedantisch, überdetailliert und ausschweifend zu werden noch zu schwammig oder vage zu bleiben. Perfekt ist es, wenn du dein Ziel in ein bis zwei möglichst kurzen, aber prägnanten Sätzen auf den Punkt bringen kannst:

»Ich möchte unbeschwert und gelassen mit dem Fahrstuhl fahren können.«

»Ich möchte mich in der Nähe von Tauben sicher und angstfrei fühlen.«

Messbar

Wenn du dir ein Ziel setzt, bei dem du den Zielzustand nicht konkret messen kannst, wird es schwer werden, dich langfristig zu motivieren. Stell dir also immer die Frage, woran du das Erreichen des Ziels genau erkennen kannst, zum Beispiel:

»Ich verliere in den nächsten zwei Monaten zwei Kilogramm an Körpergewicht.«

»Ich gehe dreimal in der Woche joggen, um in zwei Monaten zehn Kilometer am Stück laufen zu können.«

»Wenn ich von A nach B fliege, bin ich so gelassen wie bei einer Autofahrt.«

Dann ist dein Ziel gleichzeitig sehr spezifisch.

In der Praxis gibt es allerdings auch Ziele, die sich nicht so leicht messen lassen. Das betrifft beispielsweise Ziele, die mit »Zufriedenheit« oder ähnlichen Zuständen zu tun haben, die eher »weich« sind. Hier gilt es dennoch, so gut es geht Kriterien zu finden, an denen du konkret festmachen kannst, dass du dein Ziel erreicht hast, beispielsweise:

»Wenn mein Chef die Erfolge meiner Kollegen lobt, bleibe ich bei mir und werde mir meiner Einzigartigkeit bewusst.«

»Wenn ich vor einer Gruppe von Menschen spreche, bleibe ich ruhig und gelassen, fühle mich wohl und habe sogar Spaß dabei.«

Attraktiv

Der Aspekt der Attraktivität von Zielen scheint auf den ersten Blick selbstverständlich zu sein. Aber es ist bereits ein großer Unterschied, ob du das Ziel erreichen willst oder ob du es musst. Im ersten Fall hast du sicher eine weitaus positivere Einstellung zur Sache und bringst leichter die Selbstdisziplin auf, die vielleicht nötig ist. Denn Erfolg fällt dir selten vor die Füße. Also gilt es, dich immer wieder neu zu motivieren. Und das gelingt umso mehr, wenn das Ziel attraktiver ist.

Es trägt aber auch zur wahrgenommenen Attraktivität bei, ob du das Ziel positiv oder negativ formulierst. »Nicht mehr unter schlechter Haut zu leiden« fühlt sich anders an, als »eine reine Haut zu haben«. Und genauso ist »Nachts nicht mehr schlaflos wach zu liegen« etwas anderes, als »jede Nacht entspannt und erholsam durchzuschlafen«.

Der Abschnitt *Dein Warum* ergänzt das Kriterium *Attraktiv* mit einer weiteren Fragestellung.

Realistisch

Dauerhaft an einem Ziel zu arbeiten gelingt dir nur, wenn dein Ehrgeiz nicht größer ist als deine Möglichkeiten. Du möchtest den Motorschaden eines Autos reparieren, obwohl du noch nie in deinem Leben einen Maulschlüssel in der Hand hattest? Nicht sehr realistisch. Du hast zwar Erfahrung damit, gibst dir für die Reparatur aber exakt nur die Zeit der Dauer der nächsten Werbepause deiner Lieblingsserie? Klingt auch eher unrealistisch. Setze also dein Ziel und den Zeitrahmen dafür so, dass du eine Chance hast, beides auch zu erreichen. Wer schon am Anfang überfordert ist, verliert die Motivation und fängt auch gar nicht erst an zu handeln.

Gleichzeitig sollte das Ziel eine gewisse Herausforderung darstellen. Denn ist es zu niedrig angesetzt, ist dein potenzieller Gewinn auch zu gering. Der amerikanische Motivationspsychologe John William Atkinson hat bereits in den 1950er-Jahren ein Modell entwickelt, in dem er den Anreiz eines Erfolgs ins Verhältnis zur Wahrscheinlichkeit dieses Erfolgs setzte. Ist die Wahrscheinlichkeit zu hoch (die Aufgabe zu leicht), so ist auch der Anreiz gering. Niemand wird dir eine Medaille dafür verleihen, ein Kleinkind im Wettlauf zu schlagen. Ist die Aufgabe dagegen sehr schwer, so ist die Gewinnwahrscheinlichkeit zwar sehr gering, dafür der Gewinn beim Erreichen jedoch sehr hoch. Die Wahrscheinlichkeit, Tiger Woods im Golf zu schlagen, ist sicher nicht groß; sollte es dir aber gelingen, wären dir Ruhm und Ehre sicher.

In der Praxis gilt es also ein Ziel zu wählen, dessen Anspruchsniveau irgendwo in der Mitte zwischen »zu schwer« und »zu leicht« liegt. Es sollte daher anspruchsvoll, aber realistisch sein.

Terminierbar

Ohne eine festgelegte Zeitspanne bis zur Zielerreichung hilft meist auch die schönste Formulierung nichts. Du möchtest endlich das Buch zu Ende lesen, das auf deinem Nachttisch liegt? Nun, wenn du dir das vornimmst, ohne einen Zeitraum dafür festzulegen, wird dieses Ziel wohl nur ein guter Vorsatz bleiben. Leg also, wann immer es dir möglich ist, einen Zeitraum oder einen Termin fest, bis zu dem das Ziel erreicht werden soll.

Es gibt allerdings auch Ziele, für die kein Timing erforderlich ist. Beispielsweise, wenn du beim Einkaufen genau Summe X und nicht mehr ausgeben möchtest. Oder wenn du der Umwelt etwas Gutes tun möchtest, indem du keine Plastikflaschen mehr kaufst. In solchen Fällen ist es natürlich auch nicht nötig, künstlich einen Termin dazu zu konstruieren.

Bevor du für dich selbst gleich dein eigenes Ziel formulierst, das möglichst SMART ist, nochmals ein kleines Beispiel dafür: Nehmen wir wieder den Vorsatz »Ich will abnehmen!«. In dieser Form ist das natürlich weder spezifisch oder messbar (wie viel eigentlich?) noch terminierbar (bis wann oder in welchem Zeitraum?). Besser wäre es zu sagen »Bis zu meinem Sommerurlaub, der am ersten August beginnt, nehme ich fünf Kilogramm ab, indem ich mindestens fünfmal die Woche gesund und bewusst esse sowie mindestens dreimal wöchentlich für mindestens fünfundvierzig Minuten Sport treibe.«

Dieses Ziel ist nun spezifisch, messbar, attraktiv (positiv formuliert), realistisch (wenn das Ziel früh genug gesetzt wird) und terminiert.

Wenn du gleich selbst aktiv wirst, um dir SMARTe Ziele zu setzen, wirst du feststellen, dass nicht immer alle SMART-Kriterien erfüllt werden können. Manche Kriterien funktionieren vielleicht für deine spezielle Zielstellung einfach nicht. Das macht nichts. SMART ist kein Dogma, sondern eine Hilfestellung für die eigene Klarheit. Was du hingegen immer im Blick behalten solltest, ist die Messbarkeit: Woran kannst du also erkennen, ob das Ziel tatsächlich erreicht wurde? Welche konkreten Werte, Termine oder Maßstäbe sind dir dabei eine Hilfe?

Leg doch jetzt mal das Buch zur Seite und denk in aller Ruhe darüber nach, was deine persönlichen Ziele sind und wie du sie möglichst SMART formulieren kannst. Nimm dir dazu gerne ein Blatt Papier und notiere dir deine Gedanken dazu.

Dein Warum

Über Motivation haben wir ja bereits gesprochen. Doch jetzt, nachdem du deine konkreten Ziele SMART formuliert hast, solltest du dir noch einmal Gedanken über dieses Thema aus einer speziellen Perspektive heraus machen: Wenn du weißt, was du genau erreichen möchtest (Ziel), überleg dir doch noch einmal ebenso konkret, warum du dieses Ziel eigentlich erreichen möchtest! Was genau sind deine Motive dafür? Was treibt dich an? Was genau versprichst du dir davon?

Wenn du einmal genauer darüber nachdenkst, wirst du feststellen, dass die Gründe entweder vielfältig sind oder schwer in konkrete Worte zu fassen. Nehmen wir wieder das Beispiel »Abnehmen«: Warum möchtest du das? Hat es gesundheitliche Gründe? Möchtest du (nur) dein Wohlbefinden steigern? Möchtest du dir selbst besser gefallen oder einem anderen Menschen? Gibt es bestimmte Aktivitäten, die dir momentan verwehrt sind, die du aber nach einem Gewichtsverlust erleben möchtest und könntest? Es gibt sicher viele weitere Gründe, die deine Motivation ausmachen. Finde raus, welche es für dich ganz persönlich sind.

Wie schon gesagt, ist dein Gehirn auf Effizienz ausgelegt. Und Veränderung bedeutet Einsatz. Nur mit einem starken Warum wird dein Gehirn dich also mit der nötigen Energie bei deinem Vorhaben unterstützen. Wenn du deine Motivation nicht kennst oder nicht klar formulieren kannst, wirst du eher im Bett liegen bleiben, anstatt am Morgen früher aufzustehen und laufen zu gehen. Du wirst weiterhin jeden Tag Fast Food essen, anstatt frisch zu kochen. Oder dir in Stresssituationen eine Zigarette anzünden, auch wenn du sie eigentlich nicht brauchst.

In einem zweiten Schritt bring diese Motive bitte in eine Ordnung. Erstell also eine Prioritätenliste. Setz das für dich wichtigste Motiv auf Position eins deiner persönlichen Liste und alle anderen in absteigender Wichtigkeit auf die folgenden Plätze. Überlege dir gut, warum ein Aspekt wichtiger für dich ist als ein anderer.

Deine Suggestionen

Das, was letztlich deine neue Wahrheit werden soll, vermittelst du über eine Suggestion. Im Rahmen einer Selbsthypnose ist dies natürlich eine Autosuggestion.

Generell gesagt sind Suggestionen in der Selbsthypnose oder der Hypnotherapie zunächst einmal Werkzeuge. Werkzeuge zur Lösung innerer Konflikte oder zur Neustrukturierung von Denkweisen. Das Ziel ist, unsere innere, unterbewusste Wirklichkeit zu verändern.

Ein Beispiel: Nehmen wir an, du hängst bisher dem Glaubenssatz an: »Ich rauche, weil es mich entspannt!« Klingt vielleicht plausibel, stimmt physiologisch aber trotzdem nicht, weil Nikotin im Stoffwechsel eine anregende Wirkung hat – keine entspannende. Aber du glaubst bislang an diese entspannende Wirkung, also ist das bisher deine Realität. Eine Suggestion setzt nun hier an, um deine psychologische Wirklichkeit in deinem Unterbewusstsein zu manipulieren. Suggestionen sind also Sätze oder Formulierungen, die dem Unterbewusstsein eine alternative Realität anbieten.

Unser Gehirn kann zwar gezielt und bewusst etwas speichern, wir können aber nicht gezielt und bewusst etwas löschen. Gezieltes Lernen funktioniert, gezieltes Vergessen leider nicht. Das ist Fluch und Segen zugleich. Wenn wir beispielsweise etwas Unpassendes zu jemandem sagen, mögen wir uns zwar nachträglich dafür entschuldigen, aber gesagt ist gesagt. Das Gegenüber hat es gehört, sein Gehirn hat es gespeichert und auch durch die Entschuldigung verschwindet das Gesagte nicht wieder. Es ist sozusagen das Wesen der Entschuldigung, dass sie immer zu spät kommt – nämlich hinterher.

Warum ist das jetzt im Rahmen von Suggestionen interessant? Weil wir bei der Formulierung von Suggestionen mit unseren Worten sehr sorgsam umgehen dürfen. Unabhängig davon, ob ein Hypnotherapeut mit einem Klienten arbeitet oder es sich um eine Selbsthypnose handelt. Das Unterbewusstsein nimmt einfach alles wörtlich. Über die Kraft der Worte haben wir ja auch schon im Abschnitt *Du bist, was du sagst* in Kapitel 7 gesprochen.

Wenn ein Kind auf einen Baum klettert und ein Elternteil steht daneben und ruft: »Pass auf! Nicht runterfallen!«, dann ist das gut gemeint und spricht für die elterliche Fürsorge. Aber welche Assoziation, welches Bild entsteht dabei im Kopf des Kindes? Nun, natürlich das Bild des Kindes, wie es (möglicherweise) vom Baum fällt. Das Wort »nicht« im Satz »Nicht runterfallen!« macht da keinen Unterschied. Das Bild im Kopf ist potenzielles »Runterfallen!« – ob ein »nicht« mit dabei ist oder nicht. Was wäre die Alternative gewesen?

Nun, man hätte zum Beispiel einfach sagen können: »Halte dich gut fest!« Auch hier entsteht ein Bild im Kopf. Aber eben nicht das Bild eines fallenden Kindes, sondern das eines Kindes, das sich gut festhält. Zweifellos ist das die bessere Option. Vielleicht möchtest du dir den Spaß machen und mal die Aussagen von Marius' Mutter oder dem Krankenhauspersonal zielorientiert umformulieren?

Wenn es um mich selbst beim Klettern ginge, wäre es das Gleiche. Es wäre sicher besser, mir selbst zu sagen: »Ich halte mich gut fest!«, als mich mit dem Satz »Ich falle nicht runter!« zu belasten. Und damit hätten wir schon mehrere Kriterien für gute Suggestionen in der Selbsthypnose festgestellt: Sie sollten ich-bezogen, in der Gegenwart angesiedelt und positiv formuliert sein (also kein »nicht« beinhalten). Außerdem sollten sie das erwünschte Endresultat aufzeigen.

Ein anderes Beispiel: Der Satz »Meine Kopfschmerzen verschwinden …« macht einiges richtig: Er ist positiv, in der Gegenwart formuliert und ich-bezogen. Aber er macht den Schmerz zum Thema. Ich stelle ihn in den Vordergrund und damit richtet das Unterbewusstsein seinen Fokus auch genau darauf. Besser wäre also ein Satz wie »Mein Kopf regeneriert sich und ein angenehmes Wohlbefinden stellt sich immer mehr und mehr ein …«.

Nun sind solche Suggestionen offensichtlich sehr direkt. Sie sagen klar und eindeutig, was passieren soll. Suggestionen können aber natürlich auch subtiler und indirekt gegeben werden. Ich kann mir sagen: »Ich bin entspannt!«, oder ich sorge dafür, dass meine Suggestion ein Szenario entwirft, das für mich für Entspannung steht. Zum Beispiel rufe ich in meinem Kopf eine Erinnerung von einer Situation auf, in der ich vollkommen entspannt war. Je lebhafter dieses Szenario wachgerufen wird, desto stärker werden die körperlichen Reaktionen der Psyche und dem Unterbewusstsein folgen.

Ich zum Beispiel habe eine wunderbar entspannende Erinnerung an eine spezielle Situation am Strand. Dazu gehören natürlich die Bilder des Strandes selbst, des Meeres und des Himmels, aber auch die Geräusche der Wellen, das Rufen der Möwen über mir, der Geschmack von Salz auf den Lippen, das Gefühl von Sonne auf der Haut und warmem Sand unter mir, vielleicht auch die Sonnenstrahlen, die ich durch meine geschlossenen Augenlider ahne …

Wenn wir also viele Sinne möglichst treffend und deutlich ansprechen, reaktivieren wir damit auch die verschiedenen Gehirnregionen, in denen Anknüpfungspunkte für diese Erinnerung abgelegt sind, was wiederum die Ausschüttung bestimmter Neurotransmitter und Hormone bewirkt: Dopamin, Oxytocin, Endorphine. Das Resultat: Ich fühle mich sehr wohl.

Um eine Wirkung zu erzielen, benötigst du jetzt noch eine zu deinen Zielen passende Suggestion. Passend in dem Sinne, als dass sie einerseits angemessen formuliert und andererseits idealerweise durch passende Visualisierungen und Anknüpfungen an Sinnesempfindungen unterstützt wird.

Eine Suggestion funktioniert umso besser, je gründlicher sie in unserem Gehirn, in unserem neuronalen Netzwerk, verankert wird. Und die Verankerung erfolgt besser, wenn die Suggestion bestimmten Kriterien entspricht. Eine Information, die abstrakt und isoliert in deinem Gehirn abgelegt werden soll, hat es einfach schwerer als beispielsweise etwas Bildliches, mit dem du auch andere Gedächtnisinhalte und Erinnerungen verbindest. Denn wenn du dir im wahrsten Sinne des Wortes von etwas »ein Bild machen« kannst, ist dieses Etwas in deinem Gehirn lebendiger und präsenter. Und wenn du dieses Etwas zusätzlich an bereits verankerten Erinnerungen anknüpfen kannst, bleibt es auch noch fester und länger gesichert.

Ein zusätzlicher, ganz entscheidender Anknüpfungspunkt – vielleicht sogar der wichtigste von allen – sind Emotionen. Wenn ich mit etwas starke Emotionen verbinde (egal ob positive oder negative), dann habe ich einen sehr starken Anker. Konkret heißt das: Ist das Thema beispielsweise Flug- oder Prüfungsangst, ist die Situation natürlich ohnehin schon emotional aufgeladen. Negativ in diesem Fall. Unsere Aufgabe ist jetzt, dafür eine *positive* emotionale Motivation zu finden. Eine positive *sachliche* Motivation hat man ja ohnehin: Bei Flugangst möchte ich vielleicht doch mal entspannt in den Urlaub oder zu Geschäftsterminen fliegen können. Oder bei Prüfungsangst wäre meine *sachliche* Motivation natürlich, die entsprechende Prüfung überhaupt zu bewältigen oder den entsprechenden Abschluss zu machen. Aber was ist im konkreten Fall die *emotionale* Motivation dabei? Die gilt es zu finden und mit der sachlichen zu verknüpfen. In die Suggestion fließt also nicht nur ein, dass die Prüfung erfolgreich absolviert wird, sondern auch, wie gut sich das anfühlt, wie glücklich und stolz du bist, wie positiv du damit in die Zukunft schaust oder Ähnliches.

Fassen wir noch einmal zusammen, nach welchen Kriterien du deine Suggestionen formulieren solltest:

Positiv

Beschreibe nicht, was du *nicht* (mehr) willst oder vermeiden möchtest, sondern das, was du (stattdessen) erreichen möchtest.

Ziel- und nicht symptomorientiert

Sprich dein konkretes Ziel an und nicht das, was du vielleicht als Symptom vermeiden möchtest. Finde dafür zielorientierte Formulierungen.

In der Gegenwart

Rede in der Gegenwart, nicht der Zukunft. Etwas *wird* nicht *irgendwann*, sondern *ist jetzt*!

Persönlich

Nicht »*Man* sollte etwas tun«, sondern »*Ich* tue« oder »*Ich* bin« – in jedem Fall mit konkretem Bezug zu dir selbst!

Antiautoritär

Dein Unterbewusstsein will nicht Befehlen folgen – es will überzeugt werden. Ein »Muss« triggert inneren Widerstand. Ein »Sollte« macht ein schlechtes Gewissen.

Emotional

Beschreibe in deinen Suggestionen, wie du dich während deines Updates fühlen willst. Und wie du dich fühlst, wenn du dein Ziel erreichst.

Belohnend

Womit wirst du belohnt, wenn du dein Ziel erreicht hast? Erhöhe damit deine Motivation.

»Wenn ich aufhöre zu rauchen, bin ich gesünder.« – »Wenn ich aufhöre, Fingernägel zu kauen, fühle ich mich schöner.«

Anregungen

Auch wenn ich dir im Folgenden einige knappe Beispiele für Suggestionen vorstelle, ist es doch wichtig, dass du deine eigenen findest. Jeder Mensch ist individuell und hat seine ganz eigene Sprache, seine eigenen Träume, Bedürfnisse und so weiter. Denke deswegen selbst über deine ganz persönlichen Suggestionen nach und formuliere sie in deinen Worten – nur das macht sie für dich wirklich gewinnbringend. Wichtig ist dabei, dass die Kernaussagen deiner Suggestionen schlicht, einfach und klar sind. Und dass du an sie glauben kannst. Erwarte, dass sie funktionieren. Sei überzeugt, dass sie eintreffen. Deine Erwartungshaltung ist wie Regen und Sonne für einen Samen, der aufgehen soll. Erinnere dich an das Zitat von Henry Ford: »Egal, ob du denkst, du kannst es oder du kannst es nicht, du wirst recht haben.« Hier ist also nicht der Platz für Zweifel: Das ist der Moment für Überzeugung und Erfolgserwartung.

Für unterschiedliche Zielsetzungen und Themenbereiche mache ich dir im Folgenden Vorschläge, die dir helfen können, deine Suggestionen für dein individuelles Thema zu formulieren.

Selbstvertrauen

- Ich habe die Willenskraft, alles anzugehen, was ich möchte.
- Ich habe viele außergewöhnliche Talente und Gaben und lebe diese.
- Ich bin ausgeglichen und in Harmonie und Frieden mit mir und mit dem Universum.
- Mit jedem Handgriff, jedem Wort, das ich sage, und jedem Schritt, den ich gehe, trage ich meine Einzigartigkeit in die Welt.

Stressabbau

- Ich finde innere Ruhe, wann immer ich die Augen schließe und tief durchatme. Dann ruhe ich vollkommen in mir.
- Mit jedem Einatmen durchströmt mich Gelassenheit, mit jedem Ausatmen entspanne ich mich mehr.

Prüfungsangst

- Mein Denken ist klar und frei, meine Gedanken sind strukturiert – ich bin meinen Aufgaben jederzeit gewachsen.
- Je intensiver ich mich meinen Herausforderungen widme, desto näher komme ich meinem persönlichen Erfolg.
- Ich gebe mein Bestes zu jeder Zeit und weiß, dass ich geliebt werde, unabhängig vom Resultat.
- Wenn ich an meine Prüfung denke, sehe ich das Potenzial zu wachsen und mich weiterzuentwickeln.

Flugangst

- Je höher das Flugzeug in die Luft steigt, desto stärker wächst in mir das Gefühl der Freiheit und der Wunsch loszulassen.
- Ich fühle mich über den Wolken leicht und sicher wie ein Vogel.
- Ich spüre, wie die Leichtigkeit und Schwerelosigkeit meines Körpers auch meinen Geist frei und leicht werden lässt, sodass ich meine Aufmerksamkeit selbstbestimmt lenken kann.

Nichtraucher sein

- Rauchfrei atme ich frische Luft in meine Lunge, tief und leicht und vollkommen entspannt.
- Meine Gesundheit ist mir wichtig und steht für mich an erster Stelle.
- Rauchfrei rieche ich wieder leichte Düfte, schmecke feine Nuancen und fühle mich sauber.
- Ich kann sein, mit wem ich mag, wo ich mag, und fühle mich dabei selbstbestimmt.
- Das Gefühl, endlich frei davon zu sein, hilft mir auch in herausfordernden Situationen, diszipliniert zu bleiben.

Abnehmen

- Jeder Bissen, den ich zu mir nehme, sättigt mich mehr und mehr.
- Ich nehme mein Sättigungsgefühl sofort wahr, fühle mich dann auch befriedigt und höre auf zu essen.
- Ein frischer Apfel gibt mir Energie für einen ganzen Vormittag.
- Ich spüre, wie mich jeder Schritt kräftiger macht, wie Bewegung und körperliche Aktivität meine Lebensqualität steigern.
- Ich fühle mich energiegeladener, freier und dynamischer mit jeder körperlichen Aktivität, die in meinem Körper Muskeln auf- und Fett abbaut.

Du wirst bemerkt haben, dass diese kurzen Suggestionsskripte das jeweilige Thema immer von verschiedenen Seiten betrachten. Es sind stets kurze, klare Aussagen, mitunter sogar »nur« Umformulierungen oder Paraphrasierungen der gleichen Aussage. Genau darum geht es: Dein Suggestionsskript soll eine klare, kurze Kernaussage beinhalten – der Text hingegen kann durchaus mehrere entsprechende Sätze beinhalten, die das Thema von verschiedenen Seiten beleuchten.

Lass dich nicht von der scheinbaren Schlichtheit oder Selbstverständlichkeit der Formulierungen irritieren. Ebendiese Schlichtheit sorgt für einen direkten Weg der Suggestion ins Unterbewusstsein – wenn der Zeitpunkt stimmt und sie oft genug wiederholt wird.

Auch du kennst beispielsweise sicher Menschen, die sich immer wieder einreden: »Ich bin der/die Attraktivste überhaupt!«, und die sich dann auch dementsprechend verhalten. Das tun sie schlicht deshalb, weil sie es irgendwann selbst glauben. Das ist nichts anderes als eine erfolgreiche Autosuggestion. Ebenso kennst auch du sicher Menschen, die einen immerwährenden Selbstzweifel verinnerlicht haben und sich ständig einreden: »Ich kann einfach gar nichts!« Hier gilt das Gleiche: eine erfolgreiche Autosuggestion. Es sind kurze »Wahrheiten«, die im Unterbewusstsein verankert worden sind und die damit stets früher oder später zu einer sogenannten Self-fulfilling prophecy werden.

Komplexe, verschachtelte Suggestionsformulierungen mit mehreren Nebensätzen und Einschüben erreichen nur schwer dein Unterbewusstsein. Es schaltet dann genauso ab wie dein Bewusstsein, wenn du einen zu langen Satz liest oder hörst. Die Formel ist also: kurz, klar – wahr! Daher zweifle nicht, wenn dein Ziel und die Formulierung deiner Suggestion im ersten Moment fast banal oder albern scheinen. Mach dir klar, dass es genau diese Einfachheit ist, die das Ganze ebenso einfach in deinem Unterbewusstsein verankert. Und ebenso ist es diese Einfachheit, die die Suggestion als automatisch abgerufenes »Mantra« wirken lässt. Unterschätze also nicht die Kraft, die in ebendieser Kürze, Schlichtheit und scheinbaren Banalität liegt. Genau diese sind die Schlüssel.

Häufig kommt von Menschen, die Selbsthypnose lernen, der Einwand, diese Sätze, diese Suggestionen seien inhaltlich ja gar nicht »wahr«. Das ist zu dem Zeitpunkt, an dem du diese Suggestion entwirfst und beginnst, mit ihr zu arbeiten, in gewisser Weise sogar richtig. Eine Aussage wie »Mit jedem Atemzug konzentriere ich mich mehr und mehr!« ist vielleicht im Moment des Verankerns der Suggestion (noch) nicht »wahr«. Vielleicht »stimmt sie nicht« im Sinne davon, dass dieser Zustand jetzt bereits erreicht wäre. Doch die Aussagen deiner Suggestionen zielen letztlich auf einen *End*zustand ab, der final erreicht wird – und nicht etwa den Zustand vorher. Wäre irgendeine Aussage, die du wählst, bereits im Moment des Aufschreibens und dauerhaft abrufbar wahr, bräuchtest du die Suggestion ja nicht.

Auch wirst du an meinen Beispielen gesehen haben, dass ich durchaus behutsam mit der Benennung des Ziels umgegangen bin. Für die meisten Menschen, die durch Selbsthypnose abnehmen möchten, wäre der Satz »Ich bin schlank!« wahrscheinlich eine unangemessene Suggestion; zumindest wäre es schwer, daran zu glauben, wenn man weiß, dass man wirklich deutliches Übergewicht hat. Ich kann aber durchaus die Ursachen angehen (zu viel ungesundes Essen, zu wenig Bewegung) und ein Suggestionsskript entwerfen wie: »Jeder Bissen, den ich zu mir nehme, sättigt mich mehr und mehr. Ich fühle mich energiegeladener, freier und dynamischer, mit jeder weiteren Sporteinheit. Beim Sport atme ich zunehmend tiefer und bewusster.«

Sprache schafft Wirklichkeit. Wiederholungen werden zur Gewohnheit. Das ist das Wesen einer Self-fulfilling prophecy. Die Suggestion beschreibt das Ziel, nicht den Ausgangspunkt. Und das tut sie gezielt mit der Gegenwartsform und nicht mit einer Zukunftsformulierung, auf die man warten kann oder muss. Also: keine Bedenken vor »unwahren« Aussagen. Und auch die scheinbare Einfachheit/Schlichtheit/Selbstverständlichkeit der Formulierungen sollte dich nicht irritieren – im Gegenteil.

Jetzt ist der Zeitpunkt gekommen, deine eigenen, ganz persönlichen Suggestionen zu formulieren. Schreib sie erst einmal unkritisch runter. Lass deinen Gedanken freien Lauf. Ins Detail gehst du dann beim nächsten Durchsehen. Dann korrigierst du, streichst weg, fügst hinzu und komprimierst. Mach das bitte, bevor du zum nächsten Schritt gehst.

Damit deine Suggestionen nicht nur allein stehende Affirmationen bleiben, verbindest du sie jetzt miteinander zu einem kleinen Suggestionsskript. Dieses Skript präsentierst du anschließend im Wirkungsteil deinem Unterbewusstsein. Gib diesem Skript gerne einen Namen, denn vielleicht erstellst du ja verschiedene Skripte für verschiedene Themen. Und dann reicht es aus, wenn du deinem Unterbewusstsein sagst: »Jetzt geht es um mein Freundschaft-mit-Spinnen-Programm.«

Hier gebe ich dir eine kurze Anregung, wie so ein längeres Skript aussehen könnte:

»Das ist mein Redefreiheits-Programm. Von diesem Moment an bemerke ich eine wachsende Selbstsicherheit in meinem Umgang mit Menschen. Von jetzt an und für mein zukünftiges Leben bin ich gelassener und gelassener, wenn ich vor anderen etwas vortrage oder erzähle. Sei es eine Rede, ein Vortrag, ein Bericht, eine Präsentation oder Vorstellung meiner Person. Ich nehme jede Möglichkeit bereitwillig an, mehr und mehr über mich hinauszuwachsen. Ich erweitere meinen Horizont jedes Mal, wenn ich vor Gruppen ein bestimmtes

Thema präsentiere. Mit diesem Programm fühle ich mich ruhiger und ruhiger in meinen Empfindungen, Reaktionen, Verhaltensweisen, sobald ich vor Menschen stehe. Mit jedem Schritt, den ich gehe, werde ich selbstbewusster und zentrierter in meiner Haltung, Stimme, Körpersprache und Ausstrahlung. Es beruhigt mich zu verstehen, dass meine Person unangetastet bleibt. Es geht nur um die Inhalte, die ich vorstelle. Können andere damit nichts anfangen, bleibe ich als Mensch weiterhin wertvoll. Meine Atmung, mein Herzschlag, mein gesamtes Körpergefühl fühlen sich angenehm an, wenn mich viele Gesichter anschauen. Ich entwickle eine größere Selbstverständlichkeit dem Thema gegenüber mit jedem Gedanken, den ich dazu denke. Mit der Ausleitung meiner Selbsthypnose-Session verankern sich alle meine Suggestionen fest in meinem Unterbewusstsein. Mein Unterbewusstsein versteht, wie es mich dabei unterstützen kann. Es nutzt all seine Fähigkeiten dazu, meine Wünsche zu erfüllen. Von jetzt an und für mein gesamtes Leben.«

Ich erinnere noch einmal, dass du hier deine ganz eigenen Formulierungen in Bezug auf dein Thema finden darfst. Du kennst deine Empfindungen, Gedanken und Verhaltensweisen besser als jeder andere. Bringe sie in dieses Skript mit ein. Sei kreativ! Auch was die Länge betrifft, bist du völlig frei.

Ich freue mich immer, wenn einige Seminarteilnehmer ihre ersten selbst erstellten Skripte freiwillig in der Gruppe vortragen. Die kreativen Ideen zu Formulierungen und Metaphern sind enorm inspirierend für alle Beteiligten. Auch für mich. Du kannst dich also auch mit anderen zusammenschließen und ihr könnt euch über eure Skripts austauschen und gegenseitig unterstützen.

Komplette Selbsthypnose-Session mit Wirkungsteil

Jetzt bettest du dein persönliches Selbsthypnose-Skript zusammen mit deinem optimistischen Mindset in deine Selbsthypnose-Session ein. Der Wirkungsteil ist die Phase, in der dein Unterbewusstsein über deine Suggestionen die klare Botschaft von dir erhält: *Das* ist die beste Version von mir selbst und ich weise dich an, diese Version für mich zu erschaffen. Nutze alle deine Möglichkeiten und Ressourcen dafür!

Es gibt verschiedene Möglichkeiten, dein schön und konzentriert formuliertes Programm in den Wirkungsteil einzubetten. Hier ein paar Möglichkeiten:

Sprachaufnahme

Die *erste Möglichkeit* ist, dein Programm auf dein Smartphone oder mittels irgendeines anderen Aufnahmegeräts aufzusprechen. Nachdem du dann deinen Happy Place manifestiert hast, öffnest du sanft deine Augen und spielst deine Aufnahme ab. Mit geschlossenen Augen lässt du deine Stimme mit deinen Suggestionen auf dich einwirken. Zu gegebener Zeit holst du dich wieder mit der Ausleitung zurück in dein Wachbewusstsein.

Als *zweite Möglichkeit* kannst du auch eine komplette Hypnose-Session aufnehmen. Also deine Induktion mit anschließender Vertiefung, Manifestierung deines Happy Place, Suggestionsskript und schließlich Ausleitung. Dazu schreibst du dir alle Texte hintereinander auf und sprichst sie dann mit entsprechenden Pausen in deinem Tempo ein. Solltest du technisch begabt sein, darfst du auch gerne eine passende Entspannungsmusik unterlegen.

Anders als beim inneren Monolog sprichst du die Texte in der Du-Form ein. Zum Beispiel: »Mit jeder Zahl, die ich jetzt runterzähle, entspannst *du dich* immer tiefer und tiefer …«

Als *dritte Möglichkeit* kannst du den Wirkungsteil mit deinen Suggestionen aufnehmen und dir beim Einschlafen oder Aufwachen vorspielen. Ich hatte ja schon erwähnt, dass die Phasen des Einschlafens oder des Aufwachens auch prädestiniert dafür sind, um deine Mantras auf dich einwirken zu lassen. Denn auch in diesen Momenten steht die Tür zu deinem Unterbewusstsein offen. Wenn ein Lied morgens beim Aufwachen aus deinem Radiowecker dudelt, wird es deswegen auch schnell zum Ohrwurm: Es ist direkt in dein Unterbewusstsein vorgedrungen und hat sich dort festgesetzt. Diesen Effekt können wir auch mit unseren Suggestionen nutzen. Du brauchst dafür nur den Wirkungsteil mit deinen Suggestionstexten aufzunehmen und diesen dann zum Einschlafen – oder beim Wachwerden – abzuspielen. Am besten in einer Endlosschleife mehrfach hintereinander. Die Wiederholen-Funktion ist mittlerweile in jedem Player standardmäßig integriert. Du brauchst also keine Induktion, Vertiefung, Happy Place oder Ausleitung. Du nutzt den automatischen Rhythmus deines Körpers, der dich zweimal am Tag von ganz allein in den Theta-Zustand bringt.

Vorlesen

Unmittelbar bevor du mit deiner Induktion beginnst, liest du dir deine schriftlich formulierten Suggestionsskripte laut vor. Je nach Länge des Skripts gerne auch zweimal. Wenn du zum Wirkungsteil deiner Trance-Session kommst, sagst du dir folgenden inneren Monolog auf:

»Die Suggestionen, die ich mir vor dieser Session vorgelesen habe, wirken nun tief auf mein Unterbewusstsein ein und werden dort ihre volle Kraft für mein Leben entfalten.«

In deinem Tempo holst du dich danach mit der Ausleitung wieder zurück.

Warum wirken die Suggestionen auch nach dem Lesen während der Trance? Wie du ja bereits weißt, verändert und passt sich dein Gehirn ständig an (Neuroplastizität). Es verändert sich mit allem, was du wahrnimmst, mit allem, was du lernst, mit jeder Erfahrung, die du machst. Was auch immer deinem Gehirn als Input angeboten wird, wird von ihm verarbeitet und hinterlässt Spuren – in Form von neuronalen Verbindungen.

Und dieses »Spuren-Hinterlassen« können wir durchaus wörtlich nehmen. Wenn du das erste Mal über einen Zusammenhang nachdenkst, verbindest du dabei in deinem Gehirn automatisch zwei bis dahin mehr oder weniger isolierte Zentren. An Punkt A hattest du bislang die Information A gespeichert, an Punkt B die Information B. Jetzt stellst du einen Zusammenhang her – eine Verbindung. Konkret bedeutet das, dass in deinem Gehirn jetzt ein neuronaler Weg zwischen A und B konstruiert wird. Ein Weg aus Nervenverbindungen, aus Neuronen. Ein Weg, den es vorher so noch nicht gab.

Stell dir das Ganze wie einen zugewucherten, verwilderten Garten vor, den du durchqueren möchtest. Punkt A an einem Ende und Punkt B am anderen sollen durch einen Pfad verbunden werden. Den gibt es aber noch nicht. Du kannst zwar einen Weg finden, aber der ist beim ersten Mal recht mühsam, führt über Umwege, du musst manchmal Abzweigungen in eine eigentlich falsche Richtung nehmen, weil der direkte Weg momentan (noch) nicht möglich ist. Je öfter du diesen Weg aber gehst, desto einfacher wird es! Nicht nur, weil du mit jeder Wiederholung diesen Weg besser kennst; er wird auch immer mehr ausgetreten, mit jedem Mal, bei dem du über ihn gehst. Irgendwann ist es ein gut sichtbarer Trampelpfad geworden – und selbst der wird immer breiter. Und er wird nicht nur breiter, sondern auch kürzer! Einfach weil sich Ecken abrunden und sich damit kleine Umwege mehr und mehr begradigen. All das führt dazu, dass du irgendwann den Weg auch nicht mehr suchen musst, um von A nach B oder umgekehrt zu kommen – du kannst ihn gehen, ohne nachzudenken, weil er jetzt unübersehbar (wortwörtlich) in die Umgebung eingeprägt ist. Das Gehen dieses Weges ist automatisiert!

Genau das Gleiche passiert auch in unserem Gehirn in dem Prozess, den man »Bahnung« nennt, wenn wir unserem Gehirn etwas einprägen und es verinnerlichen. Es werden Nervenverbindungen zwischen verschiedenen Zentren geschaffen und so Informationen verankert. Und je mehr Anknüpfungspunkte in unserem Gehirn eine Information hat, desto besser ist sie verankert. Wenn eine gut ausgebildete neuronale Verbindung zu einer Information führt, ist das schon gut. Wenn eine zweite Verbindung von einer anderen Seite dorthin führt, ist es natürlich besser. Und mit einer dritten, vierten oder fünften Verbindung wird die betreffende Information so gut verankert, dass sie ohne jeden Zweifel langfristig präsent ist.

Jetzt schauen wir uns noch einmal an, was wir in der Vorbereitung unserer Wirkungssession gemacht haben: Um an deinem persönlichen Thema zu arbeiten, hast du zunächst deine Ziele klargestellt (Anker 1). Dann hast du sie nach den SMART-Kriterien formuliert (Anker 2). Anschließend hast du über die Motivationen nachgedacht, die dich antreiben, dieses Ziel wirklich erreichen zu wollen, und hast diese Motivationen in einer Prioritätenliste angeordnet (Anker 3). Außerdem hast du noch auf der Grundlage der passenden Kriterien deine Suggestion sprachlich angemessen formuliert (Anker 4) und sie sorgfältig auf deiner Karteikarte oder in deinem Notizbuch notiert (Anker 5).

Wenn du das alles bis hierher getan hast, ist dein persönliches Thema von mindestens fünf Stellen aus in deinem Gehirn verankert worden. Es ist also nicht nur einmal angebunden und auch nicht nur mit einem Doppelknoten, sondern wieder und wieder vertäut; wieder und wieder von ganz unterschiedlichen Perspektiven und Blickwinkeln aus. In der Praxis heißt das, dass du zu dem neuronalen Knotenpunkt in deinem Gehirn, wo dein neuer Glaubensgrundsatz, deine neue Wahrheit verankert ist, neuronale Verknüpfungen von mindestens fünf weiteren Stellen geformt hast! Glaub mir: Diese Informationen sind gesichert und mehr als gut verankert.

Wenn du jetzt in der Vorbereitung deiner Session deine Suggestionskarte oder den betreffenden Eintrag in deinem Notizbuch noch zwei- oder dreimal liest, ist diese Suggestion nicht nur bereits vorher durch deine gründliche Vorarbeit fest verankert, sie ist auch der letzte Eindruck, den du bekommst, bevor du in Trance gehst. Bevor du dich selbst in den hochsuggestiblen Theta-Zustand herunterfährst. Das bedeutet, dass zusätzlich zu der wirklich physischen/körperlichen/neuronalen Verankerung deiner Suggestion jetzt diese Information auch noch deinem Unterbewusstsein in einer Phase präsentiert wird, in dem seine Tür sperrangelweit offen steht. Deine Suggestion ist verankert und sie war der letzte und damit präsenteste Eindruck, bevor du die Türen geöffnet hast: Sie *wird* präsent sein, wenn du an deinem Happy Place bist, ob dir das in diesem Moment bewusst ist oder nicht.

Vielleicht »siehst« du mit geschlossenen Augen die Worte oder Inhalte deiner Suggestion in deinem Kopf; vielleicht baut dein Unterbewusstsein diese Dinge in deinen inneren Ort der Ruhe ein; vielleicht nimmst du auch nichts davon bewusst wahr. Die Inhalte, Ziele und Suggestionen werden trotzdem zur Verfügung stehen. Verlass dich darauf. Es gibt Menschen, die sehen tatsächlich auf einmal an ihrem inneren Ort die Worte ihrer Suggestion auf einem Schild – oder in den Sand oder an eine Wand geschrieben. In einem Fall erzählte mir eine Frau, sie hätte am Himmel ein Flugzeug gesehen, das ein Banner hinter sich herzog, auf dem ihre Suggestion stand. Bei anderen manifestiert sich der Inhalt der Suggestion in Trance auf andere Weise visuell oder metaphorisch. Es gibt aber auch Menschen, die sich nicht erinnern können, dass das Thema ihrer Suggestion in ihrer Trance überhaupt präsent gewesen sei. Nun, das Gute ist, dass es auch nicht wichtig ist, ob du dich bewusst daran erinnern kannst oder nicht. Es ist egal, ob du bewusst etwas in dieser Art an deinem inneren Rückzugsort feststellst oder nicht. Denn du hast intensiv an deinem Thema vorgearbeitet und damit für eine entsprechende Anknüpfung und Bahnung in deinem Gehirn gesorgt. Das ist sicher!

Deine Suggestionen werden ihre Wirkung entfalten, sie werden sich verankern. Mit jedem Mal, mit dem du sie in deinen Wirkungsteil einbettest, werden sie mehr zu deiner inneren Wahrheit. Zu deinen neuen Glaubenssätzen. Bis sie irgendwann omnipräsent sind und dein Handeln bestimmen. Alles, was es zu tun gilt, ist, zu üben. Die Veränderung deiner inneren Wahrheiten, deines Unterbewusstseins, kommt nicht irgendwie über dich, sondern du führst sie herbei. Gezielt, geplant und gesichert durch regelmäßiges, konsequentes Tun.

Wer seinen Körper nicht trainiert, der stärkt auch nicht seine Muskulatur. Und genauso veränderst du auch nur dann die Programmierung deines Unterbewusstseins, wenn du wiederholt und regelmäßig aktiv wirst. Wer dreißig Jahre geraucht hat, wird zwar nicht dreißig Jahre in Selbsthypnose daran arbeiten müssen, um sich diese Angewohnheit abzutrainieren – in einmal dreißig Minuten ist es aber auch nicht getan. Gerade wenn du unerwünschte Angewohnheiten oder Glaubenssätze über lange Zeit in deinem Unterbewusstsein verankert hast, gib dir auch selbst einen angemessenen Zeitraum, um eine gründliche Neuprogrammierung vorzunehmen. So wie ein Muskel aktiv benutzt und trainiert werden will, um zu wachsen, bedarf auch dein Gehirn und dein Unterbewusstsein regelmäßigen Trainings, um sich zum Positiven zu verändern. »Use it, or loose it«, lautet die Grundregel auch beim Update für dein Unterbewusstsein.

Ich habe für dich eine komplette Hypnose-Session aufgenommen und unter dem Link *www.update.thimonvonberlepsch.de* kostenlos zum Download bereitgestellt. Zum einen kannst du sie für dich persönlich nutzen und zum anderen bekommst du ein Gefühl dafür, wie du deine eigene Session hinsichtlich Sprechtempo auf dein Smartphone aufnehmen kannst.

Kurze Zusammenfassung

Hier noch einmal die einzelnen Schritte und Phasen deiner kompletten Selbsthypnose-Session:

1. Aktiviere dein hypnotisches Mindset

Führe dir kurz vor Augen, was du erreichen willst und warum du es erreichen willst. Nimm die klare Haltung ein, dass alles, was du dir als Nächstes suggerierst, genau so auch eintreffen wird. Du erwartest die Manifestierung deiner Suggestionen. Du bist davon überzeugt!

2. Suggestionsskript vorlesen

Lies dir dein persönlich geschriebenes Programm laut und mit Enthusiasmus vor.

3. Trance-Einleitung mit Augenfixation

Fokussiere einen Punkt und sage dir innerlich: »Meine Augen werden müder und müder und möchten sich schließen. Jeder Atemzug entspannt mich und meine Augen mehr und mehr …«

4. Vertiefung

Zähle rückwärts von zehn auf null. Jede Zahl wird dich weiter entspannen:

»Zehn – ich fühle mich wohler und wohler … (Pause, atmen)
Neun – ich atme … und jeder Atemzug bringt mich meinem …«

5. Happy Place

Über deinen persönlichen Zugang erreichst du deinen sicheren Ort. Manifestiere mehr Details über verschiedene Sinneseindrücke: »Ich sehe … Ich höre … Ich empfinde …«

6. Wirkungsteil

Sage dir innerlich: »Die Suggestionen, die ich mir vor dieser Session vorgelesen habe, wirken nun tief …«
Alternative: Spiele jetzt deine aufgenommenen Suggestionen von deinem Smartphone ab.

7. Ausleitung

Beende die Trance-Session, indem du dich von eins bis fünf herauszählst:
»Ich zähle jetzt von eins bis fünf. Bei fünf angekommen, bin ich wieder hellwach und vollkommen erfrischt. Ich fühle mich …«

Nachwort

Seit 1886 jagten Läufer verbittert dem Ziel nach, eine Meile unter vier Minuten zu laufen. Die talentiertesten Sportler leisteten sich brillante Trainer, um die magische Grenze endlich zu durchbrechen. Leider lange ohne Erfolg. Selbst Mediziner waren sich darüber einig: Der menschliche Körper ist nicht in der Lage, diese Leistung zu erbringen. Es ist schlichtweg unmöglich!

Im Jahr 1954 schaffte jedoch der britische Läufer Roger Bannister das Unmögliche: Er lief die Meile in drei Minuten und neunundfünfzig Sekunden. Eine Sensation!

Interessanterweise schaffte es nur sechsundvierzig Tage später ebenfalls jemand – sogar in nur drei Minuten achtundfünfzig Sekunden. Und ein Jahr später noch drei weitere in einem einzigen Rennen. Obwohl die Welt sich über Jahrzehnte einig war, man könne eine Meile nicht in unter vier Minuten laufen.

Sind denn plötzlich alle Läufer besser geworden? Keineswegs. Bannister brach mit seinem Sieg eine mentale Grenze, an die sich alle bisher wohl unbewusst gehalten hatten. Doch mit dem Gegenbeweis Bannisters fiel diese mentale Einschränkung. Viele Sportler überwanden ihre psychische und damit auch ihre physische Grenze.

In dem Film *The Dark Night Rises* bricht Batgirl in die Villa von Bruce Wayne ein, knackt seinen Privatsafe und stiehlt eine wertvolle Perlenkette. Gerade als sie sich aus dem Staub machen möchte, wird sie von Bruce Wayne erwischt. Er sieht die Perlenkette an ihrem Hals und sagt:

»Eine wunderschöne Perlenkette haben Sie dort. Meine Mutter hatte eine ähnliche. Es kann allerdings nicht dieselbe sein, denn ihre liegt in diesem Safe.« Er öffnet die Schranktür und findet dort seinen leer geräumten Safe.

»Der Hersteller hat mir ausdrücklich versichert, er wäre nicht zu knacken.«

Darauf erwidert Batgirl ganz überrascht: »Oops, mir hat keiner gesagt, dass er nicht zu knacken ist …«

Batgirl unterscheidet sich in einer Sache von den vielen Sportlern, die den Meilenrekord nicht brechen konnten: Sie weiß nichts von der Unmöglichkeit und kann sich demnach nicht daran halten. Den unknackbaren Safe zu knacken war für sie also eine Selbstverständlichkeit.

Am Anfang meiner Hypnosekarriere war ich einmal bei Freunden zu einem Abendessen mit zwölf Personen eingeladen. Es war ein toller Abend mit feinem Essen und guten Gesprächen. Zum Ende hin erzählte eine junge Frau, dass sie panische Angst beim Fliegen habe. Sie vermeide es zu reisen, und wenn, dann nur mit medikamentöser Unterstützung. Die Todesängste seien einfach schrecklich. Ich erklärte, dass ich Hypno-Coach sei und dass sie diese Ängste nicht länger bräuchte. Im besten Fall bewirkte eine einzige Sitzung, dass sie in Zukunft gelassen fliegen könne.

Sie grinste mich an: »Nein, nein. Da verlasse ich mich lieber auf das Valium.«

Ich war erschüttert. Warum war sie nicht daran interessiert, ihr Leben langfristig zu verbessern? Hatte sie Angst vor Hypnose, vor der Konfrontation ihrer Flugangst oder glaubte sie einfach nicht daran, dass so was überhaupt möglich sei? Wieso hat sie nicht mehr über das

Thema erfahren wollen? Mehr über Hypnose oder darüber, wie so ein Coaching aussehen könnte?

Ich habe ihre Gründe nie erfahren. Doch damals habe ich für mich entschieden, dass ich mir viel mehr Wege aneignen möchte – Formulierungen, Analogien, wissenschaftliche Erkenntnisse, Hypnosedemonstrationen und so weiter – um Menschen besser erreichen und sie von ihren Potenzialen und Möglichkeiten überzeugen zu können.

Ich hoffe also sehr, dass ich dich mit diesem Buch unterstützen konnte, deine mentalen Grenzen aufzuspüren und sie infrage zu stellen. Damit verlieren sie nämlich an Wirkung. Dein persönliches Update beginnt, indem du neue Perspektiven kennenlernst, Verantwortung übernimmst und dich auf zu neuen Ufern machst. Dir stehen alle Ressourcen zur Verfügung, die du für das Erreichen deiner Ziele brauchst. Und solltest du mal nicht weiterwissen, kannst du dir jederzeit weitere Fähigkeiten aneignen oder Hilfe holen.

Finde dich nicht mit dem Status quo ab. Und generiere die nötige Motivation und Energie, dich neu zu erfinden. Alles andere wäre unterlassene Hilfeleistung – dir selbst gegenüber.

Denk an den Preis der Untätigkeit. Den zahlst du, wenn du nichts tust. Überleg doch mal, wie die Konsequenzen deiner Untätigkeit aussehen könnten. Wie würde dein Leben in fünf Jahren aussehen, wenn du alles beim Alten belässt?

Dein Widerstand, dich mit einem Thema auseinanderzusetzen, hat Konsequenzen. Die Flugangst ist am Anfang vielleicht noch nicht so stark, eher ein Unwohlsein. Das kann sich im Laufe der Jahre aber in richtige Panik entwickeln oder, noch schlimmer, auf andere Bereiche deines Lebens abfärben.

Es geht nicht darum, dich zu einem vollkommen anderen Menschen zu entwickeln. Es gibt immer noch einen Unterschied zwischen deiner Persönlichkeit und deinem Charakter. Als Persönlichkeit verstehe ich alles, was dich im Kern deines Wesens ausmacht, ob du also extrovertiert oder introvertiert bist. Risikobereit oder eher sicherheitsbedürftig und so weiter. Oft halten wir Eigenschaften, die wir in uns tragen, für einen Teil unserer Persönlichkeit, dabei sind sie Teil des Charakters, also jenes Teils unserer Persönlichkeit, den wir im Laufe unseres Lebens entwickelt haben. Unser Charakter wird durch die Umstände, in denen wir aufwachsen, unser Umfeld und die vielen Erfahrungen geprägt. Deswegen ist er auch veränderbar. Kein Mensch kommt auf die Welt und verspürt den Impuls, das Handy seiner Freundin zu knacken und in ihrem Messenger-Dienst nach verfänglichen Nachrichten zu suchen oder nach jedem Gespräch mit dem Nachbarn eine Szene zu machen. Eifersucht ist keine Eigenschaft der Persönlichkeit, sondern bildet sich zumeist durch schlechte Erfahrungen als Charaktereigenschaft aus. Ein Mensch, der sich zum Beispiel mit Hypnose von seiner krankhaften Eifersucht löst, verändert demnach auch nicht seine Persönlichkeit.

Du bist deiner Vergangenheit nicht wehrlos ausgeliefert. Natürlich kannst du sie nicht ändern. Eine schwierige Kindheit lässt sich genauso wenig »wegtherapieren« wie ein traumatisches Erlebnis. Aber du kannst deine damit verbundene emotionale Ladung transformieren. Deine Überzeugungen und deine Verhaltensweisen, die sich aus dem Erlebten entwickelt haben, updaten. Um deine Zukunft nach deinem neuen Bewusstsein formen zu können.

Trainiere deine Achtsamkeit, um deine Selbsthypnosen zu durchschauen. Nutze deinen Geist, um dich schon einmal gedanklich in deine neue Zukunft zu bringen.

Handle bewusst nach deinen Visionen und bleib auch bewusst, wenn dich dein Unterbewusstsein verführen möchte. Es kennt bisher nur die alten Wege. Zeig ihm liebevoll, wie du es anders haben möchtest.

Freu dich, wenn du erste Erfolge wahrnimmst. Und noch mehr, wenn du vergessen hast, wie es früher mal war. Dann gehen dein Bewusstsein und dein Unterbewusstsein wieder Hand in Hand.

Angenommen, du legst dich heute Abend in dein Bett und schläfst ein. Und während du so vor dich hin schläfst, geschieht ein Wunder! Etwas, das du dir schon lange für dich und dein Leben wünschst, trifft über Nacht ein. Zum Beispiel löst sich ein Problem, das dich gerade beschäftigt, einfach so auf.

Woran merkst du, dass das Wunder eingetroffen ist, wenn du morgen aufwachst? Was an deinem Leben ist anders? Was hat sich verändert? Wie fühlst du dich? Woran werden andere Menschen merken, dass sich etwas bei dir verändert hat? Was müsste passieren, damit das Wunder eintreten kann?

Und jetzt frage dich: Glaubst du, dass du dieses Wunder bewirken kannst? Glaubst du an das Update für dein Unterbewusstsein?

Die Weiße Königin ist sich dessen sicher. Und nicht nur die Weiße Königin.

Ich auch.

Anmerkungen

1 Inspiriert vom Hypnotic Loop nach James Tripp
2 Nummenmaa, Lauri: *Bodily maps of emotions.* PNAS 2013
3 Tripp, James: *Hypnotic Loop*
4 Maltz, Maxwell: *Psycho-Cybernetics.* New York 2015.
5 Lally, Phillippa: *How are habits formed: Modelling habit formation in the real world.* European Journal of Social Psychology 2009.
6 Niebuhr, Reinhold: *Gelassenheitsgebet.*
7 Inspiriert vom ABC-Modell nach Albert Ellis, US-amerikanischer Psychologe und Begründer der Rational-Emotive Verhaltenstherapie.
8 Ellis, Albert: *Coach dich! Rationales Effektivitäts-Training zur Überwindung emotionaler Blockaden.* Würzburg 2004. Hier spricht Ellis vom sogenannten Muss-Denken (auf Englisch: demandingness) oder absolutistischen Denken.
9 Byron, Katie; Mitchell, Stephen: *Lieben was ist. Wie vier Fragen Ihr Leben verändern können.* München 2002.
10 Smith, Robert G.: https://fastereft.com
11 https://mymonk.de/10-gruende-fur-meditation-ergebnisse-der-hirnforschung/
12 Jha, Amish: *How to tame your wandering mind.* TED Talk 2017.
13 Bardacke, Nancy: *Der achtsame Weg durch Schwangerschaft und Geburt.* Freiburg 2013.
14 Chapman, Gary: *Die fünf Sprachen der Liebe.* Marburg, 8. Auflage 2010.
15 Kruger, Justin; Dunning, David: *Unskilled and unaware of it. How difficulties in recognizing one's own incompetence lead to inflated self-assessemnts.* Journal of Personality and Social Psychology 1998.
16 Rosenberg, Marshall B.: *Gewaltfreie Kommunikation. Eine Sprache des Lebens.* Paderborn 2016.
17 Karpman, Stephen: *Fairy tales and script drama analysis.* Transactional analysis bulletin, 7 (26), 39–43, 1968.
18 Kuschik, Karin: www.coachange.de
19 Inspiriert von einer Selbsthypnosetechnik, die Betty Erickson erfunden hat. Sie ist die Tochter von Milton Erickson, einem der einflussreichsten Hypnotiseure aller Zeiten.